小学英语课堂教学策略研究

李　辉◎著

吉林人民出版社

图书在版编目（CIP）数据

小学英语课堂教学策略研究／李辉著. --长春：
吉林人民出版社，2023.3
ISBN 978-7-206-19030-8

Ⅰ.①小… Ⅱ.①李… Ⅲ.①英语课-课堂教学-教
学研究-小学 Ⅳ.①G623.312

中国版本图书馆 CIP 数据核字（2022）第 155075 号

小学英语课堂教学策略研究

XIAOXUE YINGYU KETANG JIAOXUE CELÜE YANJIU

著　　者：李　辉
责任编辑：孙　一　　　　　　　　封面设计：刘行光
出版发行：吉林人民出版社（长春市人民大街 7548 号　邮政编码：130022）
印　　刷：长春市华远印务有限公司
开　　本：710 毫米×1000 毫米　1/16
印　　张：16.25　　　　　　　　字　　数：240 千字
标准书号：978-7-206-19030-8
版　　次：2023 年 3 月第 1 版　　　印　　次：2023 年 3 月第 1 次印刷
定　　价：58.00 元

前　言

　　随着我国在政治、经济和文化等方面与世界接轨速度的加快，英语的重要性越来越突出。英语作为最重要的信息载体之一，已经成为人类生活中最广泛使用的语言。而小学英语教育是学生外语学习的启蒙阶段，是学生接受终身教育的奠基阶段，能否抓好这一阶段的外语教学质量将直接影响外向型人才的培养。

　　改革开放以来，教师与学生已经不满足于传统的英语课堂教学模式与手段，这就需要采用新的教学理论与之对应，以获得更好的教学效果。目前新一轮基础教育课程改革正向纵深推进，小学英语教学也经历着极深刻的历史性变革。一方面，它极大地调动了广大英语教师参与课程改革的积极性，使教师在课程改革形势下的实践性和创造性得到了锤炼；另一方面，它对教师能否正确理解新课程的教学理念，树立适应学生发展的教学观提出了新的挑战。

　　在教学过程中，许多小学英语教师处于个人尽心尽力、身心疲惫的工作状态中，而学生却不但很少有共鸣，反而还产生不耐烦、甚至厌倦的心理。教师的付出与学生的学习效果没有产生正面效应。针对这样的现象，再加上英语课堂教学改革的不断深入，试图摸索更有效的课堂教育教学模式和方法，便成为我编写此书的最根本出发点。

　　本书根据当代英语语言教学的理论，结合儿童心理发展的特点，联系教育学、社会学与哲学的有关原理，在我多年教学实践体验的基础上撰写而成，内容包括小学英语教学的意义和目的、小学英语的教学原则和学习方法、小学英语教学的四种类型、小学英语备课策略初探、小学英语课堂教学技能的培养、小学英语课堂教学活动的开展、小学英语课堂专项教学模式探析、小学英语单元整体教学的实施、小学英语电化教学手段的运用、小学英语作业设计的优化策略、小学英语课堂教学评价的思考等。本书结合小学英语教学实践，围绕小学英语教学中的热点、难点、重点问题，以开阔的视野、缜密的分析来探究小学英语教学策略及教学方法，展示了现阶段小学英语教育的方向，促进小学英语教学方式以及学习方式的变革。希望教师通过阅读本书，可以提高英语教学理论与教学水平，成为小学英语教学的专业人才。

本书在撰写过程中，参考了国内不少相关的成果和资料，在此特别说明并向各位作者致以衷心的感谢！本书的写作得到了相关部门领导的关心和支持、各位同事和朋友的帮助，在此也一并表示感谢！

由于时间短促和水平所限，书中难免存在缺点和错误，不足之处，恳请读者批评指正！

目 录

| 第一章 |
小学英语教学的意义和目的

当今世界，以信息技术为主要标志的科技进步日新月异，社会生活的信息化和经济活动的全球化使外语，特别是英语，日益成为我国对外开放和与各国交往的重要工具。学习和掌握一门外语是对新时代公民的基本要求。小学英语教育是学生外语学习的启蒙阶段，是学生接受终身教育的奠基阶段，能否抓好这一阶段的外语教学质量将直接影响外向型人才的培养。

第一节 ▶ 小学阶段设置英语课的意义

课程是教学论中的一个重要课题，是教学计划中的核心内容，也是当今教育改革的一个组成部分。课程的设置是以国家、社会及个人的发展需要为前提，既要考虑所开设学科的针对性、实用性，又要注意它的科学性和可行性。外国语是学习文化科学知识，获取世界各方面信息与进行国际交往的重要工具。为了把我国建设成为富强、民主、文明、和谐、美丽的社会主义现代化强国，教育要面向现代化，面向世界，面向未来，要培养大批有理想、有道德、有文化、有纪律，并在不同程度上掌握一些外国语的各方面的人才，以提高全民族的思想素质和科学文化素质。

语言学家乔姆斯基说过："儿童天生有一种语言习得的装置，学习语言的能力在生命的第一年就表现出来。"的确，儿童在语言习得上，一般比成年人要容易得多，但是，一旦他们错过了学习外语的关键期，语言习得的难度会随着年龄的增长而增大。因此，从小就在英语课中接触英语，接受异国文化的熏陶，对学生的语言习得能力的锻炼更加有利。

英语课的开设，也是资源全球化的需要。例如，学生受益于英语课的开设，基本掌握英语的交流应用能力，日后便可以轻松通过网络找到需要的信息。比如，我们可以在网上找到外国短篇小说的原文，更加真实地了解小说相关信息，如作者简介、背景知识以及一些专家学者对该小说的评论，而不是单凭带有个人情感倾向的译文来了解。除了这些，看欧美剧、购买进口商品、参考外文期刊、国际旅游等都会用到英语。

英语课的开设，也是促进国际交流的质优媒介。虽然现在各种翻译 APP 广受欢迎，但是，我们不能忽视了这些软件存在的一个极为严重的缺点——机械翻译，缺乏自然。而且，由于中英文之间也存在一些无法做到"一一对应"的表达，一些英语至今也无法把它准确译出来。英语课的开设，可以让我们更为系统化、理论化地输入和输出英语，而不是机械地翻译。然而，系统化、理论化地输入和输出英语却需要学生持之以恒的学习，而不是仅用短短一两个月的"英语速成班"就能解决。因而，学习英语，更应从小就端正英语学习态度。

有鉴于此，教育部决定把小学开设英语课程作为 21 世纪初基础教育课程改革的重要内容，制定了《小学英语课程教学基本要求（试行）》，作为小学英语课程实施、教学评价、教材审查和选用的主要依据。目前，全国城市、县城和乡镇所在地小学基本开设了英语课程，起始年级一般为三年级。

除了中国，许多国家也已从小学阶段开设外语课程。例如：瑞典把英语列为学校 3~9 年级的必修课。像突尼斯这样的发展中国家也十分重视外语教育，他们从小学四年级就开设外语课（主要是法语），到了中学阶段，除了继续开设法语课外，还增设第二外语——英语。有的学校还开设德语、西班牙、意大利语等。美国也一反过去忽视外语教育的倾向，开始注重本国少年儿童的外语教育，并在一些幼儿园进行"全封闭式"外语教学实验。所以，强调国际教育、外语教学，已成为当今全球教育的一种新趋势。

第二节 ▶ 小学阶段英语教学的目的

小学英语教学是启蒙、入门阶段的教学。作为一门基础学科，小学英语教学要达到四个目的：语言教学目的，思想情感教育目的，智力发展目的，激发学习兴趣、培养良好的学习习惯目的。

一、语言教学

通过以听、说为主，读、写相辅的基本训练，学生可以获得一些最简单、最基本的语言知识和言语技能。小学英语的语言知识包括了字母、笔顺、基本语音语调的模仿、日常用语词汇和拼写。言语技能的获得需要教师在教学的过程中，创设较真实的言语交际情景，建立愉快的学习心理气氛，形成交际信息差。情景的设置要注意以小学生已有的经验为基础，以一日生活和周围的环境为主线，低龄段采用儿歌、歌曲、游戏、童话、漫画等多种形式来表现英语教学内容。中高年龄段在此基础上逐渐转移为以情景对话、连环画、押韵小诗、语言游戏等形式来表现英语教学内容。把英语语言形式、语言内容、语言运用有机地结合在一起，使小学生在多种形式的内容配合、多种教学活动的过程中，将直接感受的经验转化为习得语言。

二、思想品德、情感教育

培养人的道德品质是教育的中心任务。英语教学应遵循语言教育规律，寓思想教育于语言教育之中，使学生通过语言知识、技能学习训练，其思想情感、道德品质也受到潜移默化的熏陶。

小学英语教材应多为生活会话、幽默小故事、连环漫画、儿歌、游戏等，从中透示出寓意、告诫、教训及哲理。艺术的语言以其形象和具体性影响孩子们，激发他们尊敬诚实、正直的人，蔑视一切虚伪、自私的行为，培养并发展学生坚毅、虚心、文明礼貌的优良品质。

教师在教学的过程中，要积极主动地利用语言材料，通过大量的言语活动（其中包括了对话、游戏和角色扮演等）培养他们良好的礼貌习惯、言语的文明和与他人交往的能力。此外，教师在教学中，注意培养学生的思考与鉴别能力，使他们长大后成为遵纪守法的公民。随着社会各方面信息源的日增，在英语教学中对学生开展思想道德品质教育和审美教育，具有十分深远的意义。

三、智力发展

我们要在听、说、读、写的训练和语言知识的教学过程中，发展学生的智力，使学生的个性获得健康和谐的发展。

思维是对客观事物的概括和间接的反映过程，它以感知为基础又超越感知的界限，它反映客观事物的内部联系和规律性，是认识活动的高级阶段。间接性和概括性是人的思维过程的重要特征，思维和语言是密切联系着的，语言是人与人之间交际的工具，人们用语言来彼此交流思想；同时语言也是正常人用来进行思维的工具，但思维和语言又不能等同，思维作为客观现实的反映是观念性的东西，而语言则是思维的物质外壳，同一思想可用不同的词句来表达。

儿童的思维发展大体上经历从动作思维、具体形象思维到抽象逻辑思维的过程。外语作为一门学科具有有别于其他学科的自身特点，它不但负有提高学生思维能力的使命，而且还担负着改造学生思维方式的使命。

教师在教学中通过对学生的观察、记忆、分析、综合、比较、抽象与概括能力的培养，以达到提高学生思维能力的目的。例如，教师可以让儿童以小组的形式开展学习，使每位学生对教师所布置的课题进行独立钻研。在课文教学时，不仅仅只让他们吸收所看到的东西，还必须培养他们对这些东西进行批判性思考，为此，须重视创造有利于开展积极思维活动的氛围，使大脑在开展思维活动时神经网络畅通无阻，以收到良好的思维效果。如，上复习课时，可以让学生通过观察，开展联想，提取记忆材料，完成从字母串中组出学习过的词汇：

anothatreeeighttruckeyes
（a，an，no，not，that，hat，at，tree，eight，truck，key，eyes，yes）

生理学和心理学的研究表明，大脑具有感受、贮存、判断和想象四大功能。人的智力主要由观察力、记忆力、思维力和想象力所构成。大脑的各种功能相互依存、相互联系、相互制约、相互促进，只有作为一个整体性功能进行工作时才能收到最佳效果。因此，在注意培养儿童思维能力的同时，应注意发展他们的其他智力。教学活动的组织及安排，应做到既不应由于注重大脑的贮存功能而妨碍了其他功能的发展，又不应以死记硬背而压抑其他智力的发展。

例如运用内在逻辑记忆法，即通过对所需记忆单词本身结构的分析，找出所需记忆单词内部隐含着的结构关系，提高记忆效果：

（一）包孕关系。"today"是由"to+day"内在逻辑结构组成的。记忆时只要在熟词"day"前加"to"即可，对星期的名称也可运用该法识记。

（二）组合关系。如"homework""classroom""pencil-box"。它们都是由两个熟词构成的。

（三）意念关系。如"address"。该词的前头是"add"（加），因为我们在写完信后，还要在信封前面加上地址，收信人才会收到我们的信。address的后五个字母是dress，该词意为"给……穿衣服""衣服""女服"。人的地址只是人的外表，像衣服一样，而且地址也常常写在信封上，信封也像是包裹着一封信的衣服。

四、发展儿童的自学能力，培养他们学习英语的良好习惯

科学研究表明，遗传只能部分地决定儿童的能力，教育在人的能力的发展中起着很大的作用。所谓教育，指的是成功的学习（通常是在教师的辅导下）知识、技能和态度的过程。对儿童的教育不应当片面地理解为对儿童的直接作用。事实上，早在6岁的儿童的教育中已包括着相当的自我教育，即自我培养的因素。来自教育者方面的一切作用，只有通过儿童自身的需要、价值、兴趣的"折射"，才能为儿童所接受。

现代教育将儿童看作自身教育过程的积极参与者，即自我教育的活动者。自学能力，就是通过自己的学习而获得知识、本领的一种能力，它是创造性的基础和前提，教师即使在教学的起始阶段，也要注意培养学生自学英语的能力。如何开展听音模仿自检活动，如何记忆与运用词汇，如何预习课文，如何联系新旧知识，如何质疑问难，如何运用参考材料和工具书，如何记笔记，制作单词或语音音素卡片，如何确立目标，制订计划，利用时间，自己解决学习问题等，教师都应有系统生动的指导，使学生在经过一定阶段

的学习实践之后，逐步形成既适合自身特点，又符合英语学习规律的自学能力。只有这样，才能实现学生尽快摆脱教师教学的最终目的。

五、激发学生兴趣，培养良好的学习习惯

由于经济及教育发展的不平衡性，我国小学目前开设英语课的地区还不是很普遍。但从经济发展比较发达的上海、广东省的广州和珠江三角洲地区等沿海城市多年小学英语教学所反馈的信息表明：小学英语教学的目标还应当包括激发学生兴趣，培养学生良好的学习习惯。小学生的情感自我调节和自我控制能力不够强，他们正进入心理半成熟、半幼稚时期，独立性和依赖性，自觉性和盲目性，相互交错。教师在教学中要根据他们的心理特点及英语学科的学习特点激发学生学习英语的兴趣，调动学生的学习积极性和求知欲，帮助他们形成良好的学习习惯。教师在起始阶段要针对学生年龄小、好奇心强但注意力容易转换的特点，以直观形象的示范及穿插游戏、歌谣等多变的教学手段激发他们的学习兴趣，使他们感知正确的学习习惯。

比如，养成细心倾听、积极模仿、大胆发言练习的习惯。模仿是英语学习成功的钥匙之一，语言学习在很大程度上取决于听准教师的发音，取决于模仿教师或教学语音材料的技能。但这种学习习惯的形成最好与儿童的兴趣需要结合起来。例如选取意境丰富、能为他们所理解的简易童谣，供他们休息与玩耍时唱：

Row, boys, row!
Up the river we go,
With a long pull,
And a strong pull.
Row, boys, row.

又如，根据眼、耳、口、手、脑并用可以增强学生记忆效果的原理，要求学生形成经常对有关语言材料进行抄读的习惯；根据客观事物是彼此联系着的，人在认识客观事物的时候，会在头脑中形成复杂、有系统的联系，从一开始就启发学生对学过的词汇进行归类识记，编织联想记忆之网；根据语

言运用的特点，让学生在复习中养成词不离句、句不离文的朗读习惯。例如指导学生通过运用"主题记忆法""同义词记忆法""构词记忆法""中心词记忆法"以及"逻辑记忆法"等达到养成科学学习的习惯。

（一）主题记忆法

以某一题材为中心，尽量记忆与该题材有关的一系列词汇。如人体器官：head, hair, face, ear, eye, nose, mouth, tooth（teeth）, neck, arm, shoulder, foot（feet）, leg 等。记忆的方法既可以学生之间相互通过指着自己的器官部位，运用"What's this？""What's that？""Is this a...？""Is that a...？""Are these...？"等句型对话来完成，也可以通过绘制简单体形图，通过为器官配文的方式等来实现。

（二）同义记忆法

英语中同义词数量极其丰富，尽管严格地说，它们各有特定的用法，但从积累单词、方便记忆的角度上说，它不失为一种值得重视的学习方法。例如：big, large；cap, hat；cup, mug；father, dad；mother, mum；home, family；hill, mountain；how many, how much；like, love；good, nice；look, see；speak, say, talk 等。

教师在运用示范法时，目的应明确，内容要具体，操作性要强，使学生易学易做。要注重运用多种形式的检查和积极性评价手段以增强学生的自信心。学习习惯的养成是一个循序渐进的过程，因此，要贯彻先易后难，先简后繁的原则，随着学生智力的逐步提高、意志的增强，逐步完善。

第二章
小学英语的教学原则和学习方法

　　小学英语教学原则是根据小学英语教学的性质、目的和任务，反映英语教与学过程的客观规律，是通过对小学英语教学的总结、概括而制定的英语教学实践的基本原理，是指导小学英语教学工作有效进行的指导性原理和行为准则。

第一节 ▶ 小学英语课堂教学的原则

一、直观性原则

　　直观性原则是指在教学中通过实物、模型、电教手段、语言等形成直观形象来描述有关教学内容，使学生对要学习的内容形成清晰的表象，丰富学生的感性经验，为他们形成新概念，掌握规律奠定良好的基础。

　　小学生的思维处于从具体形象思维逐渐向抽象逻辑思维过渡的发展阶段；而低年级小学生基本上以具体形象思维为主，抽象思维的能力不强。因此，他们对英语或其他外语的概念、单词、句子结构等的学习要依靠直观形象的帮助。运用直观手段进行教学，形象鲜明生动有趣，感受深刻。既可以提高教学效果，又可以增强他们学习英语的主动性和积极性。

　　直观教学手段一般可分为实物直观、模型直观、图表直观、电教直观和语言直观。实物直观包括使用各种实物、标本以及参观和实验；模型直观是指观察实物的模拟形象；图表直观包括利用各种图片、图表、表格、图解、简笔画等；电教直观是指利用现代化教学媒体包括幻灯片、投影片、电影、录像乃至计算机媒体辅助教学达到直观形象的目的；语言直观是指教师鲜明、生动形象的语言。教师艺术化语言的表现可以体现在用声、停顿、重音、语调等方面上。值得指出的是，教师无须借助别的物质材料，只要通过自己的活动，便可以在许多方面实现这种直观性教学原则。例如在传达语言信息时，运用手势、动作和表情。"语言"是由语言符号和言语组成的。所谓"言语"是指"一个人向另一个人（借助手势、发音或书写符号）交流任何要说的（即通过动作或表情）话时，他的心理及其有关生理活动的总和"。教师可以创造性地运用手势来组织班级学生的学习活动。例如用右手食指在空中画平面圆圈，表示全班回答或重复；通过掌心向上与向下、上下徐徐移动手臂，以提示语调的升降；用双手掌表示上齿（上颚）与舌头，演示舌部和牙齿的位置，以帮助学生认识和理解发某些音时，相关发音器官的位置；用手指或铅笔轻轻地拍打，表示双音节或三音节词的重读部分或句子的节奏。

为了充分发挥直观性原则的教学作用，在贯彻该原则时应做到：

（一）依据教学实际设计直观手段的具体内容和具体形式。尽量以最恰当的直观手段服务于某一特定的内容，以期达到最佳的教学效果，提高教学效率。我们要清醒地认识到，直观是教学的手段而不是目的，不能为了直观而滥用直观手段。对于学生尚未感知过或较难感知的新内容、抽象内容、重点内容，可以发挥直观手段的作用，而对于通俗易懂或已知的内容就没有必要堆砌使用直观手段。

（二）教师应积极引导学生运用直观手段进行学习。在引导的过程中，教师要心中有数，引导有序，充分调动和发挥学生的注意力、观察力，达到教学的目的。

（三）课前应精心设计，考虑好各种技术细节的实施方案，在操作技术上也要先做准备，以最佳的状态发挥直观教学的手段和功能。

二、目标原则

目标原则是指在教学过程中要有明确的教学，并围绕实现教学目标来开展全部教学活动。教学目标是教学活动的出发点和归宿，任何教学活动都是在一定教学目标指导下开展的。教师和学生的指向、内容、方式方法和结果的评价，都应受教学目标的制约。

小学英语的教学目标应该着眼于公民素质教育，在教学中除了传授适量的英语基础知识外，更重要的是要在语言能力、语言思维方面提出具体目标，启发思维，培养兴趣和发展智力。

小学低年级学生英语学习的主要目标是：根据地区经济、环境特点和学生的实际，要求学生掌握最初步最基本的语言知识，着重培养学生的听、说技能和言语习惯，发展学生初步利用英语进行交际活动的能力，在素质教育过程中培养学生的积极情感。而小学高年级学生英语教学的目标可根据地区特点和学生实际，要求学生掌握一定量的语音、语法知识，以及积累一定数量的积极性词汇，形成初步运用语言于交际的技巧。在着重培养听说能力的同时，也要兼顾读写能力，为进一步学习好英语奠定良好的基础。

小学高低年级教学目标的制定和实施，都必须服从于国家总的育人目标，必须着眼于学生诸方面素质的提高，还应适度、具体、便于检测。教师应有强烈的目标意识，并要帮助学生确立自我实现的学习目标。教师有了明确具体的教学目标，就会在处理教材、选择教法、检测成绩的时候主动遵循教学目标的指引，发挥整体效能，提高教学质量。

三、启发性原则

启发性原则是指在教学过程中，教师应充分地利用各种合适的教学手段和教学方法，调动学生学习的主观能动性，促进他们自觉地细心观察、独立思考，主动获取知识和发展能力。

由于大多数学生很少有机会在社会上运用英语——尽管我们可以充分利用直观教具与手段帮助学生学习，但语言环境与社会环境常常干扰着英语的语言学习，因此，提高英语教学质量的途径，将更多地表现在学校与教师调动学生学习的主动性上，启发他们积极创造学习外语的氛围，积极在日常生活中接触与使用外语。教师在教学过程中要做到：1. 彻底改变传统的教学观念，帮助学生成为学习的真正主人；2. 想方设法充分调动学生的学习积极性和自觉性，教学中要广泛运用儿童所喜欢的歌曲、游戏、动作表演、图画等生动活泼的形式，开展语言学习；3. 教师应在学生理解教材、掌握规律的关键处巧设问题，发挥引导、启发的作用。教师的示范表演也常常能对学生的学习有积极的启发作用。

下列的一些做法可供教师参考使用。

（一）通过对发音规则的联想，启发学生读出新词。

例如从对 room，school，soon 中字母组合"oo"的发音规律，悟出新词 tool 的发音。

（二）利用情境，启发学生运用恰当的功能项目。

例如：T：You don't have any pens. You want to write some letters. Your classmate, Li Hua, has two pens. What will you say to her?（Will you lend me a pen?）

（三）利用简易问题，启发学生猜测或想象。

比如教师可为学生讲故事，在情节进一步发展时，教师可用"What will happen next?""What is the result（end）?""What will happen to…?"来启发学生思维。

（四）教师通过自己的动作演示，启发学生了解语言的运用及所传递的信息内涵。

例如在初期的教学中，教师可用相关动作配以像"Listen to me attentively.""Turn round and face me.""Stay in your seat.""Draw a bus and colour it red.""Take out your crayons.""Get into a queue.""Go and join the back of the queue."之类的课堂教学活动组织用语，启发学生推测用语的含义。甚至教师的眼神与面部表情都可以启发学生开展积极的学习活动。这种启发式教学可以将学生不知不觉引入一个个语言交际的情境中。

四、循序渐进和听说领先原则

循序渐进原则也叫系统性原则，是指教学要按照语言学科知识内在的逻辑顺序和学生认识发展的顺序进行，使学生掌握知识结构，形成良好的认知结构。听说领先原则是指在语言学习中按照学生学习语言的认知顺序和心理特点以及英语语言的具体特点，要求学生对英语知识的学习先以会听会说会交际为主，循序渐进。

循序渐进原则和听说领先原则有着十分密切的联系。英语语言有它本身的逻辑系统和一般规律，而小学英语教材的编写必须考虑语言的科学体系，不管在什么原则指导下编写教材，都必须遵循一定的逻辑系统。如果教学不按教材的逻辑顺序进行，学生就不能学到系统的知识和技能，会给教学带来许多意想不到的困难。而听说领先原则正是体现循序渐进的原则，体现了学生学习英语的认识规律和心理、生理的机制。

所以，教师首先要掌握教材系统，弄清教学内容是按一种什么结构安排前后顺序和横向联系，教材中出现过哪些语言功能项目或句子结构，一共要训练哪些技能，发展什么能力，听说训练该如何展开，展开到什么程度，这些都是一位合格小学教师所必须掌握的。

教师在教学中，要按照学生掌握知识形成技能的认知程序，帮助学生建立良好的认知结构。认知结构是教材的知识系统在学生头脑中的存在方式，不同的学生会有不同的认知结构。教师的主要任务就是帮助学生理清基本知识的顺序、条理及相互关系。例如在教学中不能像教中学生那样对小学生教"How do you do?"这句用语。因为在真实的语言环境中，小学生初次见面都会说"Hi"或"Hello"，而不会讲出成人化的英语。少儿的模仿能力特别强，他们（尤其是在课堂环境中）比成年人更能整体地理解事物，更能集中精力捕捉信息的完整性，而不是支离破碎地理解信息中个别的组成部分，例如语速、语法和词汇等。因此，小学英语教学中，多运用自然的语言，大量开展听说活动，能帮助他们充分感知英语，形成丰富的语感。

五、交际性原则

交际是人与人之间的往来接触。交际性原则就是在英语教学中必须把英语当作交际工具来学。英语教学的主要目的是培养学生运用英语进行交际的能力。

社会语言学家认为，语言的社会功能是作为交际工具为社会各项交际活动服务。任何一项交际活动都包括两个方面，其一是为了达到一定的交际目的而说的内容；其二是内容的表达形式，即意念和意念的表达。语言的学习应从功能形式，从意念到表达，这才是学习外语的一条捷径。心理语言学和转移生成语法学派认为，人的大脑先天具有掌握语言的能力，而交际性原则就是要注意发挥学生先天具有的学习和使用语言的能力。它的主要特点是

（一）教学内容以语言功能为纲。如问候语、介绍语、打电话、道歉等。（二）教学过程交际化。这也是交际性原则在教学中的具体体现。教学活动以学生为主体，要求学生理解所学的语言材料，主动地、创造性地去学习和运用语言。在学习的过程中，交际性原则还要求注意吸收目的语所在国的语言文化因素。例如在回答他人对自己的赞扬或鼓励的话语时，中国人习惯于谦虚，而英语中的回答则用"Thank you."或"I'm very glad to hear that.""That's very kind of you to say so."之类的用语。（三）在贯彻交际性原则的过程中，不要盲目排斥语法结构的分析和翻译教学手段。只要它们有利于语言功能的表达，那便是可取的。教师不要过分拘泥于语法和语音，对于学生在口头表达中出现的小错误或今后能逐步克服的毛病，应采取宽容的态度，因为学习语言必须经历一个"中继语言"阶段，过了这个阶段以后，学生会意识到自己存在的问题而自行纠正。

交际是教育人的一种主要力量，只有在与人的交际中，人的个性才能得到发展。活动是培养年轻一代具有各种能力不可缺少的教育途径。

六、活动性原则

活动性原则是指在小学英语教学过程中根据小学生活泼好动的特点，结合具体教学内容，布置情景，提供材料，让学生积极参加教学，自由操作，自己发现问题，通过自己的动作表演所学的语言内容。

学生在表演和摆弄过程中全身心地投入，并独立观察、分析和思考，因而对所学的知识或提供的语言材料，理解更深刻，形象更具体，记忆更牢固，表达更顺畅，达到事半功倍的效果。

比如在教人体各部分名称的词汇时，教师可以组织学生做"Simon says"的动作游戏。当学生听到教师说"Simon says"这句话时，应表现出教师要求的指令性动作，而缺乏"Simon says"的指令应视无效。比如教师说："Simon says,'Close your eyes'."学生应马上一齐闭上眼睛。教师又说："Open your eyes." 因为教师这时没说 "Simon says"，所以学生应保持原来的动作状态，如果有人睁开眼睛，他就犯了规。依此类推，听说与活动其他身体部位的英语单词名称。这种活动实际上是"全身反应教学法"（Total Physical Response）。又如教现在进行时时，教师让一学生到黑板前做动作，其余的学生用含有进行时态的句子提问，形成语言交际：

A：Are you playing football?

B：No，I'm not playing football.

A：Are you dancing?

B：Yes，I am. I'm dancing.

（A 代表提问的同学，B 代表动作者表现的学生）这种方法有很广泛的练习范围："Is he singing?" "Are you speaking?" "Are they jumping?" 等等。

利用这种动作表现特点明显的课堂游戏，不仅可以提高学生的学习兴趣，还可以锻炼学生听力的准确性和速度。

在贯彻活动性原则的过程中，必须做到：

（一）活动的开展应有其目的性和计划性。在教学过程中必须让活动为教学内容服务，不要为活动而活动。因为活动毕竟是一种形式，如果没有明确的内容，就会变得毫无意义，毫无价值。实质上，我们的教学活动应是依照句型和语法结构进行的认识活动。

（二）活动的形式必须多样化。设计活动形式的出发点是保持和提高学生的学习积极性和学习兴趣。多样化的活动形式，如角色扮演、游戏、交流、竞赛、猜谜、音乐、绕口令等，可以适应小学生注意力易分散的心理特点。例如关于问路及其回答（asking the way and reponses）就可以有方位判断、给盲人带路和方向指令查阅地图等多种活动方式。

（三）活动的开展应结合实际情况。语言教学是复杂的社会交际活动，教师必须让教学目标、教学内容、教学方法和教学形式基本适应学生的年龄特点和智力水平。

（四）活动的开展应做到个别、小组和集体相结合。学生的个别活动可用于检查复习所学知识或引入新课、巩固新课，或检查学生对知识的运用技能。小组活动在进行语言交际的过程中可以集思广益，消除部分学生的畏惧心理。集体活动省时、高效、活动面广，有利于增强课堂教学气氛。多种形式配合使用可以达到相得益彰、全面训练的效果。

七、兴趣性原则

兴趣性原则就是教师在教学过程中，利用生动的语言材料或多样的教学形式不断刺激、提高和保持学生的学习兴趣，寓教于乐，变被动为主动，变乏味为有趣，实现知识、技能与情感同步发展的目标。布鲁姆说，学习的最好刺激，即是对所学材料的兴趣。兴趣是个体积极探究某些事物或进行某些活动的倾向。学习兴趣是学习积极性中很主动、很活跃的心理因素。它同时还是"当教材被适当地提示的时候，心对它感到满足这样一种自然的爱好或倾向"。它决定着学生的多方面的取舍和成绩的提高。兴趣是可以在教学实践中培养的。成功的教师，特别注意培养学生的兴趣。当学生带着浓厚的兴趣学习时，大脑的两个区（即左边的逻辑思维区和右边的非逻辑思维区）都发挥作用。

因此学生对知识的感觉更加清晰，想象更加丰富，思维更加活跃，记忆的储存也会更加稳固。教师可以从以下几个方面提高学生学习英语的兴趣。

（一）让学生认识到学习英语的必要性和重要意义

当今世界处于信息时代，科学技术的迅猛发展使人类社会将成为一个互相依存的整体。一个国家要自立于世界民族之林，除了学习和发展自己的民族文化之外，必须吸取世界其他民族，特别是先进国家的科学技术和文化，以提高国人的文化素养，开发智力。语言，特别是英语，是世界各国用于交际的重要工具。在小学开设英语，正是为了适应不断发展着的经济形势，培养跨世纪现代型人才的客观要求。其战略意义尤为深远。

英语是当今世界上主要的国际通用语言之一。400多年前，英语的使用范围不超过不列颠岛。而今，以英语为国语的有英国、爱尔兰、美国、加拿大（魁北克省除外）、澳大利亚、新西兰、圭亚那、巴哈马、巴巴多斯等国家。另外还有新加坡、菲律宾等33国，把英语作为官方或半官方语言。世界上有75%以上的邮件是用英语书写的，世界上发行的报刊有20%使用英文，65%的广播为英语广播，计算机的80%的信息用英语处理。英语还是联合国的正式工作语言之一。总之，英语在国际政治、军事、经济、科技、文化、贸易、交通运输等领域起着别的语言无法替代的作用。学生如果从小就逐渐通过各种活生生的生活途径，了解这门语言的作用，并逐渐确立了正确的学习目标，就可以提高学习心理动机这一内部因素的格调，使学习获得成功。

对于小学生来说，由于他们尚未完全形成自己的学习兴趣，教师应尽量将课上得生动有趣，所选用的教学方法和教学手段应符合学生的感知活动特点，努力促使学生主动学习。这里所说的主动过程有两个含义，其一是学生直接作用于他的环境，其二是他们在心理上也是主动的。

（二）利用语音及其结构上的特点激趣

英语的文字是26个字母拼写的拼音文字，在语音和语法上与汉语有着较大的差异，如单元音的长短音之分，单词的辅音结尾、句型的变化、语序不同。但我们仍可以利用其拼音文字的特点自编一些简易的英语小诗或绕口令来帮助学生学习语音，提高兴趣。如：

Hello! Hello! How are you?	One, two, three, four.
Hello! Hello! How do you do?	Come in please and shut the door.
I'm fine. I'm fine.	Five, six, seven, eight.
Thank you. Thank you.	Nine, ten, nine, ten.
And hope that you are too.	Don't be late for school again!

利用单词押韵的方法，把所学的知识串起来，既朗朗上口，又易于牢记。

（三）以游戏和歌曲激趣

在课前准备阶段，让学生唱上一首英文歌可以达到渲染英语课堂学习气氛、转移学生学习兴奋点的目的。有时在教学阶段的过渡中，唱上一首短歌同样可以达到平静学生心情或者做短暂积极性休息的目的。游戏是儿童特别迷恋的活动，如果我们把教学内容用游戏的形式表现出来，小学生就会乐学、想学，从而也达到易学的效果。游戏的种类与范围包罗万象，也无绝对固定的模式，教师与学生完全可以根据教学内容用游戏的形式表现学习活动。比如：可用"边听边画"的方式来开展培养听的能力的游戏活动；用"找朋友"开展按主题记忆词汇或按同义、近义归纳词汇的小竞赛，组织小型游园活动。

另外，还可以组织短剧表演、角色扮演、编讲故事、舞蹈等激发学生的学习兴趣。

八、以学生为主体的原则

以学生为主体的原则是指在英语教学过程中，要充分调动学生参与的积极性、主动性和自觉性，着重培养技能技巧，发展交际能力，使知识的吸收和技能的培养同步发展。

在英语教学的过程中，必须做到以学生为中心，精讲多练，把大量的时间留给学生。任何知识只有通过学生认真感知、反复实践才能成为其认知结构的一部分。为此，应注意下述几个方面：

（一）教学提供合适材料，设计教学并确定每节课的教学目标和内容，设计课堂教学的架构和各种活动的开展方式。

（二）教师是课堂教学的组织者和参与者。在呈现新的语言点时，教师要通过各种活动，将新知识的音、形、意、结构与功能明示给学生；在语言操练阶段，组织学生参与各种交际活动，例如单人、对偶、小组和集体的操练；在语言活用阶段，教师要作为活动的一名成员，平等对待学生，将自己放到与学生平等的地位上，通过示范，培养学生各种良好的学习习惯。

（三）教师指导、评价、纠误时，要多运用鼓励机制。要允许学生出错，只有出错，才能发现问题，解决问题。教师多运用启发的方式帮助学生克服自己在语言学习中的障碍，逐步形成一套适合自己的学习习惯和学习方式。

（四）因材施教。即教师应依据学生的个别差异采取不同的要求，施行不同的教学手段。对于一个班来讲，教学目标应该是大体统一的。全体学生在接受知识，提高技能、技巧方面都必须努力达到大纲所规定的要求。但是，由于学生在智力与非智力因素上的差异性，教师要采取分别对待的教学态度，对于成绩好的学生，要向他们提出更高的要求，促使他们冒尖；对于成绩差的学生，要帮助他们找出不利因素，提出与他们的条件相适应的要求，采取恰当的方法，帮助他们进步。通过学习实践，最终帮助所有的学生学会学习。

九、巩固性原则

巩固性原则是指教师应引导学生在理解的基础上牢固地掌握所学的知识和技能，使之能相对长久地保存在记忆中，当需要的时候，还能准确地再现并加以运用。

为了完成教学任务，教师有必要注意在教学的过程中帮助学生通过反复地运用达到巩固所学重点内容的目的。除了巩固新内容，还要注意巩固旧的东西，这是由人的记忆规律所决定的。事实上，教材内容的编排已体现出反复巩固和加深的学习特点。如何体现教学中的巩固性原则？下列几点可供教师参考：

首先，在学习新内容时，教师要采用直观教学手段和启发式的教学方法，使学生感知清晰，理解深刻。比如，利用图画、儿歌、动作、游戏等形式于教学之中，可使教学内容生动有趣，形象直观，儿童自然会将注意集中于教学内容上面。例如教钟点表示法时，可以利用自制挂钟教具，让学生随着教师拨动钟面的指针，用英语读出钟点。还可以向学生显示电子钟面上表示钟点的阿拉伯数字，让学生同样将其转换成英语。钟点表示法的练习还可以以交际的方式来体现。在不同练习方法中教学的内容易于得到巩固。

由于英语是一门外国语言，现有环境制约着学生开展经常的、大量的听说等实践练习，无论英语单词还是句法结构，遗忘率都很高。这就给知识与技能的巩固带来了很大的困难，如果不及时反复地复习，学生再往前学会感到越来越吃力，乃至使少数学生产生厌学情绪。在启蒙阶段的教学中，巩固性原则应当得到教师的足够重视。小学英语教材中每一课的学习内容均较少，句子简单，单读易学，这就有利于教师对其组织复习。教师在教新课时，要有计划地安排对旧内容的复习和巩固，达到温故知新的目的。如在教新词 home 时，可以按语音线索把学过的包含有音素〔əʊ〕的词汇重新引出：hello，no，those，go，old，进行音的巩固；而在意义上则与 family，house 进行比较；在用法搭配上则以新联旧，从 at home，go home 中，对相似表现方法加以复现。

贯彻巩固性原则特别要注意语言中各要素的内在联系，在经过一个阶段的学习之后，进行单元、期中与期末的复习是十分必要的，这样会使语言知识更加系统化、条理化，易于理解和记忆。语言技能会更加娴熟。值得注意的是，即使是复习，也要运用符合儿童生理和心理认知特点的教学方法，避免使用单调机械的重复和循环。

十、控制使用母语的原则

母语的学习更多的是一个自然的习得过程，而外语，如英语的学习，则多留下经过加工的痕迹，后者不断受到母语和学习环境的干扰。小学生学习英语有个显而易见的优点，即其母语的学习过程尚未完全完成，因而母语的知识、结构、经历还没有定型，这样在学习英语时，受母语的干扰相对少些，母语与英语学习可以获得同步发展。有人认为，小学生学习英语会影响他们对母语的学习，其实这种担心是多余的。因为儿童正处于语言学习的最有利时期，他们对语言的感知、模仿和接受能力特别强，只要环境条件许可，儿童同时操几门语言是完全有能力做到的。因此，教师要致力于为学生创造更多的听说和接触英语的机会，使他们在学习过程中尽量避免翻译转换这一中介现象的产生，以利于培养语感，提高对语言的输入、理解和输出的速度。教师在教学中可以用简易英语来组织课堂教学。起初，这些用语的表达可以伴随着教师的动作和表情对它们进行释义。在后来的教学过程中，要不断地运用已经使用了的英语教学用语，使学生养成听英语讲授与根据这一信息做出相应学习活动的习惯。例如：Listen to me. Look at me.（the blackboard，the picture...）Put up your hands. Come here. Come to the blackboard. Go back to your seat. 等。

运用直观手段也是成功地避免使用母语的最佳方法。教师可以通过表情解释 tired, angry, have a pain, satisfied 的意义，可以通过动作对一些动词的语义进行解释，以实物和图画表达相关事物的概念。种种直观手段使所要教的语言单位（单词、习语、短语和句子）和他们所表示的概念（物体、动作、性质等）之间建立最直接的联系。

利用电教手段、教师的示范表演也可以简化乃至替代运用汉语进行烦琐讲解的过程。在对一些抽象程度较高、其他的直观手段难以说明清楚的语言材料进行教学时，母语的适当运用也是十分必要的。科学地运用迁移理论，从两种语言的比较或对比中加深对英语的结构理解，在教学中有时也是很有作用的。

十一、语言学习与文化因素吸收同步的原则

在英语教学中，社会—文化因素起着重要的作用。有学者提出"照顾文化"为现代外语教学应遵循的三大原则之一。就低年级学生学习语言的特点上看，交际法与情境启发法更能达到良好的教学效果，而这两种方法的操作均离不开目的语的文化背景知识。

语言学习与文化因素吸收同步进行的原则指的是在英语教学中，把系统地学习目的语与学习目的语的社会文化结合起来，使学生在学习目的语的同时了解和适应这种语言所处的社会文化，以增强学生学习的兴趣和更灵活、更自然地开展语言交际教学活动，达到学好语言的最终目的。

语言学家韩礼德认为可以把语言看作社会行为，看作是行为潜势的一种形式。在语言中，行为潜势成为意义潜势，意义潜势又通过语言系统转换为词汇——语法潜势。每一阶段通过选择形式表述。社会语境或情境语境决定意义选择。所有可能的社会语境之和组成社会系统或文化语境。文化既是意义潜势又是行为潜势，因此可以认为文化与社会语境共同决定着人们的行为方式，包括言语行为方式，人们的交际活动是从这里开始的。

儿童的母语发展及其运用离不开社会、文化语境。语言、社会、文化从来就不可分割。小学生学习英语同样需要认识和了解一定的英语社会、文化知识，让他们在英语语言环境气氛中进行学习。中国人和英美人士在社会活

动方式、意识形态、言语行为以及价值观等方面存在着差异。文化这个概念含义广阔，它包括实物、知识、信仰、艺术、道德、法律、风俗以及其他人们在社会上习得的能力和习惯。文化一般可分为两类：知识文化与交际文化。知识文化包括社会、政治、经济、文学、艺术、历史、哲学及科学技术成就等。交际文化则包括社会习俗、生活方式以及行为准则等。在英语学习的初级阶段，对文化的学习与吸收重点可放在交际文化上。例如学习如何问候、邀请、称赞、致谢、道歉、求助、许诺、祝贺等待人接物的行为规范以及学习一些常用的委婉语、禁忌语和身体语言。

贯彻同步原则可从下列几方面着手：

（一）综合运用各种教学手段，设计和布置语言学习的环境。有计划地利用教学录像片的播放，可以使学生有明显的直观感觉，产生亲临其境的效应。语境的启示、上下文的暗示、教师的讲解、与外国人的接触乃至阅读有关的中文读物，都有助于贯彻同步吸收原则。

（二）反复练习，巩固加强。语言和未经强化而吸收的文化、社会知识，常常难以巩固。因此，组织学生在模拟目的语社会文化氛围中开展模拟表演，是最有效的手段。

（三）发挥教学中的创造性。在实践过程中加强对语言知识的巩固和运用。这里的创造性包括两个方面：一是教师创造性地运用各种教法，设置情境，帮助学生开展交际活动；二是诱导学生勤思考，多练习，反复强化，以便在各种话境中灵活地运用所学的语言知识。

第二节 ▶ 小学英语的学习方法

一、小学英语学习特点

（一）学习的界定

在我国，"学习"一词最早见于《礼记·月令》里的"季夏之月，鹰乃学习"一句，指的是小鸟反复学习飞的行为。在我国古代，表示从口头或书面上获得的知识或经验的时候，多用作"学"或"知""智"；而表示行为活动和运用知识经验的时候，多写作"习"或"行""用"。如荀子说"知之不若行之"，朱熹主张学习"当体之于身"，明末清初的学问家颜元则认为"得之于行""不从身上过，皆无用"。当"学"和"习"合用的时候，则偏重指"习"。

从广义看来，学习是指人和动物在日常生活中习得经验而引起行为变化的过程。凡是因获得经验而发生的行为变化，都可称之为学习。狭义的学习是指人的学习，它是人在社会实践中，通过语言的中介作用，自觉地、积极主动地掌握个体或人类社会历史经验，从而构建经验结构的过程。

由此看来，学习的关键在"学"，其重心在于"习"，把主要力气花在"习"上。才是"学习"。"学"的活动主要是认知，是获得知识，获得心理效能；"习"的活动主要是运用，是行为方面的操作。对此，可以这样来理解"学习"："学"是认识，"习"是实践，学习就是认识和实践。

小学英语学习就是创造性地运用言语符号，系统地掌握以言语为核心的英语知识、习得英语技能并逐步形成相应的言语智能、科学文化素养及思想道德素养的言语实践活动。

（二）小学英语学习原则

1. 大量背诵和活用练习结合

大量背诵是中国人学习本国语文和外国语文的传统，是保证学习成功的经验之一。因为大量背诵的是整篇文章，甚至整本书，所以由此而学得的不是孤立的词和句，而是有上下文、有内容、逻辑性强和情节性强的连贯话语。这种背诵学习实质上是综合性学习的一种重要方式：词、句和文；结构、功能和情景；语音、语法和语用；语言、逻辑和文化，在这里都实现了一体化。从而使英语学习自然就具有很强的统筹性质、总体性质或整体性质。许多英语学习有突出成就的人，在谈到学习成功的经验时，总是提到背诵，这不是偶然的。

2. 直接学习和翻译学习结合

直接学习就是非翻译学习，即无论是理解还是表达，都不经过英语到汉语，或汉语到英语的转换。直接学习有助于直接使用能力和用英语思维能力的发展，但不能以此而排斥必要的翻译学习。无论是学习理解，还是学习表达，翻译都有积极的作用。因为，在学习者掌握英语之前，所借以认识客观世界与主观世界的主要工具是母语，母语作为代表存在事物的符号系统或信号系统，在大脑里是根深蒂固的。

准确表达是在深刻理解的基础上发展起来的，翻译既然是达到深刻理解的重要的必要手段，就同时也是获得准确表达能力的重要的必要手段。

3. 精学与泛学结合

精学与泛学结合，这是我们中国人学英语的成功经验之一。精学代表质，泛学代表量。精学与泛学结合，就是质与量并重，以质带动量的增加，以量保证质的提高。也可以说，精学代表学习深入，泛学代表学习广博。深入学，对英语的理性认识会加深；广博学，对英语的感性认识会增长。

精学和泛学结合，既适用于语言学习方面，又适用于言语学习方面。

4. 求易学习和求难学习结合

英语学习，无论是在语言材料方面，还是言语技能方面，都有难易之分。难易划分的根据不是材料和技能本身，而是学习者的实际水平。语言材料的难度取决于语音、语法、词汇、语篇等结构的复杂度，以及与相应的汉语结构比较的差别度。言语技能的难度则除此以外，还包括速度和整体内容的深度。英语学习材料和技能练习的确定，一般说来应该难易适度。但在一定时机和条件下，可以适当偏难或偏易。

求难和求易学习都是为了更好地、更快地提高英语水平，保证英语能力和英语学习能力的全面发展，并且使学习自身不断产生新的动力。

5. 整体学习和重点学习

语言是一个整体。读、写、听、说言语活动互相联系，互相推动；语音、词汇、语法在语言使用中不可分割地联结为一体；交际能力离不开语言能力，语言能力需要表现为交际能力。这一切都表明语言在本质上的整体性。所以学英语首先要抓整体学习。

重点学习是课文中的重点词句和听说读写技能中的关键性技巧。重点学习的重点是基本的结构模式及其变化。重点不一定都是难点，难点一般都应作为重点。

6. 口语学习和书面语学习统一

口语学习包括听和说，也包括念书，即朗读。书面语学习包括读和写。口语学习和书面语学习的统一，既符合人类语言的发展规律，又符合个人言语的发展规律。

7. 分散学习和集中学习统一

英语学习有技能形成的一面，又有知识获取和材料积累的一面。这在学习全过程中的具体表现形式，就是分散学习和集中学习。分散学习和集中学习结合，相互策应，才能最大限度地发挥优势，即集中学习要适当，集中的量恰如其分，集中的时机合适，同时分散性的巩固和复习、练习和使用也要配合好。

8. 知行统一

坚持知行统一的原则，就是坚持理论与实践的统一。

英语课程的基本目标是培养学生运用英语的实践能力，而提高英语能力的主要途径是英语实践。实践性原则是指学生在真实的语言环境中，通过自身的听说读写活动，发展提高听说读写能力。我们应当把课堂的时间还给学生，让学生做课堂的主人，让学生在课内和课外主动自由地听说读写，在阅读中学习阅读，在写作中体味写作。这样，学生的英语素质和能力才会有切实的提高。

二、小学英语学习策略和方法

(一) 小学英语学习策略

作为对所有英语学习者都适用的基本策略可以列举以下几项：

1. 目标性和计划性学习策略

这是一个对所有学科的学习都适用的重要学习策略，但对于英语学习来说尤为重要。因为英语与其他学科相比，学习者更难主动控制学习进程和实行自学。所以英语学习要成功，学习者的主动性要充分发挥，第一重要的就是要明确学习目标，制订学习计划，使学习有计划地向着目标不断前进。

2. 常用词和典型句学习策略

对于英语学习的功效来说，常用词和典型句的学习是具有战略意义的。英语学习者既掌握常用词，又掌握常用的构词手段，因而所能认识的词的数量就会大大增加。英语句型数量是有限的，特别是基本句型更是有限。基本句型就是英语基本句法结构。对学习者来说，常用词和典型句就是语言的精华。

3. 理解性和推理性学习策略

理解和推理是外语学习缺乏高效率的重要原因之一。所谓理解，就是把正在学习的与已经学习的，以及正在学习材料的内部各个部分之间建立起逻辑联系，形成系统，概括规律，并从深层上把握住语言形式的意义。推理则是在理解的基础上，经过逻辑判断，达到由旧而知新，由前而知后，由此而知彼。在英语学习中应充分发挥理解和推理作用，也就是积极运用理性、智力、认知和思维、想象，化机械性的死学为理解性的和意义性的活学。

4. 实践性和交际性学习策略

学英语要重视练习，而练习又要尽量多地和实际应用结合，这是不用多说的道理。实践性和交际性学习策略就是这种道理的具体化。说语言是交际工具，这一论断是对的，只是不要把它同语言是思维工具、是理性认识的工具对立起来。在英语学习中，实践性和交际性策略要和其他策略结合，才能充分发挥其积极有效的作用。

5. 文化性和意义性学习策略

英语学习要具有文化性和意义性才会取得全面成功。文化和意义在这里是广义的，既包括宏观性的文化和意义，也包括英语学习具体内容的文化性和思想性。英语学习材料的意义与学习者的经济地位、教育程度、年龄、性别、理想、爱好等密切相关，既具有集团特征，更具有个人特征。因此学习个性化的一个重要方面就是学习材料在文化品位和文化需要方面的多元化。使学习者有一定的选择余地，充分发挥文化和意义对学习的促进作用。

另外，英语学习者不应该只是文化和意义的被动接受者，而应该是文化和意义的主动创造者。学习者要善于发掘语言的深层意义和文化蕴含。文化的深层和意义的深层是密切联系难以分开的。英语学习中的跨文化问题、文化鸿沟问题,随着意义性学习的深入自然就会迎刃而解。由语言到文化,再到意义和思想,中国人和外国人间的差距和差异在不断缩小。从这个角度来说,文化性和意义性学习策略不但极富进取性,而且可使英语学习由陌生变熟悉,由困难变容易。

(二)小学英语学习方法

1. 视觉记忆与听觉记忆结合

这里说的视觉既包括图像,也包括文字,而听觉则除去英语之外,还有辅助性的自然声音或临摹声音,以及配合的音乐等。学习新词时,如果一边快速出示词,一边听词的读音,并配合以音乐,效率可达一小时记忆几百个词。

2. 发音动觉记忆和书写动觉记忆结合

发音动觉记忆和书写动觉记忆结合的具体有效方式之一,是"书空"加朗读。"书空"就是在空中写,这样写可以不用笔和纸,而只须用手指在空中画就行。而且可以写得大,即书写动作的幅度大、力度大,更加有助于记忆。至于朗读,一般说来应该声音洪亮,同时配合以一定身体动作,使语音节奏和身体节奏谐调。这样,在动觉记忆中除去发音和书写动觉外,就又增添了身体其他部位的动觉,所以效果会更好。中国人过去读书和吟诗,总是要摇头晃脑,甚至手舞足蹈,这是符合记忆规律的,也是在英语学习中可以借鉴的。

3. 形象记忆和抽象记忆结合

单词、句子和课文的记忆都要尽量与一定的形象联系,同时又有一定程度的抽象或概括。双管齐下,就会记得牢,重现得快。在课文记忆中,形象化可以通过表现课文内容的画面或学习者在头脑中对情景的想象而实现。

一般说来,词和文的记忆的形象化与抽象化应该由学习者自己创造性地完成。学习者自己对所学材料进行加工,这本身就是对记忆很有助益的活动。

4. 循环记忆和分类记忆结合

这是两种最常见的词汇记忆方法，同时也可以用到课文记忆上去。课文背诵应该按照遗忘先快后慢的规律，在初步背过之后，最近期间多复习，然后逐渐减少，复习的间隙逐渐加大。另外，课文在题材、体裁、内容、结构等方面都可以加以分类，背诵和记忆时可以按照共同的框架从总体上加以把握。这也可以说是课文分类记忆。

三、小学英语学习方式

（一）小学英语学习的界定

学习方式（又译为学习风格），由美国学者哈伯特·塞伦于 1954 年首次提出的。然而，至今还没有一个受到广泛认同的学习方式的定义。但不同的定义在本质上有着许多共同点：

第一，学习方式的实质是学习者喜欢的或经常使用的学习策略，反映了学习者对不同教学方式的偏爱以及学习倾向。

第二，稳定而独特是学习方式的本质属性。稳定指学习方式在长期学习过程中逐渐形成，很少因学习内容、学习环境等因素的改变而改变。独特指学习方式在学习者生理结构及其基础上，受到特定的家庭、教育和社会文化等因素的影响，通过个体自身长期的学习活动而形成，具有鲜明的个性特征，因人而异。

第三，学习方式受到社会、家庭、学校教育方式的影响。

简单地说，小学英语学习方式指小学生在完成小学英语学习任务过程时基本的行为和认知倾向，是小学生在自主性、实践性、探究性和合作性方面的基本特征。

小学学习方式和学习方法的区别与联系在于：学习方式是学习者持续一贯表现出来的学习策略和学习倾向的总和。学习策略指学习者完成学习任务或实现学习目标而采用的一系列步骤，其中某一特定步骤称为学习方法。

学习方式较之于学习方法是更上位的概念。两者类似战略与战术的关系：学习方式相对稳定，学习方法相对灵活，学习方式不仅包括相对的学习方法及其关系，而且涉及学习习惯、学习意识、学习态度、学习品质等心理因素和心灵力量。所以，学习方式转变对促进学生发展更具有战略性的意义。

(二)《英语课程标准》倡导的学习方式

《英语课程标准》关注学生的个体差异和不同学习需求，爱护学生的好奇心、求知欲，充分激发学生的主动意识和进取精神，倡导自主、合作、探究的学习方式。

1. 自主学习

(1) 自主学习的原理与实现

自主学习也称为自我导向学习，相对的是"被动学习""机械学习"和"他主学习"。从 20 世纪 50 年代开始，自主学习成为教育心理学研究的一个重要课题。维果斯基学派、操作主义现象学派、社会认知学派、意志理论、信息加工心理学等都从不同角度对自主学习做过一些探讨，其内涵也越来越丰富，并成为指导学习的一种理论和模式。

行为心理学家认为：自主学习包括三个子过程：自我监控、自我指导、自我强化。自我监控是指学生针对自己的学习过程所进行的一种观察、审视和评价；自我指导是指学生采取那些致使学习趋向学习结果的行为，包括制订学习计划、选择适当的学习方法、组织学习环境等；自我强化是指学生根据学习结果对自己做出奖励或惩罚，以利于积极的学习得以维持或促进的过程。

认知建构主义学派认为：自主学习是元认知监控的学习，是学习者根据自己的学习能力、学习任务的要求，积极主动地调整自己的学习策略和努力程度的过程。自主学习要求个体对为什么学习、能否学习、学习什么、如何学习等问题有自觉的意识和反应。

我国学者还将自主学习概括为：建立在自我意识发展基础上的"能学"；建立在学生具有内在学习动机基础上的"想学"；建立在学生掌握了一定的学习策略基础上的"会学"；建立在意志努力基础上的"坚持学"。

何谓自主？当人们在面对一项任务时可以：①独立地完成；②能够将所学的知识和技能用到其他所需的场合；③能够考虑到特殊情况的特殊需要而

灵活地完成任务。何谓自主学习？根据国内外学者的研究结果，概括地说，就是指学习者自觉激发内在的学习动机、确定学习目标、选择学习方法、监控学习过程、评价学习结果的活动。

（2）自主学习的特征

①能动性

能动性是相对于受动性而言的，能动性指人对自己发展的自觉意识和能动作用，它是自主性最基本的特征。它在人的具体活动中表现为自觉（自律）与主动（积极）。自主学习把学习建立在人的主动性的一面上，它以尊重、信任、发挥人的能动性为前提。从这个角度说，自主学习是一种自律学习，一种主动学习。

②独立性

自主学习把学习建立在人的独立性的一面上，独立性是自主学习的灵魂。每个学生都是独立的人，不以教师的意志转移而客观存在，他们在整个学习过程中就是一个争取独立和日益独立的过程。开展自主学习，必须让学习者参与确定对自己有意义的学习目标，自己制定学习进度，参与设计评价指标；学习者积极发展各种思考策略和学习策略，在解决问题中学习；学习者在学习过程中对认知活动能够进行自我监控，并做出相应的调适。

③独特性

独特性是指学生主体有不同于其他主体的特点。它首先来自先天素质的差异性。同时，由于在社会化的过程中，每个人所处的环境千差万别，个人选择也各不相同，便逐渐形成了具有鲜明特点的个性。学生的学习也客观上存在个体差异性，不同的学生在学习同一内容时实际具备的认知基础和情感准备不同，即不同的学生学习的起点不同；学生的学习能力倾向不同，决定了不同的学生对同样的内容和任务的学习速度和掌握它所需要的时间及所需要的帮助不同。

（3）自主学习的实施策略

①激发学生的学习内驱力是开展自主学习的前提

要促使自主学习顺利进行，必须激发学生的需要，特别是高层次的自我价值实现的需要。只有学生产生了学习的需要和愿望时，学生才会积极主动地投入到英语学习活动中去，他们在英语学习过程中，才会有情感的投入，并且从英语学习活动中获得积极的情感体验。设计学生英语自主学习体系时，必须充分注意学生的需要和兴趣，充分调动学生"最近的经验世界"，使学生感到学习有"自由发展区"。一旦学生从英语学习的过程中充分理解所学知识和自身价值的关系，理解学习的科学意义、社会意义和个人的生命意义，学生学习的兴趣和自主探索的精神也油然而生；一旦学生成功地在学习过程中实现了自我价值，学生学习的难度、深度与期望达到的水平自然也就提高。

②营造良好的学习氛围是开展自主学习的基础

一棵幼苗的成长需要有土壤的滋养，生动活泼的学习环境和气氛是开展自主学习的土壤。学生愿不愿意投入到英语学习活动中去，有没有信心去克服学习中遇到的问题，除了激发内在的学习欲望外，还必须给学生外在的影响。教师应该竭尽全力创建积极的学习环境。良好的学习环境包括物质和心理两个方面。其中最关键的一点就是：学生要有足够的情绪安全感。它来自乐于自主的学习氛围，来自教师和优秀学生勇于冒险的示范作用，来自一个彼此熟悉的、相互接纳的温暖的学习集体。教师的责任在于细心发现学生细微的进步，及时给予表扬，大力支持鼓励学生自主学习，及时发现并推广学生自主学习的巧妙的方法，让学生有一种成就感。教室的布置也应该有助于在心理上、视觉上营造宽松、创造的心理氛围。

③掌握科学的学习方法是开展自主学习的支柱

《礼记·学记》中云："善学者，师逸而功倍；不善学者，师勤而功半。"善于学习和不善于学习的差别在于有没有良好的自主学习的方法，会不会自主地学习。掌握学科学习的特点与规律，独立地选择学习的步骤与方式，策略性地学习，这是自主学习的技能要素。

④教师适当地指导与点拨是开展自主学习的保证

学生是一个发展的个体，其自学能力相对比较低，强调学生的自主学习，但决不能弱化教师的指导、教师的教育；没有教师的引导和教育，完全要学生自发地去学，等于放任自流，也是不可能实现的。在强调自主学习的课堂中，仍需要教师的"教"，但这种教并非传统意义上的教，否则又回到教师为主体的教学旧路上。这种"教"要求教师要创造性地教学。首先，学生先自主学习相关知识内容，然后教师做"点睛"式的讲解，并将学生在学习中遇到的困难提出来全班讨论，集思广益，必要时做一定的引导。最后，通过运用这些知识解决一些实际问题，从应用中再次深化对知识的理解。总结起来就是"学—讲—练"模式，与传统的"讲—学—练"仅顺序不同，但体现了学生的主体地位，同时，教师所做的点拨，也正体现出创造性的"教"。

2. 合作学习的原理与实践

（1）合作学习的基本含义

与合作学习相对的是"个体学习"，是 20 世纪 70 年代初兴起于美国，并在 70 年代中期至 80 年代中期取得实质性进展的一种富有创意和实效的学习方式。对合作学习内涵的理解主要有：合作学习是以小组活动为主体进行的一种教学活动；合作学习是一种同伴间的合作互助活动；合作学习是一种目标导向活动，是为达成一定的教学目标而展开的；合作学习是以各个小组在实现目标过程中的总体成绩为奖励依据的。我们所认为的合作学习就是以"合作思想"为灵魂，以"小组学习"为基本形式，系统利用教学中动态因素之间的互动性，促进学生的素养全面而和谐地发展，以达成英语学习目标的学习活动。

（2）合作学习的特征

①互动性

互动性是合作学习中最令人注目的特性。由于合作学习视教学动态因素之间的互动为促进学生学习的主要途径，因而这种互动观无论在内容上还是在形式上都与传统的教学观有所不同，它不再局限于师生之间的互动，而是将教学互动推延至教师与教师、学生与学生之间的互动。合作学习认为，教学是一种人际交往，是一种信息互动，充分开发和利用了互动这一特性，把教学建立在更加广阔的交流背景之上，这对我们正确地认识教学的本质，减轻师生的负担，提高学生学习的参与度，增进教学效果，具有重要的指导意义。

②目标性

由于合作学习强调动态因素之间的合作性互动，并借此提高学生的学业成绩，培养学生良好的非认知品质，因而这种学习方式较之传统的学习方式更具目的性。树立一个学生"跳一跳，能摘桃"的目标，这是开展合作学习活动的前提条件，也是促使小组成员顺利开展合作学习的动力系统。

③合作性

小组成员的协同工作是实现合作学习目标的保证。小组协作活动中的个体将其在学习过程中探索、发现的信息和学习材料与小组中的其他成员共享，甚至可以同其他组或全班同学共享。在此过程中，学生之间为了达到小组学习目标，个体之间可以采用对话、商讨、争论等形式对问题进行充分论证，以期获得达到学习目标的最佳途径。因此，小组成员的竭诚合作，将个人的目标系统纳入小组共同的目标系统，获得 1+1>2 的学习效应是关键。

④情境性

合作学习除了要有合作的目标外，还必须有明确的合作主题，必须创造一种"利己利人"的学习氛围作为开展活动的依托，才能在突出合作的主导地位的同时，将竞争与个人活动的价值，有效地纳入整个学习活动中，使个人的能量和集体的能量兼容互补、相得益彰。学生才会学会如何与他人合作，如何为趣味和快乐而竞争，如何由合作学习自觉地、自主地进行独立学习。

（3）英语合作学习的实施策略

①培养合作的意识和掌握合作学习的方法

合作学习不仅仅是完成学习任务，更重要的是通过小组合作学习，培养学生的合作参与意识，与人友好相处、共同完成任务的责任感和使命感。因此，教师要注意结合英语课堂教学的内容，将合作学习意识的培养以及合作学习方法的传授渗透到平时的教学当中去，让学生一进入英语学习后就能够得到合作学习的训练，在与同伴分工合作的过程中，逐步领悟合作的重要性，并因此主动地学习，掌握与人沟通、交流、合作的技巧。学生在这种活动中就可以体验到合作意识与方法，体验到合作的成功。长期坚持下去，学生就能够彼此认可、信任、交流、接纳、支持，从而创造性学会学习、学会生活。

②树立正确的交往观

合作学习主要是加强生生之间的交流，但也必须加强师生之间的交流。在学生合作时，教师要充当学生学习的合作者，一定要走到学生中间去参加学生的讨论，获取学生中的信息，为有效调控教学做好充分的准备。

第一，不仅要重视师生交往，更要重视生生交往。第二，要建立融洽的师生关系和生生关系，要充分信任每一个学生，帮助他们在交往中寻找各自恰当的位置。第三，教学交往要面向全体学生，尽可能实现学生之间的直接交往。第四，教学交往要为实现一定的教学目的服务。教学交往存在本身并不是目的，要根据不同的教学目的创设多样化的确切的教学交往形式。

③选择好合适的切入点

我们知道：一项需要分工，需要大家共同完成的任务是促成合作行为的最基本条件。在以往的教学中我们会看到这样的现象：教师让学生小组合作学习，乍一看，学生人声鼎沸，似为积极。但仔细一听却不尽然，虽有分工，但各人的工作基本能独立完成，缺少讨论、帮助和支持。这样的合作学习对合作意识、合作精神、合作能力的培养意义不大，所以教师选择好合作学习的切入点是有效开展合作学习的关键。

教师在选择好合作学习的切入点后，还可以适当增加任务的难度。如取消过于周到的讲解、细致的分析。放手让学生合作，大胆探索。孩子们在完成任务的过程中就会出现问题，多些合作机会，使他们为解决问题而相互协商、配合、互助，真正达到合作学习的目的。

④采用多种形式的合作学习方式

根据英语学科特点及教学内容上的差异，在具体的教学过程中有不同的合作学习策略。

其一，导学讨论式。在英语学习的活动中，必须尊重学生的主体地位，充分调动学生课堂上的主动性，同时，也充分发挥教师组织者角色功能，让学生在讨论与探索中发现知识、研究知识和应用知识。在集体合作中培养积极思维的学习品质，从而达到掌握知识、发展能力的目的。那么实施"导学讨论式"合作学习的方式，是较为理想的合作学习方式。其基本模式为"创设情境，导出目标——独立学习，个别辅导——自主质疑，讨论交流——总结汇报，巧妙评价"。

其二，拼盘式。拼盘式就是将全班学生分成若干个小组之后，把一项学习任务分割成几个部分，各小组的各个成员负责掌握其中的一个部分，然后将分在不同小组学习同一部分任务的学生集中起来，组成一个个专家组，共同学习和研究所承担的任务以至熟练掌握。然后全部学生都回到自己的小组中去，分别就自己掌握的那部分内容教给组内其他同学，从而全面掌握全部的学习任务。一个单元结束后进行测验，检查每一个学生任务的掌握情况。每个学生测验成绩单独记分，小组之间不进行比较。拼盘式小组合作学习的显著特点在于，任务的关联性很强，大家对其他同学的学习都会产生兴趣并表示关心，促进小组成员之间互帮互教，从而共同掌握学习内容。

其三，游戏——竞赛式。它与基本方式在许多方面是相同的，不同之处是用学业竞赛代替了基本式的测验。在游戏——竞赛中，学生都作为不同小组的代表，同以往成绩与自己相当的其他小组成员展开竞赛。其教学流程是：教师精讲小组合作活动——游戏与竞赛，其中前两个步骤与基本式基本相同。

其四，自学——交流式。知识经济时代需要具备独立学习的能力，作为未来的人才，必须具备人际交往能力，在充分合作的前提下，共享信息，整合教学资源，这就需要我们的英语学习提供既能发挥独立学习的能力，又能得到及时的信息反馈的学习机会。基于此目的，实施自学——交流式的合作学习机制是较为理想的选择。其主要模式为"课前自学——信息交流——精讲点拨——深化巩固"。

以上介绍的是英语合作学习的基本模式，但由于学习的目的、内容等方面的不同，因而在其基本模式的基础上可以派生不同的合作学习变式。

⑤处理好合作与竞争的关系

在合作学习中学生不可避免会发生冲突，教师不能为强调友好与合作而一味指责任何冲突，应鼓励他们去协调合作中的认知冲突。通过多种途径和措施，使小组内学生之间密切合作，保持和谐的同伴关系，增强内部团结。

同时又要使小组之间彼此能有一定的竞争，把小组之间的竞争建立在小组内合作的基础上，培养学生的合作与竞争意识，促进他们的共同发展。原汁原味的合作学习是生生互动，是针对传统被动接受学习提出来的新的学习方式。合作动机和个人责任，是合作学习产生良好教学效果的关键。合作学习将个人之间的竞争转化为小组之间的竞争。如果学生长期处于个体的、竞争的学习状态之中，久而久之，学生就很可能变得冷漠、自私、狭隘和孤僻，而合作学习既有助于培养学生合作的精神、团队的意识和集体的观念，又有助于培养学生的竞争意识与竞争能力。因此，合作学习必须处理好合作与竞争的关系。

3. 探究性学习的原理与实践

（1）探究性学习的基本含义

从广义上看，探究性学习泛指学生主动研究的学习活动。它是一种学习的理念、策略、方法，适用于学生对所有学科的学习。

从狭义上看，所谓英语探究性学习即从英语学科领域或社会生活现实中选择和确定研究主题，在英语学习活动中创设一种类似于学术（或科学）研究的情境。通过学生自主、独立地发现问题、实验、操作、调查、信息搜集与处理、表达与交流等探索活动，获得知识、技能、情感与态度的发展的学习方式和学习过程。探究性学习着力于学生的学，以独立或小组合作的方式进行探索性、研究性学习活动，注重学生的主动探索、体验和创新。这是与接受式学习本质不同的学习方式。

当然，学生的英语探究学习是在教师的指导下，以个人、小组或班级集体学习的形式进行的学习活动，它有别于个人在自学过程中自发的行为。而教师的主要角色则是英语学习活动的组织者、引导者与合作者。"用类似科学研究的方式"，即让学生通过"进行观察比较、发现、提出问题，做出解决问题的猜想，尝试解答并进行验证"的过程去揭示知识规律，求得问题的解决。其实质是让学生学习科学研究的思维方式和研究方法，从而培养学生主动探究、获取知识、解决问题的能力。

探究学习是一种发现学习，是相对于"接受学习"而言的。和接受学习相比，探究学习具有更强的问题性、实践性、参与性和开放性。经历探究过程以获得深层次的情感体验，建构知识，掌握解决问题的方法，是探究性学习要达到的三个目标。

（2）探究性学习的特征

①主体性

探究性学习体现了以学生为本的教育主体观，在教学过程中，把学生作为活动的主体，立足于学生的学。以学生的主体活动为中心来展开教学过程。学生在积极主动地参与教学活动过程中以自己的经验和知识为基础，经过积极的探索和发现，亲身体验与实践，对新的知识信息进行选择、加工、改造、变革，并最终以自己的方式将知识纳入自己的认知结构，建构了新的认知结构，并尝试用学过的知识解决新问题。教师在这个过程中只是一个组织者、指导者和参与者。探究性学习方式有利于学生主体意识和主体能力的形成和发展。有利于塑造学生独立的人格品质，有利于培养他们主动参与，勇于探索、善于合作、敢于超越的学习品质。

②探究性

探究性学习的内容是在教师的指导下，学生自主确定的研究课题；学习的方式不是被动地记忆、理解教师传授的知识，而是敏锐地发现问题，主动地提出问题，积极地寻求解决问题的方法，探求结论的自主学习的过程。学生正是在充满对未知世界的好奇心和探究欲的前提下，在不断探索发现过程中获得发展，探究性学习正是适应了学生个体发展的需要和认识规律的一种非常重要的学习方式。这种探究性改变了接受学习的弊端，强调了学生学习的能动性、自主性和创造性。

③实践性

探究性学习强调英语学习与社会、科学和生活实际的联系，特别注意引导学生关注现实生活，亲身参与社会实践活动。同时探究学习的设计与实施为学生参与社会实践活动提供条件和可能。学生借助一定的手段，运用多种感官，通过自己的主体活动，在做中学，在学中做，教学就合而为一，融为一体，使得学生的实践活动贯穿于学习活动的始终。探究性学习，特别强调学生的感知、操作和语言等外部的实践活动，强调学生的直接经验和间接经验的交融、统一，使认知话动建立在实践活动之上。用学习主体的实践活动促进学习者的发展。

④互动性

探究性学习是一个多向互动的学习过程。一方面学习主体通过和学习客体间的交互作用——活动来获取知识，培养能力。另一方面非常注重教师和学生之间、学生和学生之间的交流、合作。在探究过程中，学生间的交互学习（对话、协商与合作等）有助于他们发现问题、形成假设并进行验证，并有助于他们用多重观点来看待知识和信息，从而更加深入地探究问题。

⑤过程性

探究性学习追求学习过程和学习结果的和谐统一。接受学习重视学习的结果，探究性学习更加关注学习的过程。探究性学习非常注重学习过程中潜在的教育因素。它强调尽可能地让学生经历一个完整的知识的发现、形成、应用和发展的过程。让学生充分感受隐含在知识的发生过程中前人的智慧和科学方法。它强调让学生尽可能地像科学家那样，发现问题，解决问题，经历一个完整的科学研究过程，体验发现知识再到知识的创新过程。

⑥超越性

学生探究性学习的过程就是一个不断超越现实的过程。探究性学习，打破了传统教学在统一规定下的教学模式，为学生提供了能够大胆创新、实现自我超越的学习环境。学生在探究性学习的过程中，能够超越现实。大胆地怀疑，提出问题；大胆地猜疑，进行假设猜测；大胆地质疑尝试，探讨解决问题的方案。能够超越课本，不被教材内容要求所禁锢，汲取教材以外的知识信息。能够创造性地学习，不被教师的教学要求禁锢。能够以永不满足的进取精神和强烈的创新欲望，向自我挑战，不断超越自己。

（3）英语探究性学习的实施策略

①创设积极的探究情境，调动学生的探究兴趣

学生探究性学习的积极性、主动性，往往来自于一个对于学习者来讲充满疑问和问题的情境。创设问题情境，就是在教材内容和学生求知心理之间

制造一种"不协调"，把学生引入一种与问题有关的情境的过程。通过问题情境的创设，使学生明确探究目标，给思维以方向；同时产生强烈的探究欲望，给思维以动力。

首先，教师应该把宽容、微笑带进课堂，为探究性学习营造一种民主、平等、和谐的教学氛围。心理学家认为，一个人如果处于轻松、和谐、愉快的状态中，思维就会发挥到最佳状态，接受外界信号的速度就会非常快捷。第二，应形成一种"不唯书""不唯师""不唯上"的风气，要大胆地探究和怀疑。第三，多表扬，重鼓励。在探讨问题时，只要言之成理就应得到肯定，凡发表准确、深刻、新颖、有创意的看法，要大加表扬。这样，学生自主思考的兴趣才会更浓，信心才会更足。另外，探究问题时，还应注意把关：既要保护好学生回答问题的积极性，又不要漫无边际，正误不分。

②鼓励学生独立探究，获得亲身参与实践的积极体验和丰富经验探究性学习要努力将学生的英语学习引向自然，引向社会，引向生活。在这广阔的天地里，让学生选择感兴趣的主题和领域，主动探索，发现问题，并通过主动操作，亲身体验、加工、创造等实践性活动来解决问题。在整个学习过程中，不仅强调动脑思考，而且强调动手操作，注重通过触、听、看、嗅等感官的参与，获得感性认识；通过测试、计算、推理等活动获得理性认识。就在活动中学，在活动中悟。在体验与探索自然中不断成长，在参与和融入社会中不断成熟，在认识和提升自我中不断完善。

探究性学习离不开自主、独立探索。所谓独立探究，就是让每个学生根据自己的体验。用自己的思维方式自由地、开放地去探究、发现、再建构英语学习图式的过程。在探究性学习过程中，教师要鼓励学生独立探究，努力做到：要给学生独立探究的时间和空间，不要将教学过程变成机械兑现教案的过程；要鼓励学生大胆猜想、质疑问难、发表不同意见，不要急于得到圆满的答案；要给学生以思考性的指导，特别是当学生的见解出现错误或偏颇时，要引导学生自己发现问题、自我纠正，将机会留给学生，不要代替学生自己的思考。总之，凡是学生能发现的知识，教师决不代替；凡是学生能独立解决的问题，教师决不暗示。

③注重引导学生合作交流，养成合作、分享、积极进取等良好的个性品质

所谓合作交流，是指在学生个体独立探究的基础上，让学生在小组内或班级集体范围内，充分展示自己的思维方法及过程，相互讨论分析，揭示知识规律和解决问题的方法、途径。探究性学习有较大的自主性，学生兴趣、爱好能得到最大的发展，能最有效地培养他们的特长。同时，探究性学习往往还不是一个人、一次能完成的，这就需要学生有合作、民主、竞争等现代意识，要善于表达自己的意愿，学会和他人沟通，愿意接受别人的好建议，遇到困难要坚定方向，增强胜利的信心，有坚强的意志，顽强的毅力，经得起磨难、挫折。这都是现代人应具备的品质。

④树立为学生发展服务的评价理念

探究性学习要关注学生的学习过程。重视过程性的评价。把学习中学生的参与程度、情感体验、努力程度、合作能力等作为评价学生的主要依据。同时，评价还要发挥其指导和激励的作用，引导学生反思自己的学习，改善学习的方式，丰富生存的体验，促进学习的顺利实施。最终令评价成为师生共同学习和提高的机会。评价的重点体现在如下几个方面：一是对学生进行独立探究、合作发现、实践运用等学习活动中表现出的自主性、主动性、独创性等主体精神和品质进行评价，使学生获得主动探究获取知识的情感体验，增强学生学习的信心和动力；二是要引导学生对探究学习的活动过程进行反思，重点是提炼解决问题、获取新知的有效策略和方法，以提高主动获取新知、解决问题的能力。

（4）探究性学习活动的程序

探究性学习的实施一般可分为三个阶段：进入问题情境阶段、实践体验阶段和表达交流阶段。在英语探究性学习进行的过程中这三个阶段并不是截然分开的，而是相互交叉和交互推进的。

第一，进入问题情境阶段

本阶段要求师生共同创设一定的问题情境，一般可以开设讲座、组织参观访问等。目的在于做好背景知识的铺垫，调动学生原有的知识和经验。然后经过讨论，提出核心问题，诱发学生探究的动机。在此基础上按兴趣或特

长将学生分成一个个学习小组，小组规模适中且允许人员流动，学生在原有知识的基础之上，提出解决问题的一些初步的想法，确定研究范围或研究题目，形成一个解决问题的行动方案。

第二，实践体验阶段

在确定需要研究解决的问题以后，学生要进入具体解决问题的过程，通过实践、体验，形成一定的观念、态度，掌握一定的方法。

本阶段实践、体验的内容包括：

①搜集和分析信息资料。这是充分体现学生自主学习的阶段，学生开始收集与解决问题相关的信息，这时要提供给学生必要的帮助与指导，让学生了解和学习收集资料的方法，掌握访谈、上网、查阅图书、报纸、杂志、问卷等获取资料的方式，并选择有效方式获取所需要的信息资料；学会判断信息资料的真伪、优劣，识别对本课题研究具有重要关联的有价值的资料，淘汰边缘资料；学会有条理、有逻辑地整理与归纳资料，发现信息资料间的关联和趋势；最后综合整理信息进行判断，得出相应的结论。

②调查研究。学生应根据个人或小组集体设计的研究方案，按照确定的研究方法，选择合适的地方进行调查，获取调查结果。在这一过程中，学生应如实记载调查中所获得的基本信息，形成记录实践过程的文字、音像、制作等多种形式的"作品"，同时要学会从各种调研结果、实验、信息资料中归纳出解决问题的重要思路或观点，并反思是否获得足以支持研究结论的证据，是否还存在其他解释的可能。

③初步的交流。学生通过收集资料、调查研究得到的初步研究成果，在小组内或个人之间充分交流，学会认识客观事物，认真对待他人意见和建议，正确地认识自我，并逐步丰富个人的研究成果，培养科学精神与科学态度。

第三，表达和交流阶段

在这一阶段。学生要将取得的收获进行归纳整理、总结提炼，形成书面和口头报告材料，利用各种不同形式来汇报自己的结论以及得出结论的过程。

学生通过交流、研讨与同学们分享成果，反思探究性学习的成败得失，这是探究性学习不可缺少的环节。在交流、研讨中，学生要学会欣赏和发现他人的优点，学会理解和宽容，学会客观地分析和辩证地思考，学生对探究性学习的过程进行反思，有助于发展学生的元认知技能。

四、小学英语学法指导

所谓小学英语学法指导，是教师对学生学习小学英语的方法的指导，它是教育者通过一定的途径对学习者进行小学英语学习方法的传授、诱导、诊治，使小学生掌握科学的学习方法并灵活运用于学习之中，逐步形成较强的自学能力。

（一）小学英语学法指导的内容

小学英语学习方法指导的具体内容有哪些，尤其是适应当今时代要求的新的学习方法有哪些？这是需要不断总结和不断完善的。对小学生进行学法指导一般有如下的内容：

1. 培养自觉地获取知识的心理状态

指导学法旨在使学生产生自觉的学习心愿、意向、目标；在学习过程中，能根据环境和条件，自我调节学习行为和学习方式；有宽泛持久的求知欲和学习兴趣；有勤奋好学、刻苦钻研、踏实训练的学习态度。

2. 掌握科学的学习方法

对学习方法的学习能够有效地促进学习的进展。小学英语学习的方法具体说来，主要指听、说、读、写的方法。听有听法，如听知法、听课法、听记法等；说有说法，如提问法、答问法、演讲法、辩论法、讲述法、介绍法、背诵法等；读有读法，如识字法、字典词典检索法、朗读法、浏览法、精读法、略读法、跳读法、猜读法、圈点法、"三到"读书法等；写有写法，如写字法、观察法、思选材法以及各类文章的写法、文章修改法等。方法往往比较抽象，为便于学生内化，都是要根据小学生学习英语的规律和年龄特征，把有关学习方法变为学习过程中可供学生实际操作的具体步骤和内容，让学生在学习过程中一步一步按照此方法的程序进行小学英语学习，从而逐步培养起学生的小学英语学习能力。

3. 揭示小学英语学习的规律

揭示小学英语学习的规律便可以化繁为简，从根本上摆脱小学英语学习的盲目性。小学英语学习规律很多，主要概括如下：英语知识与英语能力辩证统一的规律，感悟与理解相辅相成的规律，课内打基、课外练功夫的规律。

随着科学技术的飞速发展，小学英语学习也必须有所充实，有所发展，以适应当代社会的需要；学生今天的学习，就应尽可能考虑到掌握未来社会中会出现的学习方式和方法。

（二）小学英语学法指导的原则

以英语课程标准为指导，以英语学科本身的特点和小学生学习英语的特点为依据，英语学法指导应遵循以下若干原则：

1. 改革教法与指导学法并行不悖的原则

就教学过程而言，教与学是同一事物的两个方面。好的学法是以好的教法为前提而获得的，好的教法又是为保证好的学法的运用而选定的，教法与学法必须协调同步。而英语学法指导，则是探索教法与学法融合规律，解决教法与学法怎样组合、渗透更科学的问题，它的基本思路就是：实现教法与学法在教学过程中的最佳结合。教师指导学生学习英语好比指导学生去掰一个壳子，既要讲清掰开壳子的目的、知识、方法，又要重视学生在得到知识与方法后更想掰开壳子摸到核心的心理，从而使教法与学法得到有机组合。

2. 在掌握知识过程中发展智力的原则

学生的智力，既是教学培养的目标之一，也是影响教学效果的一个很重要的因素。按照学法指导的理论，传授知识本身，是为了让学生在掌握一定知识基础上具备分析问题、解决同题的能力，这就是思维能力，而思维能力是智力因素中的核心，由此看来，向学生传授知识的目的的一个极其重要的方面就是发展学生的智力，而不是单纯地积累知识。

庄子《逍遥游》中说："水之积也不厚，则其负大舟也无力。"离开了知识就谈不上学习，离开了智力就谈不上会学，离开了方法就谈不上善学。知识积累越丰富，就越有利于智力发展，学法的掌握也就越容易。因此，学法指导，必须把知识的习得、智力的开发与学法的掌握有机结合起来。

3. 在发展智力因素过程中开发利用非智力因素的原则

英语教学目标的完成固然与学生的智力因素有直接的联系，与学生的非智力因素，如学习兴趣、学习动机、学习情绪、学习意志等也不无关系，有时甚至有很重要的关系。根据学生学习英语的心理分析，学生掌握知识、形成技能，是通过对学习材料的感知、理解、巩固、应用四个基本环节来实现的，而在这些环节中学习兴趣、学习动机、学习意志都起着十分重要的作用。

学法指导如果不解决"愿学""乐学"的问题，也就谈不上"会学""善学"的问题。学习方法的掌握和学习能力的发展作为一个动态过程，"愿学"和"乐学"是推动其发展的前提和动力。

4. 从学法理论指导操作训练中体验学法的原则

对学生实施学法指导，可以让学生适当了解一些有关学习的理论知识。例如，指导学生掌握记忆的方法，可先让学生知道什么是记忆和记忆的心理过程，如何提高记忆水平等有关知识。又如，智力水平问题，对学生而言是一个极其敏感的问题，教师有必要就智力的内涵、各要素的核心及其相互间关系，拓宽开发智力的途径等知识做深入浅出的讲解，使学生明确学习的关键是什么。然而学法指导绝不可停留在对方法知识的介绍上，而应当通过实际的操作训练，让学生体验到学法是否可行有效，以资转化为技能，养成习惯。

5. 坚持统一指导与个别指导相结合的原则

统一指导是学法指导的重要形式，它可以面向全体学生使学生掌握学法的一般知识。但每个学生都有各自的性格特点、学习基础和学习习惯，只有当学法指导和学生各自的特点、各自的知识与经验水平产生共鸣时，才更有针对性，才能发挥方法的功效。因此，教师在重视统一指导的同时，要针对学生的实际情况进行个别指导，指导学生选择适合自己个性特点的行之有效的科学学习方法，使二者相辅相成。

（三）小学英语学法指导的途径与方法

小学英语学法指导的途径是多方面的，不能单靠各种形式的介绍，也不能让学生一味地模仿和简单地套用，而要在具体的学习过程中，在实际运用中帮助学生去总结、去选择、去体验、去完善、去创造。学习方法的指导也离不开思维方式的训练，它实际上是人的思维方式的体现，它直接受思维方式的支配。另外，教师本身的示范作用，对学生也会产生很大影响，这也是学法指导中不容忽视的一个因素。学法指导的基本途径方法可以概括如下：

1. 精心计划，多形式进行学法指导

小学英语学法指导，要结合小学英语学科的特点，以小学生的学习心理、学习过程和认知规律为研究对象，揭示小学英语学习的本质、规律，探索科学的小学英语学习方法，加强语言修养，指导学生学习，提高英语能力。学法指导从内容上讲，首先要重视指导学生掌握优化小学英语学习环节的方法；其次要从端正学习态度、锻炼学习意志、培养良好的学习习惯等方面，对学生加强激发学习动力的方法指导；再次要加强开启智力潜能，培养创造才干的指导。从具体操作上看，应当长计划，短安排，坚持循序渐进，一以贯之。

2. 有机渗透，寓学法于教法之中

课堂教学，是学法指导的根本途径，也是学法指导经常化、具体化、出效益的最有效途径，因此，学法指导必定应走到课堂教学这个主渠道。课堂教学应是一个过程，而不是一个支离破碎、杂乱无章、随意组合的复合结构。在这个过程中，要以学生"怎样学习"为导向，教学生学会学习。为此目的，就必须改革传统的以"教"为中心的课堂结构，设计以"导"为核心的课堂教学结构。按此结构，课堂教学应从以下几个环节有机渗透学法指导：（1）备课要明学情，备学法；（2）预习设计要指点方法；（3）教法的选择应有利于指导学法；（4）教师讲解过程要示范学法和点拨学法；（5）整个教学过程要重视指导自悟和总结学法；（6）练习设计要有助于学生运用学法，迁移学法。

3. 建立常规，确保学法指导到位

学习常规，是学法指导的合理积淀，能对学生学法实行有效调控，并使之处于有序运行和良好运行状态，具有较强的激励、制约和导向作用。叶圣陶先生曾特别强调，"凡是好的态度和好的方法，都要使之化为习惯。只有熟练得成了习惯的好的态度才能随时随地运用，好像出于本能，一辈子受用不尽"。要使学生形成良好习惯，就要帮助学生拟定一些学习常规，如自学常规、上课常规、阅读常规、作业常规、复习常规、课外学习常规等。让学生按照常规学习，以便养成良好的学习习惯。

4. 横向联系，实现学法"三个沟通"

横向联系，就是要在学法指导中把小学英语课程的学习同其他学科的知识广泛联系起来，由局部转向全面，由微观转向宏观，使英语知识同其他学科知识在相互渗透中融会贯通，协同发展，产生互相促进的"共生效应"，从而有利于学生英语综合素质的提高。

所谓"三个沟通"，就是英语学法指导与社会生活沟通，课内小学英语学习与课外活动相沟通，英语学科与其他学科相沟通。学法指导还必须重视学生在学学法、用学法、创学法方面的积极性、主动性、创造性。

| 第三章 |
小学英语教学的四种类型

小学英语教学的任务是通过基本训练的途径培养学生运用英语的能力，即培养学生运用英语获取信息的能力。在教材中，教学内容和编排体系都是针对学生进行各项基本训练和听、说、读、写能力的培养而科学安排的，而且在教学中，不同的教学内容可以划分为不同的课型，不同的课型因为重点不同，操作特点也不同。

第一节 ▶ 小学英语新授课的教法探究

一、新授课的含义

新授课，顾名思义就是讲授新课、新知识。它是教师在研读、理解课标基础上，确定教学目标和重、难点，依据教学设计，综合各种教学方法引导学生学会学习的一种课型。通过有效的学习方法引导，学生可以提高价值认知能力，增强价值判断水平，同时可以锻炼思维，提升文化素养，在这些核心素养基础上建构的知识才真正有价值、有意义。

小学英语新授课的主要特征是教师教授新的教学内容并组织学生进行操练，以让学生达到识记和理解新的知识，初步掌握一些在涉及的话题范围内所需要的简单技能为主要目的。在新授课中，教师呈现给学生某种语言现象，让学生在创设的语言情境中感知、理解语言点，经过操练，初步掌握具有特定功能的句型，了解句型结构，学会拼读、拼写、运用词汇，培养正确的语音语调，学会情景对话和课文。

二、新授课的特点

（一）生疏性

新授课的教学内容安排的是学生以前没有接触过的新课文、新对话、新词汇、新语法现象、新语音项目等，这些对于学生来讲是新鲜的、陌生的，所以学生在学习过程中对新知识、新内容具有生疏感。

（二）新颖性

小学生本性好奇，特别是对新鲜的事物有极大的兴趣，容易被新鲜事物和新异刺激所吸引。新授课的内容，包括新授课中展示的图片、投影片、教具、练习等，都比复习课具有更大的吸引力，更能使学生产生浓厚的兴趣。教师为使学生更好地感受语言内涵而创设的情境、设计的教学活动都生动地体现了教材与教学内容的新颖性。

（三）感知性

新授课的内容和教学目标决定了此课型的感知性。学生的认知发展是由浅入深、由表及里、由简单到复杂的过程。要使学生理解新知识，了解新词、新句的使用场合及正确的使用方法，必须充分地将新知识和运用新知识的语言环境、使用方法、规则、注意事项等呈现给学生，让学生听、看、模仿、思考，不断地对新知识有深刻的和理解性的记忆。

（四）综合性

新授课中除部分课为开门见山、单刀直入的新知识、新内容，多数课仍与旧课、旧知识有联系，或由旧引新，或以旧添新。

（五）实践性

根据英语课程标准，我们可以把新授课的实践性理解为活动性。学生必须在做游戏、听指令做动作、涂色、连线、角色表演、唱歌、说歌谣、交流个人信息、书写字母和单词等活动中感知、学习英语。

（六）发展性

新授课在给学生创设的语境中使学生感知新知识，在教师设计的情境中使学生实践新知识。这种实践不应只是一个层次、一种水平的实践，因此，教学不能停留在机械重复、模仿、套用上。一成不变的操练即使密度再大，练习的人数再多，也收不到满意的效果。这就要求教师让学生在感知、理解的基础上，通过练习巩固新知，通过巩固克服遗忘，在巩固中记忆、掌握、运用新知，对所学知识产生迁移，做到举一反三，而不是学了一种新句型，只会这一个句型。要学一个句型，会三个、五个、十个、百个，凡是这一类的都能总结归纳出来，通过说、练，熟练掌握，运用自如，在练习中求发展，在巩固中求发展。只有这样，才能实现教会知识、培养能力，教学生学会学习的方法。学生学会了学习的方法，才有在今后知识快速更新的年代里适应变化万千的环境。因此，发展性是完成新授课高层次教学目标的重要特性。

三、新授课的原则

（一）学生主体，教师主导

道而弗牵，强而弗抑，开而弗达。学习是学习者的事，他不想学，你教也没用，惩罚的效果虽然短暂有效，但长期效果极差。只有引导学生学会学习，认识到自己是学习的主人，才能真正体现"教"的意义。

（二）依据教材，超越教材

教材是水，教师想做水的搬运工，还是加工成茶水做一个驿站老板，或是想做五星级大厨，把水做成美味的汤？学生可能更喜欢选择汤。

（三）价值先行，知识跟进

在小学阶段，培养学生的价值取向永远排在第一位。根据心理学阶段性原理，小学阶段并不是大量接受知识的阶段。小学阶段培养学生的学习兴趣和生活能力，远比让他掌握更多的知识重要百倍。

（四）情感互动，教学相长

教育的复杂性在于它的对象是生命，任何生命体在长时间的接触下都会产生感情。教师应该加以利用，正确引导，互相成长。

（五）源于生活，回归生活

知识源于生活，是对生活经验的总结。作为教育者，更要把这种经历还给学生，这样学生才能在生活中运用知识解决问题。

四、新授课的教学环节

一堂完整的小学英语新授课应该具备以下几个环节。

（一）准备活动——内容相关、集体参与

热身活动通常也是复习活动，是一堂课的开始，其有效程度直接决定了这节课的学习效果。教师要精心设计，以引起全体学生的兴趣和注意为目的，让学生迅速进入学习英语的状态。形式可以是歌曲、咏唱、游戏、日常问答等。无论是哪一种形式都要与将要呈现的教学内容相关，尽量让全体学生都能参与活动，激活他们原有的相关知识。

（二）新知识呈现——教材为本、准确简明

在平日的教学中，教师每堂课都应采用直观手段，用学生熟悉的句型引出生词，用熟悉的词语引出新句型，并适当加以汉语解释等手段来呈现新知识。

1. 教材为本

教材每一个模块和单元中都设计了学生喜爱的以同龄人物生活为中心的教学背景，教师要充分利用教材所提供的教学情境和配套资源，通过简短准确的教学语言，辅之以图片和示范等直观的教学手段，按照从已知到未知、从简单到复杂，循序渐进地呈现新的内容。教师也可以根据教学目标，自己创设与教材不同的情境呈现新内容。

2. 准确简明

简约就是美，教师要把握好教材，把有限的时间和资源用于呈现教材提供的情境和语言知识。对于有完整情境的课文要整体呈现，让学生对课文首先有整体了解，然后再逐步掌握语言要点。教学词汇和句型要简明，教学语音、语调要准确规范，充分利用学生的拼音基础，让学生逐步形成单词的音形联系、自然拼读和重音意识。

（三）操练巩固——循序渐进、有效充分

在英语教学过程中，教师都知道操练巩固环节的重要性，因为只有通过操练巩固，学生才能对信息进行多次加工，使其内化为学生认知结构的一部分，才算学会了这些知识。

1. 循序渐进

操练活动应该先易后难，逐步提高要求。操练的第一步是模仿——机械操练。模仿练习是在知识呈现的基础上，在学生对新的语言材料认知、感知的基础上，将外部物质活动进行内化，通过大量的机械模仿练习，把所学知识与该知识的运用自然结合起来。第二步是情境操练。机械模仿练习时间长了，学生会失去兴趣，降低学习的积极性。在完成模仿练习后，教师应及时创设情境让学生进行替换练习和转换练习。第三步是拓展操练，也就是知识的综合应用。综合应用是在替换练习的基础上进一步放松控制，让学生综合应用所学知识，把单项的语言技能提高到应用英语进行交流信息的能力。这一步跨度大，练得好更能达到活用的水平。要更好地达到这个目标，须借助情境、图表、实物等直观手段。

2. 有效充分

课文的操练要充分，达到能够熟读并且理解的程度，能够熟练回答问题，在教师的指导下能够复述课文、谈论所学的话题，所以操练的过程和方法设计要以让学生理解为目的。操练活动尽量以句子为单位，鼓励学生用完整的句子来表达，词汇的操练要放在句子中，句子的操练要放在语境里，做到"词不离句，句不离篇"。操练活动要让每一个学生都处于积极的学习状态之中，教师要尽量多设计小组合作式的课堂操练活动，给学生提供充分的操练机会。小组的划分要合理并且固定，课堂上可以节省时间，提高操练的效率。教师在倾听和指导活动的同时还要善于发现"火花"，给予学生充分的肯定、表扬和鼓励。

（四）归纳总结——准确到位、便于记忆

归纳总结的目的是让学生把一堂课的重点、精髓加深印象，教师在巩固操练之后再次整体呈现学生需要掌握的基本内容，便于学生记忆，也便于教

师根据学生所学内容布置课后作业。教师应引导学生回忆、梳理所学的内容，逐步找出或领会语言的规律。

（五）布置作业——实际运用、综合提高

作业布置尽量延伸到学生的生活中，能实际运用，然后辅助以文本知识。在上述四个阶段过程中，应动静交替进行。在进行了一些如说、唱、模仿、操练之后，应进行较安静的活动，如写一写、听一听、画一画、勾一勾等。这样，学生不会对每一个环节单一的教学内容或教学活动感到疲劳而失去兴趣，反而更能激发小学生的兴趣，使他们更有新鲜感，更能集中注意力。要达到这一目的，整个过程的各个环节必须自然衔接，节奏适中，从"热身—呈现—操练—总结—作业"这五步教学模式中，学生的听、说、读、写都能得到训练。学生在整个教学活动中，是教学的主体，在练习与操练运用中，学生对基本知识达到熟练掌握程度，就能获得成功的喜悦感，增加学习信心和兴趣。

五、如何上好新授课

小学英语教师要上好英语新授课，就必须认真研究新授课各个环节的内容及相互之间的联系，不能顾此失彼或者厚此薄彼。要精心设计每一堂课，上好每一堂课，从而提高教学效率。

（一）注重差异性，以学生为中心

在新授课中要树立新的学生观，尊重每一个学生的人格与个性。只有把集体讲授和个别指导有机地结合起来，把"全面发展打基础"与"发展特长育人才"结合起来，才能使每个学生扬起希望的风帆，达到预期的教学效果。

（二）灵活运用教学方法，因材施教

讲授教学不仅在讲，更重在导，在教学过程中要"见风使舵"，善于点播。教师适时地点拨、提示、点化、诱导，使课堂教学更具有启发性，启发、诱导学生积极地创造性思维，主动去获得知识，真正达到发展智力、培养能力的目的。所以说，讲授不仅要让学生获得知识，更重要的是教会学生学会学习、学会思考，培养他们的思维能力。

（三）教学内容生动有趣

小学英语教学的重点在于教学内容是否生动有趣，是否能够吸引学生，让学生不由自主地想要参与课堂活动，这就需要教师观察、了解学生。玩是学生的天性，在课堂上可以适当增设游戏环节，运用教学游戏，使学生能够全神贯注地投入到学习中。充分利用直观教具，可以使学生不容易理解的复杂的教学内容简单化，使教学内容具体生动，充分调动起学习积极性，在教学信息量增大的同时增强教学知识量，帮助学生最大限度地正确理解知识，激起学生浓厚的学习兴趣，在赋予了课堂教学的声形俱现的同时也有效地提高了英语教学的效率。

（四）加大互动程度

互动能让学生集中注意力，积极主动地学习。在互动过程中，学生也常常能得到意想不到的收获，性格变得更加开朗，开始主动地探求知识。

（五）提供自然的语言环境

学习语言最好的方法是营造合适的语言环境，充分调动学生的交流热情，引导学生在课堂上积极参与交流活动。

（六）掌握课堂教学的节奏

快节奏与慢节奏实时转换，有效配合学生的关注点，松弛有度，适当地停歇或者加快教学，把握好学生的学习状态，充分利用他们注意力集中的时候增加教学难度，而在其感到疲乏时松弛教学节奏。

第二节 ▶ 小学英语练习课的教法探究

一、练习课的含义

练习课是由英语学科特点决定的一种重要的课堂教学课型。其主要特征是在教师的指导下，发挥学生的主体功能，利用已经掌握的英语基础知识和已具备的技能，通过一定量的语言任务、词汇和词法的训练、专题讨论等多种方式完成课堂练习的任务，以达到领会、巩固、加深理解所学的基础知识，掌握基本技能，提高应用能力和阅读能力的目的。

小学英语练习课是以学生独立练习为主要内容的课型，它是新授课的补充和延续。心理学认为，一个正确认识的获得，总要经过由实践到认识、由认识到实践的多次反复。反映在教学规律上，学生要获得知识和能力，也有一个多次反复的过程。

总之，要上一节高质、高效的英语练习课，既要发挥英语的语用价值，又要发挥英语的应用价值，需要教师精心地钻研教材，研究学生，设计练习，组织学生，及时总结，做到"情趣"并茂，其难度不亚于一节新授课。

二、练习课的特点

练习是学习者对学习任务的重复接触或重复反应，是学生形成心智技能和动作技能的基本途径。练习是学生在教师指导下独立运用知识、解决问题、发展智能的教学活动，是学生学习过程中的重要实践活动，具有"巩固技能、反馈评价、形成策略，解决问题、拓展思维"的功能。

三、练习课的原则

（一）目的性

要围绕课堂教学重点、难点设计练习，要针对学生存在的问题展开练习。

（二）层次性

练习的设计要由易到难，由浅入深，由单一到综合，要有一定的坡度。多层训练有利于暴露差异，发展学生的思维能力。

（三）多样性

练习的形式多样，有利于学生学习兴趣的激发和思维的发展，要加强知识的应用性和开放性，培养学生灵活应用知识和解决问题的能力。

（四）调节性

及时了解学生练习的情况，适当调整练习。

（五）灵活性

分量要适中，做到质、量兼顾，能促进各个层次学生的发展，让每个学生都得到不同的收获；无论做什么练习都要面向全体学生，让全体学生都有练习的机会，都能得到提高。

四、练习课的教学环节

（一）问题引入，回顾再现

教学目标：使学生通过对问题的回答或习题的解答，回忆、再现新授课中有关的词汇、词法、语音等。

操作要领：围绕前面学习的内容（知识、方法）设计问题。问题的形式可以是一个概括性的问题，如上节课我们学习了什么内容，也可以是典型的一组对话、一篇阅读，还可以通过检查上节课的作业提出相关的问题。

作为新授课的补充和延续，在练习课开始时，学生通过对问题的回答或对习题的解答，回忆、再现新授课中有关的知识及方法。教师能够根据学生的情况做出诊断及点拨，同时为后面的练习做好准备。

（二）分层练习，强化提高

通过分层练习，巩固学生的英语基础知识，形成阅读、会话基本技能，提高学生的英语思维、解决问题等能力。本环节是练习课的主体部分。分层练习中的"分层"：一是指习题分类，由易到难，由简单到综合，分为基本练习、综合练习、提高性或扩展性练习，学生逐题练习，及时订正；二是指因学生学习能力不一，做题的速度有差异，作为提高性或拓展性练习，是作为调控练习时间、培养优等生英语能力的选做性练习。

（三）自主检测，评价完善

通过学生自我达标性的独立练习，进一步强化"双基"，找出存在的问题，订正错误。本环节的主要目的是对学生本段学习状况进行自我达标性检测，通过检测使学生体验到成功的喜悦和发现存在的不足，教师及时收集反馈信息，做出相应的措施。自主检测内容要围绕教学目标，以"双基"为主，并具有层次性，可以是以测试的方式呈现，也可以指定课本或练习册上的题目让学生完成。

（四）归纳小结，课外延伸

引导学生对所练习的语言知识完善认识、感受语用；通过课外延伸作业，落实"双基"，培养有关的能力。本环节的主要目的是对本段学习的知识进行系统的梳理提升，突出重点和难点，并注重知识在实际生活中的应用。

五、如何上好练习课

（一）培养学生的练习兴趣

学生的学习兴趣是一种求知的愿望，是他们力求认识事物、渴望获得知识的一种意向活动。爱因斯坦说过，兴趣是最好的老师。教育心理学也告诉我们，兴趣是组成学习动机的因素之一；兴趣在动机中处于中心地位，是动机的最活跃的成分。

小学英语练习训练由于受小学生年龄特点和枯燥练习内容的制约，很容易使学生对练习训练失去兴趣，从而失去练习动机。因此，如何在练习中培养学生的练习兴趣，成为亟须解决的问题。教师可以试图通过下列策略，培养学生的练习兴趣，激发学生的练习动机。

1. 加强感情投入，激发练习兴趣

在教学过程中，教与学双边活动的顺利进行，需要融洽的师生感情做基础。教师热爱学生、关心学生，时刻让学生感受到教师对他们的理解、信任、关怀和鼓励，不仅会赢得学生的尊敬和信赖，而且教师的言行也将会成为他们学习的动力，从而提高他们对教师所教课程的学习兴趣，产生学习欲望；反之，任何伤害学生感情的言行，都会使学生产生逆反心理，增长厌学情绪。所以，在练习过程中，教师要用充满感情、亲切的语言鼓励和引导学生参与练习过程，用生动有趣、富有启发性的语言带领学生积极思维，使学生产生练习兴趣，变被动练习为主动练习，进而培养学生的自主练习能力。

2. 选好练习材料，引发练习兴趣

教育心理学家布鲁纳曾说："学习的最好刺激乃是对学习材料的兴趣。"因此，在练习训练中，教师一方面要挖掘练习材料中的兴趣因素，把兴趣附在知识上，另一方面要注意捕捉学生生活中的兴趣点，并善于把学生不甚明白的课外问题恰当地引入练习内容。这样，不仅练习内容组织得系统、严密、循序渐进、逐层深入，而且所练知识新颖、奇妙，使学生获得积极的情绪体验，尝到练习的乐趣。

（二）培养良好的作业习惯

学生的练习习惯是在长期的练习过程中逐步形成的一种本能。良好的练习习惯不仅可以提高练习效率，而且有利于自学能力的培养。因此，培养小学生良好的练习习惯是小学阶段练习教学的一项重要任务。在小学英语练习教学中，应该培养学生下列良好的练习习惯。

1. 勤于思考与全神贯注的练习习惯。

2. 参与课堂练习活动的习惯。

3. 多动脑、勤动手的习惯。

4. 大胆发言，敢于质疑，敢于表达自己见解的习惯。

5. 独立完成练习作业与自我评价的习惯。

6. 课外阅读练习的习惯。

7. 在练习中善于倾听的习惯。

（三）抓好练习的科学反馈

控制论的创始人维纳曾说："一个有效的行为必须通过某种反馈过程来取得信息，从而了解目的是否已经达到。"作为教学过程控制者的教师，就必须通过教学反馈来把知识信息的系统输出转变为系统的输入，促使教学恰到好处地适合学生的学习水平，使学生对知识的好奇心理和探求欲望能够在自己设置的情境中被激发出来，顺利地按照目标要求形成学生的思维活动，从而呈现以教师为主导、学生为主体的教与学最佳状态。因此，教学反馈是影响教学质量的极其重要的因素，是活跃于师生之间的重要媒介，是教师执行教学计划过程中或执行后把系统的真实情况反映出来，从而对知识信息再传递发生影响的过程。在英语练习训练中，教师可以通过课内外相结合的方式组织实施反馈策略。

1. 教师提问

这种方式最为直观、便捷，便于教师随时发现问题，依据实际情况及时调整教学，在形式上也更灵活，可以是自由谈话、回答问题、复述等。提问时，教师应采取分层的方法，针对不同层次的学生提出不同的要求，注意问题的深度和难度，以免挫伤一部分学生的学习积极性。对于学生的回答应及时评定，指出其中的优点与不足，对于不足应帮其找出原因，以免下次再错，而不应采取批评的方式，从而真正达到教学的同步有效进行。

2. 随堂检测

随堂检测不宜量大、面广，而应立足本节，稍有扩展，抓住重点，在检测结束后，教师可抽一些典型层面的学生进行批阅，然后依据抽样结果进行分析讲解，从而达到预期的教学效果。

3. 学生独立反思

在英语练习中，教师都应留有一定的时间让学生自由支配，回顾本课的练习内容，让学生自己找出薄弱环节，由教师给予指导并及时解决。由于受到时间的限制，课堂上练习的反馈面往往很小，教师很难有时间对大部分学生逐一了解，部分涉及面大的问题无法拓展，只能课后去解决。

（四）在练习中培养创新能力

创新，不断把人类推向新的黎明。当人类社会进入知识经济时代，如何实施素质教育，培养新时代有用人才，从而提高国民素质，是摆在教育工作者面前的一项紧迫任务。创新，是知识经济的灵魂，是素质教育的核心。"创新是一个民族进步的灵魂，是一个国家兴旺发达的不竭动力"，那么，在英语练习教学中如何培养学生的创新能力呢？

1. 在练习中想象，培养学生创新意识

想象，就是充分利用头脑的想象力来构想、设计、创造新事物，想象不仅是创新的方法，同时也是创新的一种动力。

在练习训练中，教师可利用多媒体课件等多种教学手段，充分发挥学生的想象力进行思维活动，从而培养创新意识。

2. 巧妙利用设问，培养学生创新能力

陶行知先生曾说："发明千千万，起点在一问。"可见，练习中精巧的设问能激发学生的创造性思维。在练习教学中，教师可以根据练习内容中有利于启发学生创造性思维的因素，组织学生开展练习活动，从而诱发学生的创新意识和创造性思维，培养和提高学生的创新能力。

3. 巧妙利用练习活动，培养学生创新能力

活动是指在课堂内外，由教师有目的、有计划、有组织地通过多种项目和方式，综合运用所学知识，开展以学生为主体，以实践性、自主性、创造性、趣味性为主要特征的一种形式。在练习教学中，教师要充分利用活动这一有效载体，善于在活动中引导学生掌握一定的创新方法。例如，在练习训练中组织学生进行课外阅读、办英语小报、编英语故事、表演英语课本剧等，既可以充分发挥学生的参与积极性，又可以培养学生的创新能力。

第三节 ▶ 小学英语复习课的教法探究

一、复习课的含义

在英语教学中，复习是通过复习课的形式来完成的。复习是整个教学环节中不可缺少的一个环节，也是十分重要的一个环节。复习课的主要任务是帮助学生梳理知识，使知识系统化、结构化，以加深对知识的理解与记忆；帮助学生进一步巩固和熟练《英语课程标准》规定的所要掌握的基本技能与技巧；帮助学生进一步提高运用所学语言知识进行交际的能力。好的复习应达到巩固所学知识的目的，能对学过的内容进行综合、归类，找到它们的联系，从而提高综合运用语言的能力。因此，如何上好复习课一直是教师关心的问题。

二、复习课的特点

（一）知识的归纳整理

无论是哪一类型的复习课，都要将所学的有关知识进行归纳、整理，如

按纵、横向归类，进而做知识的系统整体综合，形成结构化的知识。

（二）知识的迁移训练

复习不是简单的重复，其最终目的在于培养和提高学生运用知识、解决问题的能力。在复习过程中，要加强知识的迁移训练，培养学生举一反三、触类旁通、运用所学知识解决问题的能力。

三、复习课的原则

（一）系统性原则

复习不是把平时学习过的内容重复一遍，而是要把平时所学的、局部的、分散的、零碎的知识纵横联系，使之系统化、结构化，使学生进一步明确各部分教材的地位与作用，揭示各部分内容之间的内在联系。

（二）基础性原则

无论哪一种复习，都要抓住基础知识复习与基本技能训练。基础知识的复习要弄清这些基础知识是怎样提出来的，具体内容是什么，运用时应注意什么，它和其他基础知识有什么联系等。基本技能训练在复习中应引起高度重视，要有意识地让学生多练习一些基础知识。

（三）重点性原则

复习课内容一般都较多，时间又有限。因此，不能面面俱到，不能眉毛胡子一把抓，而是要有重点地复习。教师要做一个有心人，要把复习重点放在难点、弱点及容易出错的内容方面，努力做到有的放矢。

（四）针对性原则

复习课中方法的选择、题目的设计、重难点的确定等都要有针对性，要根据《英语课程标准》的要求，针对教材的重难点，针对学生的薄弱环节，针对学校及学生的实际情况进行复习，不能带有任何盲目性与随意性。

（五）精选性原则

复习课中习题的配备必须精心考虑，题目必须有一定的基础性、综合性、启发性、代表性与典型性，帮助学生从练习中找出规律、发现方法，使学生通过复习有新的收获、新的体会。

（六）主体性原则

复习课应同样把学生看成是学习的主体，要千方百计让学生积极地参与复习过程。要鼓励、引导学生主动探究，主动思考，主动学习。

（七）指导性原则

教师应指导学生复习的方法，明确复习目的，确定复习重点，落实复习措施，特别对学习困难生要加强指导。

（八）及时性原则

教师在复习过程的每一个环节，都要及时地了解学生的复习情况，及时帮助学生排忧解难，及时地反馈评价和矫正学生复习的情况，使每一位学生通过复习都有所提高、有所进步。

四、复习课的教学环节

（一）创设单元情境，进入复习主题

首先，教师要围绕单元主题设计好复习的主线情境，可以采用闯关类游戏贯穿始终，逐一设置关卡型任务，使得每个环节不孤立，衔接得恰如其分，过渡得顺其自然。以情带词，以词带句，以句带篇，以篇入境，开展一些有趣的活动，可以是说唱歌谣或进行交际会话练习，通过一些欢快的形式，在复习巩固语言的基础上，营造愉悦复习的氛围，让学生尽快进入状态。

（二）基础知识梳理，融入巩固训练

根据所复习内容，教师引导学生完成梳理有关语言知识要点的任务，让学生多说，进一步培养学生的理解能力，从而巩固语言知识的记忆。借助信息技术为扶手，让学生多做，通过听做、韵律、表演、视听、配音等形式的活动，把知识内化在技能训练之中，从而使学生能高效复习。

（三）渗透课本文本，提升综合能力

复习课的再现课本知识，不只是简单进行一些听、说、读、写的活动，而应在学生原有知识技能的基础上，开展交际会话、分角色表演、配音、考

眼力、小游戏等活动，在熟练掌握课本内容的前提下，提高学生的综合语言运用能力。

学生在教师的引导下进入课本知识的复习，对课文和短文进行交际应用，如分角色朗读、表演等活动。

（四）拓展应用练习，回归生活本质

教师可根据实际，创设贴近学生生活的情境，设计一些有一定难度、有一定梯度、有一定挑战性的活动，进一步培养学生灵活运用知识的能力。

根据教师创设的情境对本单元的内容进行应用，如改编对话、小记者采访、动笔做练习题等活动，使学生在真实情境中或模拟的真实情境中运用语言、掌握语言、回归生活。

（五）进行当堂检测，展示学习成果

在完成知识串联后，教师利用 10~15 分钟时间对学生进行当堂检测。学生的掌握程度怎样，最终通过测试结果来体现。这就需要教师精心设计重难点突出的检测题，设计合理，层次分明，结合每个课时的要点，把语音、词法、词汇、句型、语篇融合在其中，使语言知识与语言应用相结合。教师也可以分组对学生进行测试，并做相应的评价，同时要收集学生的易错点，以便进行平行性检测。

（六）组织课堂小结，布置家庭作业

总结、回顾本单元复习要点，简要反馈并评价学生学习情况，找出存在的问题，布置有针对性的作业，更好地巩固语言知识。回顾本单元知识点，让学生整理自己的易错词、句，完成平行性试题。

五、如何上好复习课

（一）有计划、针对性地整合教材，选择合适的教学方法

复习课需要在课前梳理知识，整合内容。一般来说，复习课较少，复现频率低。各单元间应找到语言知识和结构上的关联，根据复习内容和目标进行整合、归类。

对于句型相互联系的几个单元，教师可以设计一个主题，以词汇、句型

为主线，安排场景不同的任务模块串联起来。

（二）调动学生学习的积极性，激发学习兴趣

有什么样的复习目的就会有什么样的复习方法和复习效果。复习时，应该以激发学生学习兴趣、提高学生自主学习能力为根本目的。要注意训练形式不要过于机械，要尽量创设一些学生感兴趣的活动，如听音做动作、猜词游戏、接龙游戏、拼图游戏等。

对于后进生的辅导要将大目标分成小步走，比如每天掌握多少单词或句子，每天巩固2~3遍，并由教师及时检查督促，多给予后进生关心和鼓励，多给予他们表现的机会。当后进生有了成就感的时候，他们就会加倍努力。

（三）发展学生的综合语言运用能力

在复习课的教学过程中，教师更要注重对学生语言知识、语言技能、情感态度、学习策略、文化意识的修炼，加强学生听、说、读、写、认知和理解能力的训练。例如，教师可以向学生传授学习策略、单词记忆方法、看图回答问题的方法，完成听力题的技巧等。

（四）发展学生思维能力，培养创新精神

学生在认知事物时，要经过一系列的思维活动，包括观察、注意、想象、类比、分析、推理、判断、概念化等。教师应根据学生的这一认知规律，在复习过程中设计相应的语言任务活动，使学生在活动中发展思维能力。

（五）弥补教学不足，组织复习材料

在教学过程中，难免会出现"教"与"学"两方面的不足。有时候教学中的不足是可以事先知道的，比如在新授课过程中，对某一语言点训练不够，学生在操练过程中会出现共性问题。但有时候教学中的不足是事先不知道的，只有在复习过程中才表现出来。对于这些问题不是都可以在复习课上通过操练的形式加以弥补的。那么教师在组织复习材料时，要善于将学生平时的共性问题提炼出来，如she和he分不清、be动词的使用不准确等。

（六）合理安排复习时间

心理学研究表明，复习的效果不仅取决于复习的次数，更重要的是依赖

于复习的组织方式。

总之，复习课应是强化记忆，熟练掌握基础知识和基本技能，并使之转化为能力的重要手段，它的功能应使学生把"忘的记起来，漏的补上，错的纠正，差的赶上"。在复习过程中，教师要始终围绕提高学生学习英语的兴趣，提高学生听、说、读、写的综合水平，提高学生活用能力和应变能力，达到"温故而知新"的目的来进行。

第四节 ▶ 小学英语活动课的教法探究

一、活动课的含义

《英语课程标准》提出"采用活动途径，倡导体验参与"的理念。《基础教育课程改革纲要》也做出了明确的规定：改变课程实施过于强调接受学习、死记硬背、机械训练的现状，倡导学生主动参与、乐于探究、勤于动手，培养学生收集和处理信息的能力、获取新知识的能力、分析和解决问题的能力，以及交流与合作的能力。随着基础教育改革的深入与发展，新课程体系多样化格局的形成，围绕着新课程标准和素质教育的目标要求，为了培养 21 世纪合格的综合性人才，我国已将活动课程纳入了课程体系，成为课程体系的重要内容之一。小学英语活动课教学正契合了我国基础教育改革与发展的需要，顺应了时代的要求。小学英语活动课主要是采取活动的方法进行英语教学，完成教学任务，达到教学目的。"活"是指把文字活化为话语，把教材内容活化为生活，把教学过程活化为交际；"动"是指身体各部分器官的动，认知结构的动，人的主体意识的动。

二、活动课的特点

（一）学生课堂学习的自主性与参与性

在英语活动课中，学生应该始终处在动态之中，居于教学主体地位。每个学生都有较大的自主权，学生要最大限度地发挥自己的主观能动性，参与活动的设计、策划，参与活动的准备，在活动中发挥聪明才智。学生还应积极参与活动的总结。每堂英语活动课要根据学生的实际情况和特点，让学生自己"活"，自己"动"，使学生在统一组织的活动中培养自主意识，发挥主体作用，真正成为活动的主人。

（二）学生在获得知识途径上的实践性与牢固性

教育家夸美纽斯要求："要让学生从书写学书写，从谈话去学谈话，从唱歌去学唱歌，从推理去学推理。"学生将所学知识加以运用并且能解决实际问题的话，知识"便成了他身上的一部分，如同他的手指一样"。真正牢固地掌握了知识，也就实现了教学的目标。例如，教师准备让学生充当一次英语小记者的角色，前半个月教师就应该有意识地向学生介绍被访问者（外籍教师等）国家的风俗习惯、地理位置、资源以及经济状况等，还须向学生提供一些书本上没有学过的有关采访的句子、词汇等。学生自由组合。采访前学生应将所提问题准备好，并且要准备一些答案用以回答被访问者的问题。

通过这种途径让学生在实践中使用英语，学生学到的英语知识会牢记在心，终身难忘。

（三）教师组织教学形式的多样性与灵活性

教师在组织英语活动课时应根据活动课程的自主性特点，在体现学生学习的自主性、独立性、创造性上下功夫。利用社会这一广阔的天地，充分挖掘每个学生的潜能。要设计和组织多种层次、多种形式的英语活动课，让学生根据自身的英语基础、兴趣、爱好和特长，在活动的内容与方式上有所选择。教师还应适当考虑学生的年龄特点和英语知识水平，选用适当的形式和方法，循序渐进，逐步提高，把英语活动课开展得有声有色，不流于形式，使学生的英语交际能力真正得到提高。

三、活动课的原则

（一）学生为主体，教师为主导

以学生为主体进行教学，要充分考虑学生的智力、年龄、心理等因素，积极调动学生学习的积极性，大力培养学生学习的"乐"与"趣"，重点培养学生运用语言的能力，而教师仅仅是引导者。英语活动课应体现"学生自由原则"。

（二）轻形式，重实践

鼓励学生在活动实践中学习英语，学会使用英语，学习英语的目的是进行交际，并且把所学的语言运用于现实生活中。只要学生重视用英语进行日常交际活动，学生就会在实践中取得进步，体验到学习语言的乐趣。

（三）真实性和趣味性相结合

活动设计在体现趣味性的同时，要更多地体现情境的真实性，真实性高于趣味性。如学完"A wolf coming"后，要求学生模拟表演，首先应帮助学生排除本组成员对本课内容不熟悉的生词难句等困难，然后大家各自选择自己喜欢的角色，或者由组长合理分配角色。

（四）注重培养文化意识

课本不仅仅是载体，同时也是师生共同探求新知的朋友。每个学生都有自己对新知识的理解，书中也蕴含了许多异国风情。例如，如何表达交际意向，在交际者之间如何根据彼此的熟悉程度和关系采用什么样的交际风格，在与外国友人一起出席宴会、出门游玩时要注意的礼节，等等。学生在接触知识的同时，也注重文化意识的培养，并注重在实际语言中的使用，让学生感受到各国间的文化差异。

（五）评价多元化原则

评价是学生认识自我、改造自我的重要因素。教师要适时地给出符合学生心理的评价，科学的评价可以更好地发挥学生的潜能，增强他们的信心。

（六）必须贴近生活

知识来源于生活，同时又能改善生活。活动的内容应当结合小学生的生活感受，使活动具有一定的科学性、思考性、可操作性。教学中可打破时空的限制，结合教材内容，适时适当地安排相应的活动内容。

四、如何开展小学英语活动课

（一）开辟英语小天地

学生可以在这片小天地里进行对人生观、价值观的讨论与交流，可以阅读一些小报和故事，收看和收听与英语相关的电视节目和广播节目等，让他们在学中用，用中学，学中有乐，乐中有趣。

（二）自己创办英语板报

板报创办既增加了学生的文化意识，也营造了学习英语的氛围，增强了学生学习英语的主动性，同时也锻炼了学生的口语与写作能力。

（三）举行英语素质能力竞赛

英语演讲比赛、基础知识测试等能力竞赛既培养了学生的竞争意识，也提高了学生应用英语语言的能力，推动小学英语教学向高层次目标发展。

（四）大力开展游戏教学

小学生天性好动，乐于参与游戏活动，将知识融于游戏之中，让学生在情趣盎然的游戏中练习所学知识，在蹦蹦跳跳中学习英语，学生是非常愿意接受的。例如，讲到人体部位时，让学生都站起来做"Touch your face/mouth/nose/ear/hair/foot/arm/eye/head/leg/hand."等动作，做错的学生淘汰出局来当裁判，这样既增加了英语活动课的趣味性，又能让学生积极参加，并且容易记忆新学知识。

总之，以活动课为核心组织英语教学，教师在完成每堂课的教学任务之外，还要将学习内容设计成真实而有意义的学习活动，以活动为核心组织学生学习。俗话说："英语是学会的，不是教会的。"只有通过活动情境的设计，以"活动"促"说"，以"活动"促"用"，经过长时间的积累，英语的魅力才能从学生的日常生活中体现出来。

第四章
小学英语备课策略初探

备课是教学设计的一个重要内容。教师只有认真备好课，才能制订出周密的上课计划，妥善得当地安排好课堂教学的各个环节，充分发挥教师在课堂教学中的主导作用。通过备课，教师可以发现和弥补自己在业务知识和技能方面的不足，及时采取纠正和补救措施，不致把错误带到课堂上贻误学生，影响教师的威信。人们常说"教学相长"，备课是教师提高业务水平的过程。只有在认真充分的备课过程中，教师才能对各种教学方法兼收并蓄，取百家之长为己所用，逐渐形成自己教学的独特风格和优势，在教学上有所创新，熟练地掌握教学这门艺术，成为一名优秀的英语教师。

第一节 ▶ 深刻理解备课的意义

教师的本职是教学。"台上一分钟，台下十年功"，教师必须有良好的基本功，要上好一节课，必须备好一节课。备课是上好课的关键，可以说任何一堂优质课都是精心备课而来。凡事预则立，不预则废。一节课能否上好不是偶然的，它在很大程度上取决于教师的备课。在备课上花一分精力，在教学里就有一分的效果。

所谓备课，是指教师在课堂教学之前进行的设计准备工作，即教师根据课程标准的要求和本门课程的特点，结合学生的具体情况，对教材内容做教学法上的加工和处理，选择合适的教学方式方法，规划教学活动。

深刻了解备课的含义，对于提高教育教学质量至关重要。

一、备课是对教学过程的精心预设

备课包含着教师对课程教学内容的理解水平，也包含着教师的创造性劳动。教学过程是一个复杂的过程，从系统的角度来看，教学系统是一个由若干要素构成的开放的复杂系统。要使这个系统产生整体系统的作用，而不仅仅是简单相加的系统，即要使教学的整体作用大于其构成要素的作用之和，就务必在备课上下足工夫。

备课就是运用系统的方法对人的因素和物的因素进行具体计划，从而预设教学的系统或程序，其根本目的是促进学生学习的有效生成。教师上课面对的是一个个鲜活的生命，如何把他们和教学目标、教学内容、教学方法以及教学环境有机结合起来，发挥出系统的整体作用，需要教师提前进行深刻的思考。每一节课都应有其独特的任务和要实现的目标，教师必须对自己的教学目标有十分恰当和清晰的认识。

只有当教师对自己选择与组织的教学内容进行了精心设计，达到融会贯通的程度，教学才可以娓娓道来。教学氛围的营造和教学方法的运用要让学生惊喜，要唤起他们的学习兴趣。

二、备课是知识的内化、具体化与课堂物化的预案

很多教师都有这样的感受：在经过多次重复同一课的教学之后，就觉得一切尽在掌握之中，备课根本就是多此一举。基于此，备课的对策也有所不同，年轻教师要"备详案"，经验丰富的教师便可以"备简案"或可以是"零教案"。很显然，这是对备课的误解。

事实上，对教学内容烂熟于胸、倒背如流，并不意味着做到了对知识的内化、活化和转化。提到内化，人们更多强调的是让学生来内化，教师是否内化了教学内容或者能不能内化教学内容没有受到足够重视。不论经验多么丰富的教师，如果做不到"内化"，他只能是知识的"传声筒"。教学就是一个不断"内化"的过程，首先是教师对客观的教学内容进行内化，使其成为不断促进自己发展的支点，紧接着是学生对客观的教学内容和教师传授内容的内化。如果没有教师很好地内化了的教学内容，学生就很难做到内化知

识。内化在一定程度上是主体自身与客观内容相互作用的结果，但是教师对知识的活化却能有效促进学生对知识的内化。知识的存在状态是静止的、僵硬的、没有感情的。具体化就是让静止的、僵硬的和没有感情的知识变得动态、鲜活和充满感情。知识的具体化、活化是教师想象力充分释放、创造力充分展现的过程。每一节课的内容，首先对教师来说应是丰满的、灵动的、富有丰富情感的，然后才会对学生构成新奇、富有情感成分的知识传授，只有这样，才能做到对课程教学内容的再创造。

三、备课是对教学资源开发、整合与利用的过程

当前，中小学课程教学改革的目标直指时代要求，使学生"具有初步的创新精神和实践能力、科学素养和人文素养以及和谐发展的意识；具有适应终身学习的基础知识、基本技能和方法"。传统意义上只注重"写教案"的备课显然无法满足这一需要。

对课程、教学资源的合理开发、整合与有效利用，是促进教学的有效手段，提到教学资源，很容易使人联想到教科书、教参等文本资料，其实，这些只是教学资源中的一部分。教学资源的内涵会随着社会、科技、经济和文化的发展而不断丰富。教学是一个复杂的活动，可供教学利用的一切事物，物质的、精神的、校内的、校外的、有形的、无形的，均可说是教学资源。师生的经历、经验和课堂上随机生成的人力资源、条件性资源，都是课程教学资源的重要组成部分。教学活动不仅是一个认知活动过程，也是一个社会活动过程，教学资源的选择与配置，不应仅从认知的角度出发，还必须善于营造良好的人际和情感氛围，使教学资源在促进学生心智方面得到和谐、同步的发展，使兴趣、注意、爱好、意志等非智力要素与感知、理解、应用、实践、解决问题等认知水平和认知能力均得到同步和谐发展。

四、备课是对学生的研究与关注

教师要在课堂教学有限的时间内除完成教学的进度外，还得不断地进行课堂观察和研究。但是，这种观察和研究只能把注意到的复杂多样的现象储存到大脑中，只能作为课后反思和系统研究的材料。因此，对学生生活世界

和学习世界的真正关注与研究是在备课的过程中完成的。人类的学习到底是怎样发生的？学习到底有哪些共通的地方？学生有哪些需要特别引导和关注的地方？到底有哪些差异性？通过寻找这些问题的答案，教学才能有的放矢。

教学的最终目的在于培养全面健康、可持续发展的人才，促进每一名学生的和谐发展。"和谐发展"是指要求教师在看到学生的共性的同时，注意学生的个体差异。教学中，学生的个体差异是客观存在的。在承认差异存在、尊重学习个体差异的前提下，超越个体差异，以促进全体学生的全面发展，应是教师努力的新方向。教学以人的发展为中心，知识的传递不是教学目的，只是手段，教学的目的在于促进人的发展。与此相适应，只备一个教案的备课已经完全不能适应现代课堂教学的需要了。备课要关注学生的生活世界，使他们在书本世界中找到生活世界的影子，把无穷无尽的教育资源融入书本知识之中；备课要关注学生的生命世界，以便教师在教学过程中为学生留有一定的自由支配的时间和空间；备课要关注学生的地位，构建民主、平等、合作的师生关系；备课要关注学生的心理世界，创设对学生有挑战性、激励性的问题或情境；备课要关注学生特有的、独有的文化，创建师生、生生有效交流互动的平台；备课要关注学生的学习状态，因地制宜，打破单一的集体教学的组织形式。

五、备课是教师再学习的过程

终身可持续发展是当今社会对教育提出的新要求，而建设学习型社会、学习型组织，要求社会中的每个成员都要终身学习。教师更应如此。然而，教师教学工作的实际往往形成一种错觉——教师对知识越来越熟练，但课堂教学不论从内容上、方法上还是从课堂气氛上，并未发生多少质的变化，因而，一切一如既往。"越教越熟"是否就是进步呢？其实恰恰相反，这正是教师原地不动的表现。一方面，这是一种假象——对于内容几十年不变的传统课程体系来说，似乎有一定道理，但是，今天的中小学课程教学内容越来越体现出国际课程的普遍趋势，即"三五年一小改，八九年一大改"。另一方面，教师教学职业的持续发展表明，教师的成长是一个漫长的历程，教师的教学能力恰恰是基于教学经验和经历基础上的反思、提高而形成的，而主要不是在职前（大学读书期间）形成的。

造成这种现象的原因之一，就是教师年复一年反复研究同一本教材、课本的内容，以至于表面上看能够倒背如流，运用得得心应手，实质上却是"井底之蛙眼中的那片天空"。针对这样的现实，教师培训越来越受到人们的重视。作为从外部推动、提高教师水平的一股力量，师资培训确实是很好的选择。但是，唤醒教师的自我反省意识却显得更加重要。当教师有意识地利用各种途径再学习时，很多问题便会迎刃而解。因此，当教师能够在备课过程中进行再学习时，便有可能从"书本的井底"跳出来，从而看到广阔多变的天空和丰富多彩的世界，才能吸收到新鲜的血液和营养。一成不变的教学和"一本教案教一年，教案十年都不变"的时代已经一去不复返了，教师只有想方设法地不断学习，才能跟得上时代发展的步伐。教师再学习，要时刻关注理论专家、学者的研究成果，运用成熟的理论来指导自己的教学实践，同时要借鉴其他教学工作者的教学实践经验。

第二节 ▶ 小学英语备课遵循的要求

备课是课堂教学的起点和基础，是决定课堂教学质量高低的重要一环，也是课堂教学艺术的重要组成部分。备课要遵循相关的基本原则和要求。

一、强调系统性，坚持局部与整体的统一

关于小学英语课堂教学的系统性，这里的整体是指课程标准所规定的相对完整的知识体系，相对于这个整体的局部是指某一单元。备课时必须使两者和谐统一，以整体指导局部，以局部体现整体。也就是说，教师具体在备某一单元、某一课时，必须立足全局，从课程标准和知识体系出发，明确培养哪些方面的能力，运用什么方法培养能力。

二、明确目的性，坚持三维目标的统一

教学的目标是综合完成教养、教育、发展，也就是知识传授和能力培

养、情感态度和价值观教育、过程与方法的探究等几方面的任务。需要强调的是，知识传授和能力培养、情感态度和价值观教育、过程与方法探究这三方面的任务在备课中不可偏废，即不可只重视其中的一点或两点而忽视了其他，同时又要有重点。一般来说，过程与方法探究用的时间较多，花费的气力较大，知识传授和能力培养稍次之，情感态度和价值观教育则渗透于知识传授与能力培养之中。要恰如其分地把这三个方面的任务有机地融合在一起，使它们既全面安排，又重点突出，既各有目标，又相辅相成。

三、加强针对性，坚持教法与学法的统一

教学的目的是教好学生，教学生学好。学生是教学的主体，教师是教学的主导，教师教得好坏是通过学生的学体现出来的。一些优秀教师的备课实践证明，首先是他们了解学生，摸清学生的底子，然后对症下药，有的放矢，否则就会劳而无益。因而教师必须加强针对性，备教课之所需，教学生之所需。要加强针对性，就要坚持教法与学法的统一。人们一般认为，备教法是理所当然的，备学法就似乎没有必要。学生在学习中会自然掌握学法，无需教师专门指导。其实不然。常言说，教是为了不教，授人以鱼不如授人以渔。教师不是让学生亦步亦趋，永远跟着老师学，而是让他们学会如何学。要做到这一点，教师就必须有意识、有计划地进行学法指导，使学生逐渐掌握学习方法，养成自学习惯，具备自学能力，这样教师的教学才能奏效，收到事半功倍的效果，否则教学效果会受到影响。当然，学法指导不能游离于教学之外，而应融于教学之中，要做到教法与学法有机统一，使二者相得益彰。

四、突出计划性，坚持内容与形式的统一

备课除了准备讲课的一些资料外，更主要的是设计好一堂课。要设计好一堂课就必须突出计划性，诸如一堂课整体上如何安排，局部与整体如何协调，知识传授和能力培养、情感态度和价值观教育、过程与方法探究三者如何统一，教法与学法如何一致等，都要事先安排好，以免上课时手忙脚乱。其中最主要的一个方面，是要安排好内容与形式，使二者达到有机统一。所

谓内容，是指教材的具体知识，课堂教学要实现的具体目标；而形式是指恰当的教学模式、教学结构、教学方法等。没有内容，形式就失去赖以自下而上的基础，没有形式，内容就无法传授，教学也就成了空话。

在内容方面，教师备课时要首先吃透教材，真正把握教材的重点、难点与精髓，明确哪些该重点操练，哪些重点讲，哪些略讲，哪些先讲，哪些后讲；弄清教材内容如何剪裁，教学中心如何提炼，课堂练习如何设计，要做到博观约取。

在形式方面，教师要从所讲的内容出发，选择合适的教学模式、教学结构、教学方法。一般说来，教学模式、教学结构比较容易选择，但如何运用好这种教学模式、教学结构就不容易了，这涉及教学方法的实际应用。因为再好的模式在课堂教学中也不是一成不变的，而如何变，却是一个难以把握的问题。

五、体现学科性，坚持工具性与人文性的统一

英语是一门非常独特的课程。《英语课程标准》明确了英语课程的性质与地位：英语是最重要的交际工具，是人类文化的重要组成部分。工具性与人文性的统一，是英语课程的基本特点。因此，教师在备课时必须考虑到英语课程的学科性。

听、说、读、写的学习与训练体现了英语课程的工具性。教师在备课时要考虑到在课堂教学中这四种能力的学习与训练怎么进行，侧重点如何，而不单单考虑知识的传授。《英语课程标准》规定：英语课程是实践性很强的课程，应着重培养学生的英语实践能力，而培养这种能力的主要途径也应是英语实践。因此，教师也要考虑到如何引导学生进行实践，在哪些知识领域或假定场景进行，从而使学生初步获得现代社会所需要的英语实践能力。

英语课程本身具有丰富的人文内涵，这种人文内涵对学生的精神领域的影响是深远的。在备课时要考虑到教学材料对学生的价值取向产生怎样的影响。英语阅读材料的外延非常广，学生不同的人生经历会使他们对英语阅读材料的反应呈现出多元化，并非每一种反应都是积极向上的，因此要对一些可能出现的灰色反应进行预想，并思考正确引导的方法。

要在课堂教学中体现英语课程的学科性，坚持工具性和人文性的统一，就要在备课时考虑到在课堂上如何体现英语课程的工具性和人文性，如何全面提高学生的英语素养。

总之，《英语课程标准》的三维目标、英语教材内容的多样性、学生个体的差异性，决定了英语课堂教学的备课必须遵循相关的基本原则和要求。只有利用好英语教材这一英语课堂教学的载体，才能做到不仅着眼于学生的现在，更着眼于学生的发展，达到《英语课程标准》的三维目标。

第三节 ▶ 小学英语备课的丰富内涵

所谓备课，是教师上课前所做的各项准备工作。它是教师充分学习课程标准、钻研教材和了解学生，弄清为什么教、教什么，学生怎么学、教师怎么教，创造性地设计出目的明确、方法适当的教学方案的过程。其实质是教师以教材为中介对正式课程的领悟和把握，要求明确具体的课程目标，并以课程标准和学情为依据使之转化为课时教学目标；通过钻研教材来实现精通教材、驾驭教材和处理教材的能力转化，并完成课堂教学任务加以落实。因此，备课是一个具有丰富内涵的概念。它不仅仅是写教案这么简单。要备好一堂课，进行有效的教学设计，须备好以下几点。

一、备教材

备教材需要掌握以下六个环节。

（一）钻研教学大纲，掌握课程标准

教学大纲是编写教材的依据，是教师进行教学的依据，是学生学习的依据，也是考核的依据。只有理解课程标准的实质，才能居高临下地钻研教材、确定目标、探索创新、指导教学。

（二）通读全套教材，掌握教材内容

教师只有通读教材，才能增强对教材的理解；只有对教材有较深刻的理解，才能驾驭教材。要理解教材，不能只读一课书或一个单元，必须通读全

册教材，有条件时应通读全套教材。不仅通读，还要熟读、钻研教材，只有这样才能掌握教材的重点、难点和它们之间的内在联系。任何知识都不是孤立的，都有它的系统性和连贯性。不了解前后内容的关系，就不能准确地制定出每单元和每课时的教学要求，就不能在处理教材时突出重点。

（三）熟悉知识技能，掌握重点难点

教材内同类知识中分量较大，处于重要或主要地位的内容就是教学重点；学生在学习过程中难以理解消化、不易掌握或操作困难的内容、技巧就被确定为教学难点。英语教材中的重点若按其语言知识体系来看，通常被认为是由各个知识点构成的。可英语毕竟是一门工具学科，按照新的教学理念，英语课的重点应放在培养学生运用英语进行交际的能力上。因此，英语课备课的重点应将语言知识的学习融合进语言实际。备课的重点就是抓住教材的重点内容，学习这些内容的意义不仅仅是获取这些知识和技能本身，而是在这些知识和技能理解透彻、牢固掌握后有助于学习其他英语知识技能、培养英语语感、提高语言的综合运用能力。教师在确定难点时要考虑学生的可接受程度和什么样的内容对于学生而言是难以掌握的。一般来说，难点具备复杂性和抽象性，且对学生来说比较生疏和带有技巧性。从英语学习的特点来说，语言知识难点主要在一些语法项目上，比如状语从句、谓语动词、动词词组的搭配等。交际运用上的难点则在于如何在真实或模拟的语境中，运用所学语言较为准确和流畅地表达自己的思想感情。

（四）了解编写意图，掌握教材特点

教材特点在一定程度上决定着备课的结构、教学活动的组织和教学方法的选择。不同教材的特点要选择不同形式的教法。当然，教师还应仔细设计课堂教学的每个环节，即教学过程，为每一堂课找到最佳切入点，优化整个教学过程，通常可从两方面入手：

对教学过程中可能提出的问题做出推测，学生带着问题学，教师带着问题教。这样，既能连接教材内容，又能沟通师生感情，对于取得最佳教学效果有着至关重要的作用。

考虑采取何种方式和程序把知识传授给学生。一般每节课至少要有三种教学方法交替使用，才不至于让学生感到乏味。

对于教师来说，应及时改变满堂灌的教法，以组织者、帮助者、引导者的身份走进课堂，用符合现代教学理念的方法组织教学，开展生动活泼的语言实践活动，让学生充分动起来，才能收到满意的效果。

（五）课堂内外结合，掌握实践知识

采取课内、课外相结合的方法也是英语备课中进行教案设计的重要内容。把英语教学延伸到课外去，充分利用英语角创设语境。英语角是英语教学的一个支撑部分，是课堂英语教学的重要延伸。英语角不应该仅仅是少数学生的舞台，它应该是全体学生实践英语、感知和体验生活的重要平台。教师可开展丰富多彩的英语角活动，活动内容应具有实际意义，贴近学生生活、学习活动和社会实际，激发学生的参与愿望，坚持以听说为主，尽力拓宽练习的面，增加听说的活动量，让学生在实践中充分运用英语，在实践中掌握英语，以满足学生自我实现、企求成功的心理需要，这样学生的积极性高，乐于参与。

（六）弄清指导思想，掌握教改信息

教师只有掌握最新教改信息，吸纳现代化教学理念，丰富整体教学活动，拓宽学生思维空间，转化最新教研成果，才能激发学生学习兴趣，提高课堂教学效益，使学生得到全面发展。

二、备学生

素质教育的一个基本特征就是"一切为了学生的发展"，课堂教学要得到师生双赢的满意效果，教师既要钻研教材，又要充分了解学生。从某种意义上讲，了解学生比钻研教材更难，因为教材是固定的，而学生的思想是经常变化的，并且直接影响着学生的学习情绪。备学生可以从下面几个方面入手。

（一）备全体学生

每套教材一般都有详细的配合教材的教师用书，教师用书是供教师们备课时参考用的。教师切不可原封不动地照搬教师用书的每个教学步骤、教学环节、每项练习内容，因为教师用书的编写者不可能考虑所有学生的情况，而作为教师就应在备课、教学过程中考虑所有的学生，这样才能有的放矢地进行教学。由于学生的英语基础参差不齐，学习英语的动机和热情也不尽相同，教师在课前备课时要针对教学对象的具体情况，立足于激发学生学英语的愿望和热情，精心组织课堂教学，并实施最有效的教学方法。

（二）备大多数学生

教师要针对学生的基础，确定每堂课的讲解进度和难度。教学过程要照顾到大多数学生，实施有效的分层教学，达到设定的教学目标。教师可根据班级的学生情况，把学生分为 A、B、C 三个层次。A 层占据了班级一半的人数，基础好，学习能力强，都能保质保量地完成教师布置的任务；B 层学生基础一般，能按教师的要求完成任务，但英语的灵活运用能力弱；C 层学生基础差，没有学习的主动性，要靠教师随时督促，及时补课才能勉强跟上。教师要充分掌握学情，分类推进，使学生在不同程度上获得进步。反之，教师如果对学生的基本情况、学习态度、知识要求、接受能力或一无所知，或知之甚少，则容易脱离学生实际，造成教学效果不佳。

（三）备个性差异大的学生

个性差异是指在独特的自然基础上，在一定的历史条件下，受到家庭、学校、社会环境的影响，并通过实践活动而形成和发展的。教师所教授的学生来自不同的地域和家庭，有着不同的社会、学习和生活背景，这必然构成他们的个体差异。作为教师，我们必须尊重并接受每一个学生之间的个体差异，关注每一个学生的发展，发现每个学生的优势，使全体学生各自走上不同的成长之路，成为不同层次、不同规格的有用人才。因此，在教学中了解学生的个体差异，按照教学对象的不同提供不同的学习需求，是教师实施个性化教学的重要条件。

此外，教师的思想要跟得上时代的发展。教师越了解学生的生活实际，他的语言及教学方法就越有利于教学。教师只有在备课中把学生的生活实际融入语言教学、编排到实际情境中，才能使学生感到真实有趣，充满个性化。

三、备教法

所谓教学法，就是要采取正确有效的教学方式，运用丰富的知识与经验，在有限的教学时间内，通过高超的教学艺术和教学技巧使抽象难懂的知识具体化、形象化，激发学生的学习兴趣，开发学生的智力与能力。要想让学生学好英语，激发其学习兴趣尤为重要。因此，教师授课时必须注重艺术性、生动性和形象性，摒弃"填鸭式"教学法，采用生动活泼的"启发式"教学法，使每一节课都能让学生在愉快的学习氛围中获得知识，并逐步培养他们解决分析问题的能力。

"教学有法而无定法"，体现了教学方法的层次多样性和形式灵活性。教师备教法既要熟练掌握讲授法、谈话法、讨论法、实验法等单一的传统教学方法，更要根据学科特点，实施自主参与、自主探究、小组合作、分层发展的学习策略；要转变教学理念，更新模式，改革教法，探索和采用利于学生开拓创新、个性发展的教学手段，如情境教学法、快乐教学法、诱导教学法、感悟教学法、探索教学法等；既要学习优秀教师和教育科研工作者创造的最新教法和模式，也要借鉴国外发达国家的先进教学方法，还要掌握、利用现代化教学手段。无论哪种教学方法都要贯穿于课堂教学的每一环节，做到注重过程教学，发展学生潜能。

常用的教学方法有：

（一）以语言传递为主的教学方法：谈话法、讨论法、讲授法、游戏法。

（二）以直接知觉为主的教学方法：演示法。

（三）以实际训练为主的教学方法：练习法。

教师在选择教学法时，应遵循的最重要的依据是教学目标、教学内容和学生的实际情况。"备教法"要落实以下几点：

1. 在划分课时基础上，确定每一课时的教学目的，选定教学模式。

2. 安排教学步骤，决定先教什么，后教什么。教学步骤不一定要按课本中各项内容的排列顺序，而是取决于新旧知识的联系和知识复现的规律。此外，学生的心理因素也是决定教学步骤的一个重要因素，要及时照顾到学生的好奇心和兴趣。

3. 设计呈现新内容的方案，其中最主要的一点是选准"突破口"，考虑如何以旧引新，以旧托新，使学生易于接受新内容。

4. 设计最佳教学方案。教师在教学前，一定要选择好适合本节课的教学方法，精心准备。每节课都是学生攀登英语高峰道路上的一个台阶。一个台阶上不去，就会增加攀登下一个台阶的困难。因此，教师必须精心备好每一节课，这样才能上好每一节课。

四、备学法

教师教学不仅要让学生"学会"，更重要的是要让学生"会学""爱学""乐学"，在学习中发展，在创新中学习。教师要以培养学生的良好学习方法为重点，引导学生养成良好的学习习惯，激发学生的求知欲，帮助学生树立学习信心。因此，教师在备课中还要备学生的学法。学法指导应体现层次多元化、形式灵活化、手段现代化、态度亲情化。学法指导的技巧通常有以下几种：

（一）渗透指导，是指在课堂上见缝插针，随时渗透。

（二）讲授指导，是指开设学法指导课，直接向学生传授学法要领。

（三）交流指导，是指教师组织学生总结、交流学习经验，相互沟通，取长补短。

（四）点悟指导，是指学生在学习中有所迷茫或疑惑时，教师给以恰当的诱导、点拨。

（五）示范指导，是指教师在必要时亲自示范，让学生效仿。

五、备练习

课堂教学要着眼于学生的大量操练。课本上的练习题远不能满足这种需要，因此，教师在备课时要精心设计出各种供课堂操练的材料和方法，努力做到：

（一）要有从易到难、由浅入深，包括控制性的、半控制性的和开放性的不同层次的练习题，使学生加深对新内容的理解和记忆，并进行活用。

（二）操练形式要多样。任何一种操练形式都不应单独使用并持续使用较长的时间，只有适时地变换形式，才能吸引学生的注意力。

（三）在操练中要考虑到班级学生的个体差异，因此，教师所准备的各种练习题既要有思考性强、难度较大的，也要有难易适中和比较容易的。要考虑到给差生以各种练习的机会，使各类不同学习水平的学生都各有所练、各有所获，以吸引全体学生投入到课堂教学活动中去。

六、备教具

现实中存在和使用的教学工具经历着三次变革，即黑板、粉笔、挂图、模型等传统教学工具，录音机、幻灯机、投影仪等电化教学工具，电脑、网络和多媒体等现代化教学工具。这些教具为教学改革和学生发展提供了丰富多彩的教学空间。

七、备突发事件

教学是有目的、有计划、有组织的过程，因此教学活动无疑是预设的结果，但是教学活动又是一种创造性的劳动，是教师与学生互动的结果。在这个过程中，往往会有一些突如其来的、偶然性的意外事件发生，如学生的提问、学生的错误、学生的好奇心，等等。在一个设计完美的教学过程中，这样的意外常常打断教师原有的教学计划，让它变得不再完美，甚至还会把整堂课弄得一团糟。那么，教师该如何处理这些意外呢？怎样才能让课堂起死回生呢？这就要求教师打破原有的格局，不能对这些意外视而不见，而要给予充分的关注，及时加以调整和利用，使这些意外与预设统一起来为学生的发展和提高服务。例如，一位教师在新授单词的时候，让学生先看实物再发音，对于一些发音较难的单词，学生往往会卡在那里，不敢读下去了，这时可以马上换一种方法，让学生看教师的嘴形再来读，这样就可以把他们带回到学习中来了。再如在教授一些西方的节日、习俗的知识时，教师会让学生先来谈谈对它们的了解，可有时学生根本就不知道，教学活动也会因此而中断，此时教师就应当转变方式，把让学生讲变为听教师讲故事，然后再启发学生说出自己的想法。这样一来，课堂变成了故事会，气氛也随之活跃起来。总之，不管教学的过程中遇到何种意外，只要教师能及时用正确的方法去引导学生，必能开辟另一番天地。

八、备教学反思

教师专业意识和专业技能的成熟过程，是一个教师在教学实践中不断反思和改进的过程。只有教学经验单纯的积累，没有反思意识，教师就不会在实践中不断改进自己的教学，只是在原有的基础上重复自己的劳动。叶澜教授曾说过，一个教师写一辈子教案不一定成为名师，如果一个教师写三年的教学反思，就有可能成为名师。

例如，一位英语教师在教授了 Buying fruit 这个单元后，不断地反思，发现他在教授"How much is it?"和"How much are they?"时，只是用水果来操练句型，这样学生们只操练到复数的句型，而单数的句型几乎没有触及，这样就缺少了明显的对比与联系。于是，他就在自己的教学反思中重新对这一板块进行了设计，把单一的水果超市改成百货超市，这样就涉及了每一种句型，以后的练习效果也比较好。因此，教学反思是备课过程中一个不可或缺的环节。它是教学实践中一个过程的结束，同时又是新的教学实践的开始。只要教师对教学活动坚持不懈地进行反思，一定能不断提高自己对教学的认识，发展教学实践的能力。

"凡事预则立，不预则废。"教师只有认真而充分地备课，在此基础上实施创新，才会有更加精彩的课堂教学。以上八个方面基本反映了当前教师备课结构的主要内容。教师只有用课程标准的精神更新教学观念，指导备课流程，不断灵活创新，改革教案结构，面对全体学生优化教学方法，才能提高教学效果，促进学生发展。

第四节 ▶ 小学英语备课的完整过程

小学英语备课有以下三个步骤。

一、通晓全局

学习和研究英语新课程标准，对于小学阶段小学英语侧重的内容以及教材的内容体系和编排顺序，做到心中有数，通晓全盘。

教材中所呈现的学习内容是静态的，并非学习的全部，需要师生共同去激活它，尤其是在新、旧知识之间，要建立起某种密切的联系。首先，教师必须了解教材内容的编排体系，弄清教材的纵向联系。所谓纵向联系就是教材中课与课之间的知识联系。其次，教师还必须找出所教一课中词汇、语法、课文以及练习之间的横向联系。这种联系一般以语法内容和词汇为线索贯穿全课。只有挖掘出这种横向联系，才能弄清编者在该课中所设计安排的教学重点，从而在教学时对这些教学内容进行重点讲解和操练。例如，看到一个单词就能从不同方面想到与它有联系的单词，看到 tall，long 就把它们的反义词想了起来，将刚学的新知与以前的旧知串联了起来。

二、制订学期教学计划

教师在制订学期教学计划前，应先研究这一学期的教材，明确一册课本的教学目的和要求，弄清全册教材的重点和难点。然后根据教材中练习题的数量、类型、广度和深度，决定练习题的增删，并在初步调查、了解学生的知识水平和接受能力的基础上，制订出学期教学计划和进度。

制订好小学英语教学计划，既是教师的基本职责，也事关教学成果和学生的学习质量，责任重大。那么，对于小学生，教师该如何制订英语教学计划呢？下面是一则范文。

学期教学计划

一、指导思想

本学期将重点投入到以素质教育为指挥棒的教学宗旨中，激发学生学习英语的兴趣，培养他们学习英语的积极态度，使他们建立初步的学习英语的自信心；培养学生一定的语感和良好的语音、语调基础，使他们形成初步运用英语进行简单日常交流和书写的能力，为进一步学习打下基础。扩大学生对西方国家了解的知识领域，充分发展学生在生活中使用英语的能力和习惯。

二、学生情况

我校四年级学生已学习了二年英语，有一定的基础。他们思维活跃，模仿能力和记忆力较强，所以应针对不同的学生进行分层次教学，才会达到预期的效果。四年级学生基本掌握一定的英语日常用语，具备一定的英语基础，因此对他们而言，需要继续深入地渗透英语基础知识，把重点放在听、说、读、写的要求上。

三、教学目的、任务

（一）培养学习英语的兴趣，养成良好的朗读、书写的习惯。

（二）发音准确、朗读流利，准确掌握书中的重点内容。

（三）能够进行简单的日常用语的交流。

（四）能够用简单的句子进行写作。

（五）熟练掌握所学歌曲、咏唱等。

（六）了解西方文化，初步知道课文的文化背景。

四、教学策略

（一）强调语言运用。本教材体现交际教学思想，注重学生语言应用能力的培养。在起始阶段采用全身动作反应法，让学生在做中学，在唱中学，在玩中学。

（二）注重能力培养。整套教材贯穿学会学习的主题，培养学生自主学习和独立运用所学语言去做事情的能力，如"Let's find out/Let's check/Pair work/Task time"。在活动手册中还特别设计了学习评价的栏目，引导学生在学习中反思，在反思中学习。

（三）突出兴趣激发。教学形式多样化，其中包括对话、歌谣、小诗、歌曲、游戏、任务、绘画等。

（四）重视双向交流和中西文化的介绍。

五、教学重点、难点

（一）重点：

1. 提高课堂效率。

2. 促成学生养成良好的听英语、读英语、说英语的习惯。

3. 训练学生发音清楚，语调正确，书写工整。

（二）难点：使英语基础差的学生提高听、说、读、写的能力，全面提高英语成绩。

六、方法措施

（一）认真备课，钻研教材，进行有效的课堂教学，提高课堂效率，做到当堂内容当堂掌握。

（二）创新运用各种不同英语教学法来辅助教学，如情境教学法、直接教学法和全身反应法，并开展一些有趣的活动、游戏，让学生在轻松的氛围中学习英语。

（三）创设英语情境和环境，使学生在一定的英语语言环境里习得第二语言，做到"生活中有英语，英语中有生活"。

（四）鼓励学生大胆说英语，肯定他们的进步（尤其是英语基础差的学生），树立学生的信心，培养学生朗读和书写的习惯。

（五）注重教材的灵活性和可操作性，以满足不同层次的学生需求。帮助英语基础差的学生，提升英语基础好的学生。

（六）多教授咏唱、歌谣或小故事等，促进学生多单词和句型的记忆。充分利用教材中的课文创设真实的情境，如打电话、购物、生日聚会、野餐、旅游、问路、看病等，为学生提供使用英语进行交流的机会。

（七）课堂尽量全英语化，为每名学生打好英语基础，重点提高差生的英语水平，同时适当补充些课外内容，强化口语和应试能力，力争人人过关每一个单元的内容。

（八）练习形式多样化，手、脑、眼、肢体并用，静态、动态结合，基本功操练与自由练习结合，单项和综合练习结合。通过大量的实践，使学生具有良好的语音、语调、书写和拼读的基础，并能用英语表情达意，开展简单的交流活动。

只有制订出符合大多数学生的教学计划，教师的授课才能变得有章可循，收到事半功倍的效果。

三、规划单元教学计划

在小学英语教学过程中，单元整体教学的实施是非常有必要和实用的，也是教学中一个很重要的环节。根据课程标准的要求，将一册课本的内容划为若干模块，确定各模块的教学目的和教学重点，明确单元之间的知识联系。单元计划主要内容包括单元教学目标分析、单元教学目标叙写、单元教学目标的实施策略。单元计划主要以单元主题为核心，以单元为备课的基本单位，系统地设计教学，整体处理单元教学内容，落实知识与技能、过程与方法、情感态度与价值观三维学习目标。单元内不同课时的内容虽然在形式上各具风格，但它们一般多围绕单元话题展开，因此各课时之间存在着关联。这些关联如同无形的纽带，将各板块之间的教学内容有机地联系在一起，使同一单元中的几个课时的教学活动融为一体。

第五节 ▶ 教案是备课成果的具体体现

作为一名教师，会上课是最起码的要求，那么怎样才算会上课呢？第一要清楚教什么，第二怎么教，第三为什么要教。这三点在教师备课时都应在教案中有所体现。教案是针对每节上课前备课的书面落实，也是教师根据教学目的，以学生为本制订的教学方案和工作计划，是备课成果的具体体现。教案的有无，直接影响到课堂教学的效果。教案能使教学全过程系统化，时间安排合理化，教学内容科学化。教师对教案的投入，可避免上课时不必要的重复或知识点的遗漏。一篇好的教案凝聚着教师大量的辛勤劳动，是教师教学经验和智慧的结晶，更是一种资源。因此，教师的成长离不开对教案的认真撰写，教研学习、探讨也离不开对教案的撰写和改进。

一、一份较好的教案应具备的条件

（一）应当具有科学性

教案是教学要求、教学内容、教学方法的统一，因此在要求上、内容上及方法上都有一个是否科学的问题。

教学要求是否科学，主要表现在程度上，过低、过高都不科学，即要认真贯彻《英语课程标准》，按教材内在规律，结合学生实际来确定教学目标、教学重点和难点。在设计教学过程中，避免出现知识性错误。例如，写therebe 句型，就要具有"初步"的特点，学习 therebe 句型时，应有听、说、读、写层次上的差异。

教学方法是否科学，最重要的表现在是否符合学生的认识规律，使用的一切手段是否能揭示本质等。

（二）应当具有系统性

任何一份教案都具有一定的独立性，但又具有一定的连续性。把相对独立的知识与前后的联系统一起来，体现滚雪球、迁移及交错，才能有助于形成良好的认知结构。

传授任何一部分知识，总有个相应的基础，即知识的生长点，同时也要为以后的学习奠定基础，这就要求在整体的、联系的观点指导下来处理这个局部。这就是应坚持的系统性原则。

（三）应当具有针对性

课堂教学是面对具体的学生进行的，所以必须具有针对性。教授同样的内容，在不同的班级里，起点、坡度、密度、难度都可能不太一样。没有针对性，也就没有可行性。这就是平常所说的备学生。

（四）应当具有启发性

教学不应是一切都靠教师"给予"，教师应启发学生，让学生主动地"获取"。所以，要创设必要的情境，做到温故知新、举一反三、大量迁移等。

二、教案设计是将思考变为文本计划的重要阶段

制定适切的课堂教学目标时关注语言知识、技能，更关注学生的学习方法、情感体验，体现了语言学习的目标。中小学英语课程标准明确提出英语教学的目标是"培养学生听说读写的综合语言运用能力"。无数语言学家研究表明，语言交际能力由语言知识、语言技能及学习策略三方面组成。学习策略往往是教师在备课过程中未引起重视的内容，因为很难用一种方法来快速评价学习策略的成功与否。受评价指挥棒的影响，教学中重知识传授、练习操练，认为熟记了自然会用了，导致学生用所学语言运用的能力较弱。因

此，目标制定首先要体现上好本课学生能用英语做什么事，完成这件任务需要哪些语言知识与结构，用哪些方法学生能学好。同时，对教学目的要求的制定，一要全面，二要具体，三要恰当。所谓全面，就是不能只有对知识的要求，也应当有对能力的要求，不能只有对智育的要求，也应当结合教学内容有对思想品德的要求。所谓具体，就是不讲大话，不讲空话，而是在40分钟里能实现的。

三、教案的撰写要求

教案的撰写分成三个部分：内容、方法、目的（备注）。

（一）内容

具体陈述想做什么，同时考虑使内容尽量按逻辑顺序分成各小步。每个环节想教什么？每个小步是怎样递进的？内容上既要考虑教材的学习任务，也要考虑学生的接受程度，由易到难，由简单到复杂，考虑知识与技能之间内在的逻辑链，符合语言学的规律。

（二）方法

打算如何来教所教的内容。学生来自不同的家庭，爱好、习惯不一，个性更不相同，因此在方法设计时要考虑教学组织形式，设计适合不同个性学生喜欢的活动；活动设计要考虑语言情境的创设，确保每位学生有话可说，有机会说，真正将学过的英语用自己的话来说，而不是背。教学行为与教学组织形式，在某种程度上是教案中最难写的部分。如果要使之对自己有意义和价值的话，必须避免写一些无意义的空话，如"激发学生对该课题的兴趣"或"向全班提问"等，而是应该写出更具体的课堂行为。如自编儿歌，复习单词 man，woman 为新授做准备。Man，man，man. Run very fast. Look at the man. Run very fast. Woman，woman woman. Smell the flower. Look at the woman. Smell the flower.

（三）目的或备注

思考这样设计活动或安排组织形式的理由。在教案主体部分之后再加上简短的"备注"，这部分十分有用，它可以包括教案中其他不易包容的信息和评论，授课的某一点上可采取的其他行动过程，可能需要根据班级或时间因素而对材料进行省略或扩充，等等。这部分的价值还在于教师在实施前可以在脑中反复排演授课的方方面面（时间安排、组织、任务量），或者设想在教学现场实施其他的预案计划。

四、教案的具体书写

一节课的完整的教案设计要写清以下几项内容。

（一）授课题目：即本节课的课题。

（二）授课时间：按教学进度所规定的时间。

（三）课型：即本节课是新授课、练习课（复习）、习作指导还是讲评等。

（四）教学目标：根据课标与教材内容并结合学生实际来确定一节课的教学目标。教学目标应包括三方面内容：一是基础知识和技能应达到的程度；二是有关学生思维能力方面的培养；三是对有关思想的渗透。

（五）教学重点和难点：根据课标和教学内容并结合学生实际来确定一节课的重点和难点。

（六）学情分析：根据学生认识水平，分析学生的知识与技能掌握情况；根据学生的年龄特点，分析学生情感、态度与价值观等方面的情况。

（七）教学方法：简单地说就是教师授课的方法与手段。

（八）用一些简洁的符号来标明活动的内涵。例如，参与人数、小组活动、对子活动、师生互动、全班齐答，或用活动名称来注明（TPR，Simon says etc.）。

总之，教案是个性化、情境化的产物，它随不同的教师、不同的目标以及不同的情境而有所不同。因此，所给的格式及其所列的指标都不是固定的。

五、如何写教学说明

简单地说，教学说明就是以前的"说教学设计"说课稿。"说教学设计"是说课的崭新发展，有些教师把"教学说明"写成了教案，二者有一定联系，都是关于教学思路的预设，所以容易混淆。教案与教学说明还是有区别的：教案是教学设计方案，主要体现怎么设计；教学说明是关于教案的说明，更重要的在于说清楚为什么这么设计。第一，教学说明是一个开放的动态过程，是能够充分体现教师创造性的教学"文本"，而不仅仅是静态的、物化的"作品"。第二，教学说明是教师个体的"教育哲学"觉醒、校正、丰富的过程。第三，教学设计需要一种理性意识，它要求教师对自己的教学行为永远保持一种不"信任"、不满足的态度，保持一份清醒的理智态度，并在这样不断的理性反思中走向专业的成熟。教学说明要根据新课程的要求，有一定的理论高度，对自己所教单元或某节课的设计进行说明，侧重点在于说明，站在与同行或专家进行交流的角度介绍自己教学设计、设计依据及达到的效果等，教学说明站位要高，对象要明，依据要清楚、层次要分明。具体写法如下：

（一）站在课程高度说教材

1. 分析教材内容。本节教材的知识线索，问题框架，重点难点，知识与科学、技术、社会的联系等。

2. 加工、重组教材。包括对教材中难点的调整、教学内容的增删、课堂呈现顺序的变动。

3. 补充、拓展教材。既立足于大纲和教材，又不拘泥于教材。要对有益于教学的课程资源（包括校内或校外的、显性和隐性的）进行适当的开发和利用。

（二）结合学情说教学目的的设计

学情应包括：

1. 学生对本课所学内容的知识和能力预备的情况，包括学生的总体水平和学生层次差异两个方面。

2. 在本课教学中学生可能出现的知识、能力、方法等方面的障碍及可能提出的问题。

3. 学习本节内容后，学生在情感、态度、价值观方面的原有状况和本节课的发展性意义。

针对学生这三方面的情况，设计具体的教学目标，力求从知识与技能、过程与方法、情感态度与价值观三个方面有机地整合教学目标，使教学真正成为促进学生全面发展的载体。

（三）结合模式、方法和策略说教学流程的设计

1. 说清所采用模式的结构、程序，所依据的理论，在教学流程中如何体现。

2. 说清教学方法和策略的具体内容和操作要点。

3. 说清教学流程的各个环节是什么，侧重点在哪几个环节，各环节之间怎样衔接，相应的问题设置有哪些，将要分别起怎样的作用。

4. 说清教学过程中师生多方、多层互动方式的预设及反馈机制与导引措施，如心理、情感方面的互动、反馈及措施，行为操作方面的互动、反馈及措施，思维参与方面（如体会、讨论、研究、辩论）的互动、反馈及措施，等等。

（四）结合情境创设说教学手段的设计

说清在本课教学中，将创设怎样的教学情境、问题情境，配以怎样的教学手段。

（五）根据本学科的特点，说依据实际情况构思的创造性教学设计

1. 按照课堂教学的顺序将若干方面的内容融合在一起，选择主要的内容进行"说教学设计"。

2. 按照知识内容框架将若干方面的内容融合在一起，选择主干知识进行"说教学设计"。

3. 以设置的问题为主线，将说课内容融合在一起，有所侧重地进行"说教学设计"。

4. 以最有特色的教学设计内容和富有个性的教学风格为主，结合各方面的内容进行"说教学设计"。

除此涉及的方式外，"说教学设计"方式应不拘一格，要形成多种不同风格、特色的方式，只要很好地体现各方面的内容，达到"说教学设计"的目的，就是一次好的"说教学设计"。根据"说教学设计"特点和要求写成文字，就是教学说明了。

　　总之，为了提高教学质量，备好课是关键环节之一。在抓备课环节这一关时，目的要明确，要求要具体，措施要落实。要注意教学内容的综合性，教学方法的灵活性，练习的多样性，明确教师"教"的任务，学生"学"的方向。力争在备课环节的优化中做到教与学的结合，处理好"主导"与"主体"的关系。要切合实际，打破程式化，探求新途径。一节课能否上好不是偶然的，它在很大程度上取决于教师的备课是否充分。因此，教师在备课上花一分精力，在教学里就有一分的效果。

| 第五章 |
小学英语课堂教学技能的培养

教学是一门艺术，英语教学是科学与艺术的结合。所谓的教学艺术就是教师有意识地通过声音、图片、形象、表演和活动等一系列能使学生感受到美和体会到满足的教学手段去设计教学的全过程，去诱发学生学习英语的爱好。教学艺术是一门较复杂、难于把握的综合艺术。与其他形式的艺术相比，它注重于对艺术创造性这一本质特征的理解和把握，因此英语教师除了要具有扎实的专业知识外，还必须懂得艺术，必须具有一定的艺术修养，这样才能创设艺术的教学环境、使用艺术的教学手段和采取艺术的教学态度。

第一节 ▶ 小学英语课堂教学的导入艺术

课堂导入艺术是指在新课开始或某一教学阶段之前，通过一定的教学手段将学生的注意力吸引到特定的教学任务中，以引起学生注意，激发其学习兴趣，形成学习动机，建立起前后知识间联系的一类教学行为。它是课堂教学中的重要环节，是承上启下、温故知新的必然途径。课堂教学中自然、新颖、富有趣味的导入，最能吸引学生的注意力，使学生自然投入到新课学习的氛围中，激起他们活跃的思维，提高积极参与语言交流的热情，降低新内容的难度，实现新、旧知识的自然过渡，优化学习效果。作为一名小学英语教师，应该明确课堂导入的功能及其重要意义，掌握小学英语课堂导入艺术的基本方法，根据学生的心理和生理特点，努力探索小学英语课堂导入艺术，努力提高小学英语课堂教学效率。然而，有些教师在教学中不善于导入环节的设计。有的教师设计的导入环节过于程式化，似乎总是通过师生互致问候或询问日期、星期几、天气、学生出勤情况等问题开始新课；有的教师习惯于以值日生报告（on duty）的形式开始新课，大多是两名学生在前面表演一段对话，表演结束后，教师一般既不加以评价，也不与学生就对话内容进行信息交流而进一步引出新话题，使值日流于形式，降低了值日效果，无法实现复习检查与话题引入的有机融合；有的教师刻意设计一个新课导入环节，但缺乏自然性和新颖性；有的教师设计的导入环节形式很新颖，但只是为了调动学生的积极性而设计，与本节课学习内容不相关，失去了水到渠成的流畅和温故知新的实效；甚至有为数不少的教师在教学过程中干脆没有话题导入的环节设计，直接以"In this class we're going to learn Unit..."开始新课，使课堂教学显得苍白无力，毫无生机。因此，如何设计新颖、高效的课堂教学导入环节是深化课程改革中需要特别关注的问题之一，也是最能体现教师基本素质和施教技能的问题，关系到教学效果的提高和英语教师的自身专业发展。

导入作为课堂活动第一个重要的课堂教学环节，其心理任务主要在于激发学生的兴趣和情感，使学生产生学习动机，把学生引进课堂情境中来。小学英语教学缺少必要的真实语言环境，小学生爱玩好动，心思很难集中到课堂上，这就要求英语教师在教学中根据教材内容、教学目标、学生年龄特征、心理特征等情况，讲究精彩的导入艺术，在课堂黄金阶段——导入这第一环节牢牢吸引学生的目光，赢得学生高度的注意力和高涨的学习热情，让课堂教学踏出成功的第一步。

一、英语广播体操 TPR 活动导入，让学生动起来

TPR（Total Physical Response）"全身动作反应"教学法，是根据我们学习母语时所产生的自然身体反应而发掘出来的一种新的语言学习方法。它通过身体动作和其他直观手段创设语言情境，体现了"在做中学"的原则，符合小学生的年龄特征，有利于学生理解和掌握语言，能活跃课堂教学气氛，激发学生学习语言的兴趣，还能加强动觉训练，提高肢体运动智能。小学生活泼好动，在英语课堂中用英语广播体操 TPR 活动来导入不失为一种好方

法。如在教新词 body，arm，leg，foot 一课时，教师可用句型"Touch your eye/ear/face/mouth/nose."与学生一起边说边做动作来复习旧知，然后当学生兴趣正浓时呈现"Shake your body. Stamp your foot."等新内容，学生自然习得新知。

注意：用"全身动作反应"活动导入课堂是个有趣且有效的教学方法，但是要熟练得体地应用到教学中并不是一件容易的事情，每个肢体语言，包括动作、表情、声音的设计，都要教师多花心思，力求做到恰到好处。教师是学生的模仿对象，不雅和太过夸张的动作不宜带到课堂上来，否则就会弄巧成拙，造成课堂混乱等负面影响，达不到教学的效果。

二、英语歌曲活动导入，让学生唱起来

英语歌曲具有优美动听的旋律和轻松欢快的节奏，对于激发兴趣和分散难点，激活学生大脑细胞，调节学生的学习情绪起到很重要的作用。在组织教学中融音乐与英语为一体，能帮助学生复习理解，表现情境内容，创设有声语言环境，使学生自然投入。通过听歌曲来导入新课是一种行之有效的教学手段，深受小学生欢迎。歌曲"In the classroom""Colour song""Header, shoulder, knees and toes"等都是与课文内容相配套的单词和句型，教师可以充分利用它们来进行教学。此外，英语歌曲活动还可扩大到利用或自编咏唱导入课堂。简单易记、朗朗上口的儿歌，再配上简单的动作，不仅能活跃气氛，而且能培养学生的语感。

注意：用歌曲导入课堂要有导向性，所选歌曲要能自然进入新授内容。并不是每节课都牵强附会地放些英语歌曲，而要从本节课的教学目标出发，挑选合适的英语歌曲为学习新授内容做铺垫。教师可将教材中好听的英语歌曲集中录制，这样使用起来也比较方便。

三、游戏活动导入，让学生乐起来

语言学家克鲁姆说过："成功的外语课堂教学应创造更多的条件，让学生有机会运用已学到的语言材料。新颖别致的游戏能吸引学生的注意力，最大限度地调动学生的主动性和积极性，让他们专注于所学知识，积极参与课

堂活动。"游戏是儿童的天性，游戏活动能使抽象语言内容变成一种具体、形象的情境，具有直观性、趣味性和竞争性等特点，能有效地激发他们学习的积极性。在游戏中导入新知能瞬间抓住学生的心，起到安定情绪的作用，是学生喜闻乐见的学习方式。一个好的游戏导入设计，常常集新、奇、趣、乐、智于一体，能最大限度地活跃课堂气氛，消除学生上课的紧张心理，学生可以在轻松愉快、诙谐幽默的游戏氛围中不知不觉地习得新知，在愉快的游戏活动中实现"主体、生动、发展"的学习。如在教玩具类单词 doll，car，plane，boat，balloon 一课时，教师可用猜一猜游戏导入："Christmas is coming. Father Christmas has many gifts for us. Guess，what are they？"学生被吊足了胃口，可能猜 pencil，crayon…，教师通过一一亮出大口袋里的物品，一边复习旧知，一边自然导入新词。

注意：游戏以独特魅力登上英语课堂教学舞台，用得恰当，可起到锦上添花的作用。用游戏导入课堂针对性要强，要面向全体，照顾大多数学生的实际情况，游戏设计不宜过难或过易，要实用，不图热闹，不走过场，不摆花架子。

四、故事活动导入，让学生想象起来

英国哲学家洛克说："教员的巨大技巧在于集中学生的注意，并且保持他的注意。"上课伊始，教师一说故事，学生会马上安静下来，教师可及时把学生的无意注意转换到有意注意上来，达到导入新课的目的。此外，用故事导入教学能创设良好的学习氛围，激发学生学英语的潜力和无限想象力，拉近师生之间的心灵距离。教师应该遵循小学生爱听故事的心理特征，把一篇枯燥乏味的课文改成一则小故事，结合图片、手势、表情来辅助故事讲解，不仅能有效地吸引学生的注意力，自然导入新课，还能启迪学生的心智，培养学生丰富的想象力和欣赏力。例如，在教 gift（礼物）一词时，一位英语教师在课堂上讲了这么个故事："Monkey is very happy because today is his birthday. All his friends come to take part in his birthday party. He gets many gifts. Dog's gift is a red balloon. Cat's gift is a doll and rabbit's gift is a kite. What is elephant's gift? Can you guess?（Students maybe say ball，toy Car and so on.）

Oh, it is a big cake. How many gifts does monkey have?"很明显，学生通过教师多次重复 gift 一词，很快明白了它的含义。

注意：教师用故事活动导入要使用简短、重复率高的语言，能自然而然地和课文单词、句型联系起来。教师所设计改编的英语故事，其内容和人物角色是学生熟悉的，其情节要有趣易懂，必要时还可以夹杂汉语。如英语故事太难，很可能导致学生茫然，不知所云，更不要说起到活跃课堂、吸引学生的作用了。

五、绘画活动导入，让学生沉浸在色彩中

英汉是两种完全不同的语言，而图画则可以成为沟通两种语言的中间媒体，它可以一目了然地告诉大家教师在讲些什么。简笔画、卡通画形象直观，是小学英语教学中常用的传统媒体的一种。利用画简笔画、卡通画导入新课可以设下悬念，激发学生的想象力和兴趣，让学生的内心自然地迸发出激情的火花，让学生不知不觉跟着教师步入课文的情境。卡通画可以让无生命的东西因添加了手足而变成一个个可爱的小精灵，使枯燥难记的英文单词变得有趣，易于掌握。除了利用简笔画、卡通画，还可以借助另外更多的画种，让生动的形象、丰富的色彩激起学生学习英语的兴趣。如在教水果类单词时，教师可在黑板上画一个圆圈，让学生想像是什么，教师通过学生的思维随手添加，慢慢变成 ball, balloon 等逐渐过渡到新词 water-melon, apple, orange, pear, peach...，这样可吸引学生的注意力，开发学生的发散性思维，激发和强化学生的学习兴趣，导入得自然得体。这一导入过程运用启发式教学法和比较法，学生通过黑板能直观、清晰地分辨出本课新的语言项目，培养学生的总结能力和主动思维的习惯，让学生充分体会到"联结知识、温故知新"的感受。

注意：绘画活动导入教学，对教师绘画要求较高，要求教师在较短时间内快速完成，否则再怎么精美的图画也会因为占用课堂时间过多，影响课堂节奏。

六、情境表演活动导入，让学生演起来

英语会话的特点具有交际性，而交际总是在一定的情境中进行。在教学

中，教师可充分利用形象，布置生动具体的场景，模拟真实的情境，创设接近生活的真实语言环境来激起学生的学习情绪，从而引导他们从整体上理解和运用语言。情境表演导入新课可以充分发挥学生的主观能动性，有利于课堂环节的自然过渡，有利于营造和谐的课堂气氛，有利于加大学生的语用动力，更是教师创造性导入教材内容的体现。小学英语教材有很多内容可改编成简单的情境表演活动来导入，既容易又逼真，趣味性强，小学生善于模仿，表演时全身投入，神态惟妙惟肖，可给整堂课增色不少。如在教"teacher，student，come in，I'm sorry. It's OK. "这几个单词、词组和句子时，教师设计了一个让学生假装迟到的情境活动，学生在课堂铃声响过后敲门并说："May I come in？"教师通过手势做请进的动作："Come in. "学生低头进来："I'm sorry. "教师摸摸他的头："It's OK. "整个情境表演让学生一目了然，很快掌握了教学内容。

注意：情境表演活动导入课堂具有形象、逼真、趣味性强的特点，导入自然，用得巧妙有很好的铺垫效果。从整堂课节奏把握、表演的视觉美感出发，无论是师生间表演示范还是学生间表演都应预先排好，情节应做到真实自然，避免作秀。

小学英语教学中新课的导入在整个教学中是一个重要的环节，它直接影响着学生学习的情绪和效果。引人入胜的导入能使教学内容以新鲜活泼的面貌出现在学生面前，使学生以最佳的心理状态投身到学习活动中，为整个课堂教学打下良好的基础。

英语新课的导入方法多种多样，教师要在实践中不断发现和创新，灵活运用，但在设计和实施的过程中，应该注意：

（一）导入不能占用课堂太多时间，以免影响教学进度和重点内容的教学。

（二）要有针对性，不要与课堂或教学目标脱离。根据不同的教学目的、教学内容及特点采用多样化方式。

（三）导入要注意教学环节之间的连接，有针对性，过渡要自然。

教学有法，但无定法，贵在得法。导入的方法和形式多种多样，没有固定的形式，而导入的成败直接影响着整堂课的教学效果。因此，教师要根据教学内容、教学目标、学生的年龄特点和心理生理特点及英语学习的实际情况，灵活设计导入形式，将各种导入方法优化组合，以求得最佳的教学效果。

第二节 ▶ 小学英语课堂的组织教学

课堂组织教学是指教师通过协调课堂内的各种教学因素有效地实现预定的教学目标的过程。课堂组织教学是一项融科学和艺术于一体的富有创造性的工作。要做好这项工作，教师不仅要懂得课堂教学规律，掌握一定的教育学、心理学知识，还必须关注每一位学生，运用一定的组织艺术，努力调动学生的有意注意，激发学生的情感，使学生在愉快、轻松的心境中全身心地投入到学习中去。

一、声音控制法

声音控制法是指教师通过语调、音量、节奏和速度的变化，来引起和控制学生的注意。例如，当教师从一种讲话速度变到另一种速度时，学生已分散的注意力会重新集中起来。教师在讲解中适当加大音量，也可以起到加强注意和突出重点的作用，高低声游戏就是利用了这个原理。

二、表情控制法

丰富的表情变化可以起到控制学生注意力的作用。教师的表情可以表达对学生的暗示、警告和提示，也可以表达期待、鼓励、探询、疑惑等情感。教师面部表情、头部动作、手势及身体的移动也传递着丰富的信息，有助于沟通师生间的交流，调控学生的注意力。

三、停顿吸引法

适当的停顿，能够有效地吸引学生的注意力，可以产生明显的刺激对比效应。喧闹中突然出现的寂静，可以紧紧抓住学生的注意力。一般来说，停顿的时间以 3 秒左右为宜，这样的停顿足以引起学生的注意。停顿时间不可过长，长时间停顿反而会导致学生注意力的涣散。

四、目光注视法

教师的目光注视可以在学生中引起相关的心理效应，产生或亲近或疏远或尊重或反感的情绪，进而影响教学效果。因此，教师可以巧妙地运用目光注视来组织英语课堂教学。如开始上课时，教师用亲切的目光注视全体学生，能使学生情绪安定下来，愉快地投入学习。再如，课上有学生注意力不集中，教师可以用目光注视提醒学生注意听讲。

五、情感暗示法

情感在课堂组织教学中，发挥着动力的作用。如果学生对教师、对课堂缺乏情感，就不能有效地进行学习活动。因此，教师要善于运用各种教学手段，培养和引导学生积极向上的情感，并在成功中产生新的学习动机。

六、姓名举例法

在英语单词或课文教学中，教师常常运用人物名字作主语进行造句或创设情境，以加强学生对所学单词或课文的理解。如果发现有的学生走神、做小动作、低头看其他书籍等，教师可以抓住时机，用这个学生的名字做主语造句或创设情境，这样既可以顺利完成教学任务，增加英语教学的真实性，又可以起到提醒学生的作用。

七、短暂休息法

连续的操练之后，部分学生可能会出现精神疲劳、注意力分散的现象。针对这种情况，教师的提醒或警示对学生注意力的长久保持已无济于事。这时，教师可以播放一段或唱一首英文歌曲，让学生放松片刻。这样，不但能消除学生的疲劳，活跃课堂气氛，而且能增加师生间的感情。

八、手势示意法

在英语课上，有的学生自控能力差，不时会交头接耳。针对这种情况，教师可以用双手向他们做出一个暂停的动作或将食指按住嘴唇做出安静的表示，以示意这部分学生保持安静或终止违纪行为。

九、媒体变换法

在课堂教学中，单一的教学媒体容易引起学生疲劳和注意力分散，教学频率也容易受到影响。因此，教师根据需要适当变换教学媒体，通过图表、实物、幻灯、影视、电脑等多种媒体的交互使用，充分调动学生的各种感官去获取信息，不仅可以有效调控学生的注意力，加强学生对知识的感知度，而且有利于学生对知识的记忆、理解和应用，促进由知识向能力的转化。

十、活动变换法

变换课堂活动方法可以有效地调动和集中学生的注意力，提高课堂教学效率。课堂活动方式包括师生交流的方式、学生活动的方式和教学评价的方式等。在课堂教学中，教师应根据教学的需要适时变换课堂活动方式。例如，由教师讲变为学生讲，由机械操练变为交际操练，由集体听课变为小组讨论，等等。这些变化都会带给学生新鲜的刺激，强化学生的注意，激发其参与的兴趣，进而达到提高教学质量的目的。

十一、设疑吸引法

巧妙的设疑是课堂组织教学中的一种艺术方法。当学生注意力不集中时，教师设计一些疑问，让学生回答，以促进学生注意力的转移。在学生学习情绪低落时，利用疑问引起学生学习的兴趣，激发学生学习的积极性。设疑在教学中起着承上启下、充实教学内容的作用，但需要教师精心设计，注重提问的思考价值。无目的的设疑会破坏教学设计的目标，影响学生思维。

十二、竞赛刺激法

在学生学习情绪不佳、疲劳或学习积极性不高时，教师可根据教学内容，开展一些小型教学竞赛活动，如采取集体竞赛、小组竞赛、个人竞赛等，以调动学生的积极性，使学生的有意注意力高度集中，从而使学生跳出不良的学习状态，达到提高教学效果的目的。

第三节 ▶ 小学英语课堂教学的板书设计

一、板书的功能

精湛的板书是撬开学生智慧的杠杆，是知识的凝练和浓缩，是教师的微型教案，能给人以心旷神怡的艺术享受；它是课堂教学的缩影，是指示课文中心的导读图，是透视课文结构的示意图，也是把握重、难点的辐射源。

板书是教师的基本功之一，是教师技能不可或缺的组成部分。它和课堂教学的口头语言、体态语言或先或后或同步出现，相辅相成，丰富着课堂教学的表达力。板书历来是课堂教学的重要组成部分，是教师引导学生掌握知识、形成知识能力的有效手段。它是课堂上利用视觉交流信息的一个重要渠道，可以弥补教师语言表达的不足，把复杂、抽象、潜隐的内容直观、明晰地再现在学生面前，使学生更容易接受。精彩的、有效的板书设计对教学目标及教学任务的达成至关重要。

二、板书要点

从以上板书分享中不难看出，板书是直观性教学原则在课堂教学中的具体体现，是提高课堂教学效果的一种既有效又经济的手段。一个精心设计的板书应该是符合教学内容的，是简明扼要、关键点突出、拥有良好逻辑系统结构的，是使教学内容条理化、系统化、具体化的板书。那么如何设计板书，才能更好、更有效地实现课堂教学目标，使学生印象更鲜明、深刻，理解更清晰、全面，记忆更牢固、持久？如何使板书不仅能帮助学生记忆，而且能帮助学生思考，让学生的思维插上想象的翅膀？小学英语教师在课堂板书设计时，应注意下列几个问题。

（一）板书设计应体现教学目标

在小学英语教师中，很多教师都认为上英语课只要把重要的单词和句型写在黑板上就可以了。其实不然，没有主题的板书就像是一篇好文章没有题目一样，让人很难理解。教师经常会忽略写单元主题、第几课时。上完课后问学生今天学了哪一课，很多学生会答不上来。不要说学生了，就连听课老师在自己的听课本上也没法写出听课的主题。所以，教师在板书设计时应清楚地写明上课的课题。

（二）板书设计力求内容精简，突出重、难点

教师在一节课上要讲授的内容很多，不可能全都写在黑板上。如果写得太多，学生也无法分清主次，这就要求教师研究教材，精通教学内容。板书内容不必面面俱到，应讲求精当，以简明扼要、提纲挈领的形式展现在学生面前，而且板书的内容要善于突出重、难点，要体现出对所教内容的高度概括和提炼。过多的板书费时费力，教师长时间书写板书时，学生的注意力和课堂秩序也可能受到影响。教师在备课时应备好板书设计，对教学内容进行恰到好处的提炼，在课堂上将教学重点、难点和关键点条理清晰地展现出来，使学生一目了然，轻松、明确地感知和领会所学内容。如一位老师执教的教学板书，不是把所讲的内容都写在黑板上，而是把所授课的重点和难点体现在板书上。板书上每一部分都有很丰富的信息，学生通过板书的视觉刺激能更好地理解教学要求和教学重点、难点，并对教学内容有一个整体把握。

（三）板书的英语书写应规范得体

平时上课，教师们常随手在黑板上书写句型、单词；公开课中多数教师则将句型、单词预先写在纸上，等到用时就贴于不同的位置，的确非常方便省事。但二者都忽视了重要的一点：缺少给学生示范书写的过程。这必然会导致学生的书写意识淡薄，书面书写的结果令人不满意。所以，提倡教师板书的英语书写应该规范得体。首先，教师应该给予学生正确的手写体书写。这包括字母的大小写，如 Coke，不要写作 coke。词组 watch TV 不要写作 Watch TV。句子 "What's your favourite food?" 不要写成 "what's your favourite food?"，这些虽是小细节，但教师必须正确地书写。其次，教师应该给予学生规范的书写。这包括简称的使用、标点符号的运用及清楚的板书笔迹等。教师在板书时应尽可能避免英语字的连写，因为小学作为书写的起始阶段应该培养学生把字写好，而连写容易造成字迹潦草，因此在书写板书时，笔画应清晰，板面干净。教师板书的规范，不仅有利于学生知识的吸收，更有利于学生良好书写习惯的养成。

（四）板书设计力求布局科学合理

整体布局是给人的第一印象。板书设计首先得考虑总的布局。布局是指各部分板书在黑板上的空间排列以及与教学挂图、投影屏幕的合理安排。板书的布局既要根据教材内容的不同类型来变化，又要做到主次分明、突出重点和关键，并有利于分散难点，这样才能使板书真正起到便于学生理解教学内容，促进学生思维和记忆的作用。如何将一块黑板物尽其用、分配合理？常见的模式是分为三个区：学生评价区、新知呈现区和课堂学习的机动区。

1. 学生评价区

为了激发学生的学习热情和动力，教师往往会在课堂上进行男女生或小组之间比赛，进程和结果甚至课堂表现都记录在学生评价这个区间里，它的位置通常设置在黑板的左边，在教学内容较多的情况下，可以设在黑板的旁边或讲台的立面上，不能是中心的位置。评价区的内容和形式在设计上要符合小学生的好胜心理，要吸引全体学生的注意，在色彩上要明朗，图形要漂亮。

2. 新知呈现区

新知呈现区应该突出课堂教学的重点，有利于解决难点，所以摆在黑板的中心显眼位置。图文并茂的板书，学生在再认和回忆某些知识时，会很自然地联想到板书中形象的图文，进而帮助学生回忆和复习已学的知识。

3. 课堂学习机动区

黑板右边一部分留下空白作为辅助部分，也就是课堂拓展延伸的部分。这部分较为灵活，留给学生思考的空间，这样在课堂中可以训练学生的思维，并且留白区比较机动，可以随时擦写，因此，板书就不至于太死板，有利于学生动态思维的生成，还可以激发学生的积极性。

（五）板书设计力求在课堂上动态生成

板书是一种教学艺术，既要醒目悦目，又要掌握火候，才能对教学起画龙点睛的作用。板书时间的恰当运用，直接影响课堂的教学效果。

富有生命力的板书应该随着教学的进程，随着学生的学习变化不断生成。具有提示性的板书，可在课前完成；具有启发性的板书，应在课中呈现；具有结论性的板书，应该等到"瓜熟蒂落"时，呈现在分析、归纳和总结之中。板书的生命力恰恰在于它的动态生成性。长征中心学校郝文倩老师以 Seasons 为主题的板书设计，先在黑板上画一个穿着短袖衫的小孩，然后加多一件衬衫，手里拿着护肤霜，再穿上暖暖的大衣，戴上帽子，最后脱去大衣剩下衬衫，手拿盛开的鲜花。学生的注意力始终集中在小孩的变化上，不难猜出不同季节的名称。伴随着图的出现同时复习旧句型和学习新词，学生处于情境真切的生活中，学习和认识起来就比较容易，知识掌握得比较轻松。此时，整节课的板书内容已经全部呈现在学生面前，脉络比较清晰明了。整堂课下来，随着黑板内容的不断充实，学生学习的热情也不断高涨，提出问题，设置悬念，解答问题。板书设计集整体性、艺术性和趣味性于一体，大大改善了课堂气氛，提高了学习效率。

（六）板书设计力求与多媒体有机结合

现代化英语教学中，黑板已经不是传统意义上的黑板了。挂图、投影仪、多媒体等教具的加入，使得黑板的内涵更加丰富。特别是多媒体这一现代化的教学工具，以鲜艳的色彩、活动的图像和有声的对话，给人一种赏心悦目的感觉，创造了轻松愉快的学习氛围。但是，在当今小学英语课堂教学中，虽然有现代媒体的广泛介入，传统的手写板书仍然是不可缺少的。近年来，在历次英语公开课中，获奖的优质课教师都没有放弃这块传统的教育阵地，板书在教学中仍起着不可替代的作用。精彩的、有效的板书设计对教学目标及教学任务的达成至关重要。教师应该考虑怎样恰当地运用板书教学，让其在英语课堂上绽放光彩。在课堂教学中，对于传统的板书教学和多媒体教学的选择，要看哪种表现形式更有利于教学内容的表现，更有利于学生的理解和学习。完全的"纯板书"和"零板书"，都是不可取的。美国大众传媒学家施兰姆说："如果两种媒体在实现某一教学目标时，功能是一样的，我一定选择价格较低廉的那种。"在英语课堂上，如果教学内容能够在黑板上实现的话，也没有必要一定要把它做成多媒体。教师要吸引的不是学生的眼球，而是学生的注意力。让传统板书回归到英语教学课堂，达到两种方式的有机结合，是英语教学的发展趋势。

总而言之，板书设计的好坏直接影响教学质量。内容清晰、重难点突出、趣味性与逻辑性相统一的板书本身就是一门艺术，在现今的英语教学中，尤其在经历了教改和现代化教学手段日益丰富的今天，板书设计必须成为一种落实教学要求的艺术再创造，成为教学中最直观、最得力的教学手段。教师不能视它为可有可无，也不能视它为雕虫小技，应让板书成为教师教学时引人入胜的"导游图"，学生听课时掌握真谛的"显微镜"，成为进入知识宝库的"大门"。

小学英语课堂板书设计既是一门具有创造性的艺术，更是一门值得深思和研究的学问。教师要深入钻研，精心设计，使板书能尺幅容万言，在课堂教学上发挥其作用，更好地服务于教学、服务于学生。

第四节 ▶ 小学英语课堂教学的提问技巧

提问是课堂教学的"常规武器"，是小学英语知识训练中最常用的行之有效的方法和手段之一，它不仅可以及时检查学情，开拓学生思路，启迪思维，还有助于发挥教师的主导作用，调节教学进程，活跃课堂气氛，促进课堂教学的和谐发展。因此，教师必须重视提问艺术，想方设法激发学生的学习兴趣，促使他们学好英语。

课堂提问是一种教学方法，也是一门艺术。然而，现在课堂提问已被"师问生答""一问一答""分组问答"的陈旧模式所垄断，形成了千人一面、约定俗成的固定模式，变成了单调乏味的催眠曲，使课堂提问失去了它应有的魅力和作用。所以，教师必须重视课堂提问艺术，注重激发学生学习兴趣，培养学生分析问题、解决问题的能力，促使他们学好英语。

一、提问的先决条件

教师要精心设计，提出问题。显然，提问需要技巧与准备。善于提问的人往往主动了解所要讨论的主题，并且预先准备好一些关键问题。尽管有的教师能够临时提出用语得当的问题，但真正做到这样是非常不容易的。事先做好准备工作的教师，一般都能取得较好的效果。

在准备关键问题时，教师应该考虑：

（1）教学目的。

（2）提问目的。

（3）哪些类型的问题最适于实现这些目的。

（4）是否应该提那些属于情感领域的问题。

（5）通过提问能在多大范围内实现目的。

教师应该事先将问题准备好，否则，提问时很容易忽略重要的知识，而只注意一些不相干的琐事细节，所以最好是将关键问题写在教案中。

二、提问的艺术

提问是一门艺术，是每一个教师都应该认真思考、慎重对待的。教师应把握好以下几点。

（一）教师的态度

教师应当以愉快、友好、从容、谈话式的态度来提问。提问时如果既能保持自由自在、不拘礼节的气氛，又能说话举止得体，那就更好了。教师应使学生从提问的方式中便知道他所期望的是合理的答案。如果学生不能回答，或者一时回答不出来，也不要强迫他回答。要知道学生已经忘记的知识，就是敦促他冥思苦想，也是枉费工夫。

（二）提问的时间和时机

在整个班级参加的情况下提问，教师一般是先提出问题，让全班学生都有考虑的时间，然后再指定某个学生回答。这样做，便使每个学生在有人回答之前都有机会对问题进行思考。如果教师每提一个问题给学生思考的时间都只有一两秒，学生还未想好，教师就重复问题或者重新组织问题，或者请另外一个学生回答，这种做法似乎是一种控制时间的机智表现，但实际上，被提问的学生却会失去回答问题的信心或懒于思考，学习的积极性就会逐渐低落。

（三）激发学习兴趣，注意趣味性

使学生注意教师提问的一个好方法就是问一些真正有趣味、能发人深思的问题。诱导答案的问题，能泄露答案的问题，答案只有一个字的那类问题以及诸如此类的问题，本身便索然无味，绝对不要运用这类问题。

课堂提问应尽量激发起学生强烈的兴趣，使学生的求知欲达到亢奋的状态。比如，学习"Do you like pears?"这一内容时，教师给学生提出这样几个问题："What kind of fruit do you like most? What do your parents usually like to eat? Why do you like to eat these fruits?"之后，教师又借助多媒体给学生展示了一些常见水果的名称以及其功效，让学生对水果有直观的认识。待学生辨别完多媒体呈现的水果之后，教师又问他们："Which one of these fruits is best for your body? Do you think it right for your parents to let you eat more fruit?"这些问题皆是学生可以从教材中寻找出答案并与生活息息相关的，且学生在寻找的过程中，就能更深刻地理解教材内容，这对他们的英语学习极有帮助。

教师在教学中，应深入挖掘教材内容，高度了解学生的学习情况，如此才能在启发学生的同时，增加他们的学习有效性。

（四）因材施问，注意针对性

教师在提问对象的选择上要照顾全体学生，更要因材施问。在平时的教学中，由于受到课堂时间、教学内容以及学生数量多等多种因素的制约，一般情况下有些问题不可能一一进行提问。因此，教师在课堂提问时要考虑中等学生参与教学活动所能承受的能力，适当照顾优、差两头，使每个学生都有表现、发展的机会。一些教师不能根据学生学业水平进行"分层提问"，更不能根据学生性格、思维等特点进行提问。提问的对象往往是班上大部分学生或者少数成绩好而又听话的学生，对极少数成绩差或者调皮的"弱势者"，往往是举手也不提问，不举手更不提问，这些学生就成了游离于课堂教学之外的"边缘人"。这种教学对他们的发展是相当不利的，可以说是一种无声的折磨和摧残。

总之，在小学英语课堂教学中，提问具有集中学生注意，激发学生学习兴趣，启迪学生思维，锻炼学生表达能力，提供反馈信息等多种教育功能。因此，在教学实践中，教师必须不断地、科学地、艺术地对待"提问"。

第五节 ▶ 小学英语课堂教学的纠错策略

面对小学英语课堂中发生的错误，教师不要责怪学生，而要正确看待学生的错误，了解发生错误的原因，把握合理的纠错时机和掌握正确的纠错方法，使之更有效地为教学服务。

一、正确看待学生的错误

首先，学生不可能一下子就掌握目标语。在达到预期目标前，他们必然要经过一个漫长的语言内化过程。在这一过程中，出现语言错误是极为正常的，而且有时错误对语言教学能起到积极的促进作用。教师没有理由对学生的错误产生困惑和不解，也没有理由完全排除学生发生错误的可能性。

其次，小学生个体发展的差异导致接受能力方面的差异。在同一班级中，有的学生语言能力发展快一些，有的数理能力发展早一些。即使在同一学生身上，不同能力的发展水平也会有所不同。比如，同一学生的语言能力、空间能力、数理能力等，有的发展快一些或早一些，有的发展慢一些或迟一些。一般而言，发展迟缓的那个方面，出现错误的概率就会多一些。

第三，即使同在一个班级里学习，或者由同一个教师担任教学工作，学生的学习水平也会有所不同，发生语言错误的多少也必然有所不同。

基于以上认识，教师不该把发生错误的学生当作批评的对象，更不该把发生错误当成惩罚学生的理由，而要善待发生错误的学生，认真分析并合理纠正发生的错误，最好能把错误转化为有价值的课堂教学资源。

二、了解发生错误的原因

要有效地纠正学生的语言错误，就必须明确错误产生的原因，这样才能"对症下药"，做到"药到病除"。小学生发生语言错误的主要原因有下列几点。

（一）记忆干扰

这是小学英语课堂教学中最常见的语言错误形式之一。由于小学生活泼好动，有意注意时间短，又缺乏科学有效的记忆策略和良好的记忆习惯，从而导致单词拼读、拼写和变化形式等错误层出不穷，如把 work 读成 walk 等。

（二）语间干扰

它是指学生的母语对英语学习的影响，当母语与英语在表达方式上存在差异时，英语学习中就会发生错误。例如，汉语中第三人称单数"他、她、它"虽然写法不同，但读音相同，而英语中 he, she 和 it 的拼写和读音都不同，小学生在运用时往往会"男女不分"，还常常会去掉动词第三人称单数和复数名词的词尾-s、-es 以及动词一般过去时的词尾-ed 等。

（三）语法干扰

它是指学习者根据已获得的、有限的、不完整的英语知识和经验，类推出偏离规则的错误语言形式。例如，"He have a new pen. I'd like watching cartoons. I often do my homework in Sunday morning."，这些错误显然不是来源于汉语的干扰，它的形成是由于学生学了某一个英语语法规则之后，不加区别地把规则套用在同类词汇或相似的句子结构之中。

（四）文化干扰

它是指文化习俗不同而引起的错误。例如，中国人在得到别人夸奖后常说"哪里，哪里，不怎么样"，而西方人则常说"Thank you!"。如果学生回答说"No! No! Not nice!"，外国人听了会很奇怪。又如，英语中人们分手时常说"Good bye. Bye-bye!"，但中国客人常对主人说"请留步"，主人则说"请慢走!"或"请走好!"。如果在英语中据此说出"Go slowly."或"Walk well."，听起来就会十分别扭。

（五）交际障碍

在交际过程中，由于说话者词汇量不够或无法用英语说清楚，从而导致错误。

（六）教学失误

教师或教材中对英语语言现象不恰当的讲解或讲解不清，导致学生发生语言错误。

三、合理把握纠错的时机

目前，小学英语课堂教学中存在着两种相对立的观点：一是有错必纠，二是对错误听其自然。前者只管语言形式，不管语言内容，挫伤了学生语言交际运用的积极性；后者只注意语言的流畅性，忽略了语言的准确性，难以提高学生的语言水平和交际能力。那么，何时纠正学生的错误呢？这不仅与课堂教学期待的目标相关，而且与课堂教学活动类型相关。如果教师期待的活动结果是学生在活动中或活动后能流畅地用英语表达思想，教师就不应该有错必纠，而应该在学生完整表达思想之后才纠正错误。如果教师过多地介入学生"说"的过程，势必会影响学生流畅地用英语来表达。反之，如果教师期待学生在课堂教学活动中要准确地使用目标语，那么及时纠正错误就是必需的。

当然，不及时纠正错误并不意味着对错误视而不见、听之任之。作为教师，纠错要做到讲究纠错策略，选用正确的纠错方法，达到纠错的最佳效果。

第六节 ▶ 小学英语课堂教学的复习指导

一、复习的作用

复习的作用是"温故知新"，帮助学生回忆所学的语言项目，加强记忆，并对所学的知识加深理解、总结规律，发现问题及时解决。此外，对于练习不够、理解不深不透或是疏漏的方面，及时加以弥补，以便使所学的知识和技能更加完善和熟练。

学习外语需要有个"消化"过程，需要逐步理解和吸收。学习英语首先碰到的问题就是遗忘。为了防止遗忘，就需要复习。如同杂技中的转盘子一样，要使一大排的盘子始终保持转动，就得不断地拨动每一个盘子。

学习语言也同转盘子的道理一样，需要教师帮助学生不断地温习所学的东西，不可停止，也不可割断，不能教这一课就不管上一课的内容。为使学生获得使用所学语言的能力，需要不断重现所学的内容，以加深印象、巩固记忆。由此可见，复习在任何一个课堂教学中都是一个必不可少的步骤，也是不可忽视的重要步骤。只有帮助学生复习好、巩固好所学的知识，才能顺利地进行下一步，即呈现或介绍新的语言项目。

二、复习的内容、形式、方法与教师的任务和作用

复习的内容不外乎日常交际用语、语音、词汇、简单的语法与语法句型、"四会"要求掌握的一般句式及所学的语言材料。

复习的方式方法多种多样，有大循环复习和小循环复习，有单元复习和阶段复习，有集中复习和分散的随堂复习，有家庭作业、假期作业、口笔头测试、听写、评比竞赛、游戏等。大复习有期中复习和期末（终）复习，小复习有每节课和每节课随堂的开头、中间和结尾等的复习。

教师教学用书中，除了第一册第1课外，一般情况下，在每课（即每节课）的教学步骤与方法建议的开头，都有两个或三个复习步骤，并为教师指明了复习的内容和方式方法。在具体进行中，教师还要根据学生的实际需要决定复习哪些内容、怎样复习及复习的程度。同时，复习也不一定要在每课的头、尾进行，在教新课中间为了承上启下可随时根据情况进行。每学期机动的课时可以用来进行复习。

复习的形式多种多样，有检查性的口、笔头复习练习，以发现和解决普遍存在的问题，也可以用竞赛评比、评估测试、听写、检查作业等方式。

复习的方法也很多：有帮助记忆的，比如用归纳的方法、图解的方法、表演的方法或借助实物、模型、玩具、图片等，都可以加深印象、帮助记忆。还可以复习旧知识为新课的新内容铺路，采用以旧引新、承上启下的方法。

在复习的过程中还可经常采用提问的方法。这里提供两种常见的方法。

（一）连珠炮似的提问（Question bombardment）

这种提问要求教师要快速地口头提问，并要求学生也要迅速做出反应。

这种无准备的提问复习方法，可以培养学生根据实际情况真实地运用英语的能力。当然教师所提的问题不应超越学生所学的范围。

（二）连锁操练（Chain drill）

这种操练可以由教师开始，先向学生 A 发问，学生 A 回答完问题后接着向学生 B 提问，B 回答完问题再问学生 C，以此类推。

这种学生间有问有答的连锁操练最好不要按座位顺序进行，可让一个学生出其不意地向另一个学生提问。这样做，可以使全班学生的注意力都集中起来，人人认真听问题并积极思考答案，同时还要积极地提出问题。这种连锁操练可以随堂进行，进行得越早越好。它既可以活跃气氛，又可以使全班更多的学生参与，几乎每个人都能得到练习和复习的机会。

在复习的过程中，教师要善于抓住学生学习中的薄弱环节，并注意教会学生怎么进行复习。教师在复习的步骤中是强化记忆者，帮助学生复习巩固，加深印象，记忆所学的东西，并掌握复习的方法。教师的作用很重要，帮助学生复习得好，会使他们温故知新，学有所获；复习得不好，容易形成"老生常谈"，枯燥乏味，使学生产生厌烦情绪。因此，教师要重视这一步骤，认真备课，尽量多设计些复习形式，采用多种方法使复习搞得生动、活泼、有趣，同时也要根据班内学生的具体情况，适时适度，使之达到预期的目的，收到良好的复习效果。

第七节 ▶ 小学英语课堂教学组织操练的方法

操练是指各种机械形式的语言训练活动。在操练活动中，教师严格控制语言，学生没有或很少有自己灵活选择的余地。操练的目的是使学生熟悉语言形式或结构，要学生反复地说，正确模仿教师所说的话，直到不需要教师的帮助能够脱口而出为止。操练的形式和方法有多种，最常见的是跟着教师或录音口头重复。但由于班级学生人数较多，要使每个学生都能有效地进行操练是有困难的。目前，大多数教师是采用以下几种方法教学的。

全班学生齐声重复教师的话或集体回答教师的问题，这样做会增强学生的信心，人人都能开口说。这个方法有一定的效果，但教师无法听清个别学生的回答，难以发现他们个人的错误。全班学生一起说英语，声音很大，容易拉腔拉调，很不自然。这个方法虽可用，但时间不可过长，重复遍数也不可过多。

教师让班里学生逐个重复或回答问题。这个方法虽然比较好，但学生实践的机会不够多，训练不够充分，大班操作有困难，无法关顾全面。

教师让两个或三四个学生一起朗读对话。为了向全班学生示范，这样做很必要，但是用这样的方法一次只能训练几个学生，其余的学生却处于被动观望的地位。

为了克服上述各种方法的缺陷，这里介绍几种组织课堂教学活动的方法。这些方法已成为现代语言教学的标准课堂活动组织方法。学生也很喜欢这些方法，尤其在进行操练时不感到乏味，而且学得快。

现在简单说明这几种组织课堂操练的方法。

（一）分排或分行练习（Row or team practice）

在最初的教学中，可按横排座位分排开展活动，以后可以变换组织形式，也可按竖行活动，学生分排或分行练习。教师听得比较清楚，即使参与活动的学生多，也可以促使学生专心致志听讲，还可以照顾那些往往被忽视的学生。这样组织对学生进行比赛和做游戏也很有利。

教师可以让学生这样进行练习：

Teacher：Excuse me. （任意指一排或行）Row/Team 6！

Row/Team6：Excuse me.

Teacher：What's this in English? Row/Team 1！

Row/Team1：What's this in English?

Teacher：A robot. Row/Team 3！

Row/Team 3：A robot.

照此继续进行操练。

（二）两人小组练习（Pairwork）

两人小组练习是指把全班学生按照两人一组组织起来，让每一组学生交谈或朗读对话。这是动员学生参加课堂操练活动的一个极好的方法。在多数班级里，把学生组成两人小组是不难的，因为学生本来就两个两个地并排坐着。

有些教师对这样组织教学有疑虑，他们担心把课堂弄得乱哄哄的。实际上，两人小声交谈远不及全班人齐声朗读的声音响。

两人小组练习的程序可以这样安排：

1. 教师介绍新的语言材料（如对话），并做示范。

2. 全班学生跟着教师朗读课文。朗读对话时，可把全班分成两半，一半学生为 A，一半学生为 B。练习完一遍后交换角色，A 变成 B，B 变成 A，再练习一遍。两部分学生边说边看对方，适当注意面部表情和动作。

3. 指定两位学生朗读或表演对话，其他学生注意听和看。这样的两人小组对话活动称作 open pairs。

4. 示范小组表演后，其余的学生也进行两人小组活动，称作 close pairs。教师在教室里巡视，检查小组练习的情况，随时进行指导和帮助。

5. 练习完一遍后，让两人小组交换角色，A 变成 B，B 变成 A，再练习一遍。

在这种情况下，学生语言的准确性难免会受到影响，因为教师不可能发现所有的错误，并一一加以纠正。但重要的是，学生在实际运用语言且在这个过程中可以提高语言的流利程度，有些错误他们往往能够互相帮助纠正。两人对话之声比齐声朗读轻得多，而这种练习的有效性比传统的齐声朗读或问答要大得多。

（三）小组活动（Groupwork）

有时根据教学的需要，要把学生分成若干小组，或朗读对话，或进行问答等活动。分成小组通常不需要学生移动。若分四人一组，只要前排的两人一转身就可以面对第二排两人进行四人小组活动。

（四）从后往前连锁操练（Back chain drill）

当操练一个长的单词或一个长句子时，学生要一下子就说好是有困难的。教师可以把完整的句子说几遍以后，让学生跟着说一个词，然后两个词，然后三个词，最后再到整个句子。例如（C＝class，T＝teacher）：

T：You?

C：You?

T：Help you?

C：Help you?

T：I help you'?

C：I help you?

T：Can I help you?

C：Can I help you'?

练习字母和单词的发音，也可以用这种方法。例如，练习说 W 这个字母的发音 /'dʌbljuː/

T：/bljuː/   C：/bljuː/

T：/dʌb/   C：/dʌb/

T：/'dʌbljuː/   C：/'dʌbljuː/

在操练单词时，也可用同样方法。例如，练习数词 fourteen 时：

T：teen/tiːn/   C：teen/tiːn/

T：four/fɔː/   C：four/fɔː/

T：fourteen/'fɔːtiːn/   C：fourteen/'fɔːtiːn/

在进行操练这一步骤的过程中，教师的作用是组织者，如上述示例所示把班中的学生都组织好，集体、小组、个人等进行有条不紊的训练。在此步骤中，教师同时也是位指挥者。指挥时，可以给横排编号为 1，2，3，4 等；给竖排编号可用 A，B，C，D 等，这样就可以迅速地指挥某一排或某一行练习。教师还可以用手势指挥，要全班、半班、横排、竖行、小组或个人做出操练的反应。例如，用双手手心朝上向上摆动，示意全班一起操练，跟着重复；一只手向上，边摆动边说"This half repeat（or ask questions）．"，示意半班重复（或提问），另一只手手心朝下摆动，边说"This half, please listen（or answer）．"，示意另外半班静听（或回答）；双手手心朝前胸横向前后摆动示意一排一排（in rows）进行操练；双手手心相对上下左右移动示意一行一行（in teams）操练：伸出四个手指示意四人一组（in groups of four）进行操练；伸出两个手指示意两人一组（in pairs）进行操练。

操练这一教学步骤的目的是训练语言的准确性，要求学生一定要准确无误地重复所教的语言（词或句）。

教师要确保操练的"火候"适度。操练的时间难以预测或规定，教师要根据自己班上学生的情况而定。操练时间过长，操练过度，学生会感到枯燥厌烦；操练不够，则难以达到下一步练习所需要的熟练程度。如果学生仍然结结巴巴不能熟练上口，就要再操练一下。操练应先易后难，先简后繁，先慢速重复，再加速重复；先单项后换项或多项，直至教师确信学生达到了能够进行下一步练习的熟练程度为止。

第八节 ▶ 小学英语教学的课堂练习探究

一、课堂练习的目的和教师的作用

学习一种新语言，应使学生学会尽可能运用这种语言去表达实际意义。练习的主要目的是在前几步所学知识和技能的基础上，特别是在操练的基础上，集中训练语言的熟巧和流利程度，检查前面所学知识的巩固程度与教学效果。通过大量练习，学生把语言知识转化为语言技能，进行多层次的运用，并把这种技能进一步发展为进行初步交际的能力，能逐步较熟练而独立地运用所学简单语言。所以，这一步骤不只是训练准确性，更主要是训练流利程度，练习"用"，即用语言表达实际的意义，而不仅仅重复学说孤立的句式。

教师在这一步骤中的作用应是监督、监听和裁判。教师的任务是给学生提供尽可能多的实践机会，鼓励他们大胆实践，逐步减少对学生的控制，让他们试着独立地在实际交际中运用语言。在学生练习时，教师在班上四处走动巡视，辅导，仔细听他们练习，观察情况并适时地给予必要的帮助，鼓励学生根据自己的需要选用语言，同时检查前面几步教学活动的效果，一旦发现疏漏及时加以弥补或调整。

二、课堂练习的方法

许多教师原来习惯于采用以教师为中心的全方位控制教法，即教师一人讲，全班学生静听，教师花费大量时间讲授语法，甚至用大量的中文讲解，然后教师读，学生也跟读，教师说什么，学生跟着重复什么，反复进行。学生没有选择，只能跟着教师死记硬背，没有自己发挥、运用的余地，过后学生只能重复教师说的话，而不会实际应用。

现行小学英语教材提倡教师转变观念，改革教法，以学习者为主体，以学生为中心的教学方法，即给学生以更多的说练活动的自由和机会。控制性的机械操练追求准确性，这在开始阶段很有必要，但操练时间过长就很枯燥，效果也不好。为教语言而讲练语言，既枯燥又失去了教学语言的意义，达不到使学生自己在实际生活中运用所学语言的要求。因此，不能停留在机械操练阶段。教师要逐步减少对学生的控制，放手让他们较自由地在交际中自己选用适当的语言，有时要根据需要把所学句型或句式变换成新的句式，以表达当时想要表达的意思。

那么在语言训练中如何逐步减少对学生的控制呢？这好比教学生骑自行车，教师要先讲解骑车的要领，如怎样掌握平衡，怎样扶把，怎样协调手脚的动作，还要胆大心细，向前看，等等。但是只听教师的讲解，即使记住所有的要领，并不等于就可以熟练地骑车，还必须进行实践，反复练习才能学会。

学习语言也同学骑车的道理一样，需要实践，需要练习，同样要经过这样几个步骤：控制性练习、半控制或指导性练习和不加控制的或自由的练习。

当然，学习语言并不完全像学习骑车，还要帮助学生首先搞清楚语言本身的意思是什么。教科书和课堂练习册中所安排的各种形式练习，都是确保学生逐步脱离控制而能够有更多的机会较为自由地进行练习与实践。

下面分别举例说明各个层次的练习。

（一）控制性练习（Controlled practice）

这一层练习主要是机械性重复，鼓励学生准确模仿，达到熟练流利的程度。例如，前面所述的操练就属这一层练习，主要用来训练语音、词汇、语法句型等基本功。

（二）指导性或半控制性练习（Guided or Semi—controlled practice）

这个层次的练习顾名思义就是有些控制，给予指导，但给学生一些选择的自由。这类练习有：

1. 替换词对话（Substitution dialogues）；

2. 情景对话（Situational dialogues）；

3. 问答练习（Ask and answer）。

上述三种形式的练习贯穿于人教版全套小学英语教材。每课的对话都是有实际意义的情景对话，也都是替换词对话，均可进行问答练习。例如，人教版第一册第15课：

A：Hi，Gao Wei！What's this in English?

B：A sheep.

A：Good!

这是个问答练习，也是个情景对话，同时又是个替换词对话。对话中的画线部分都可替换，如 A 部分中 Gao Wei 可替换成学生中任何一个人的名字，B 部分中的 sheep 可以替换成学生学过的任何一件东西，如果 A 问的是老师，那么可替换的范围就更广了，学生可以通过这种提问学到一些新词。"Good!"可以用"Yes. /Right. / Thank you. /Thanks."等替换。其他各课均可照此练习，大同小异。

教科书对这类练习内容的安排都是由易到难，从简单到复杂，通过各种形式的练习逐步减少控制程度而尽量给予更多的自由。比如：

人教版第二册第 31 课中的 "How old are you?" 和第三册中第 5 课的 "What's your number? What's nine/five and two/six?"，学生就要根据真实的情况回答自己的年龄、学号及几加几等于几。这类练习全套教材绝大部分课中都有。

（三）不加控制的或自由的练习（Uncontrolled or Free practice）

这类练习比起前一类练习，层次提高了一步，即难度加大，要求学生掌握语言材料，逐步学会自己运用所学知识开展流利的会话，培养初步独立运用语言的能力。这方面的练习要求学生能够较自由地运用所学语言表达一些实际情况。比如人教版第四册的第 16 课猜谜（What is it?），学生可自己编一些谜语彼此猜测。再如同册第 17 课问路（Asking the way），第 21 课问天气（How's the weather today?）及第 26 课的购物（Shopping）等均可初步独立运用所学语言表达自己的意愿或客观实际情况。

这种练习要求学生脱离课本上的固定模式，按照自己平时的真实情况，如想去什么地方而不知路线，凭自己的爱好买什么东西，喜欢或不喜欢什么东西和什么颜色，彼此交流和了解信息，并学习应付无法预知的情况，使学生产生运用语言的动力和能力。

另外，还有角色扮演、做游戏等都是很好的运用语言的练习。这些练习也都很有趣，学生也愿意做。

这些不同层次、不同形式的练习给学生提供了足够的机会进行语言实践，对于提高语言的流畅程度、培养语感和增强学习兴趣都起着十分重要的作用。

第九节 ▶ 小学英语课堂教学的巩固练习措施

教师运用各种生动形象的方法介绍新的语言材料，又反复进行操练和不同形式的练习，但能否让学生牢固地掌握所学的语言，这就要涉及外语教学中的一个严重问题——遗忘。因此，巩固是英语教学中不可缺少的步骤。巩固是加强、加深、加固的意思。在英语教学中，巩固是为了加强学习运用、加深印象、加固记忆。教师在每节课开始，要做些复习，目的是承上启下或以旧带新、新旧对比等，帮助学生巩固即强化前面所学内容。在每节课结束前，要做归纳、总结性练习或检查性复习，或抄写、拼写或听写以及做练习册中的练习，常常伴有写的练习，以巩固当堂课所学内容。每个单元结束后，进行一次小总结或小检测，几个单元结束后，进行阶段性总结，还有期中、期末总结或考核评估、检测等，都是为了检验学生学习的巩固程度，得到教学效果的反馈凭证。

巩固这一教学步骤主要体现在下列几个方面。

一、巩固每个单元的语言项目

教科书每个单元结束时都安排一两个复习课，复习归纳每个单元所学的内容，目的是进一步巩固、记忆所学内容。人教版教材从第三册开始，每单元最后的复习课中还安排了各单元的"复习要点"。"复习要点"主要归纳该单元及该单元以前要求学会的语言点，包括单词、简单的语法结构、有用的表达方式等。每个复习课基本包括三部分内容：语音的归纳、语法及词汇归纳和复习本单元词语的情景会话。

关于"复习要点"的利用，这里提出以下建议供教师参考：

（一）教师可鼓励学生自己先看一遍，了解该单元所学语言项目，看看教科书归纳得是否全面，有否遗漏或不当之处。

（二）这些语言点自己是否都很清楚，都知其意，如果尚有不明白之处，提出来请老师或同学再做解释。

（三）如果学生均了解语言点的内容，可请学生运用其中的词语造句或两人小组自由对话，可用一两个或两三个词语编一个对话。鼓励学生多用，开动脑筋、随机应变。使用句式越多越恰当越好，若能将全单元所学句式都用上甚至更多，而且都用得对，应给予奖励或积分，且给予期终总评积分。

还要注意巩固复习语音项目，鼓励学生归纳同音词或符合相同拼读规则的词，而且要求读得准，语音语调自然。对那些表现好的学生也给予记积累分或评等级（A，A-，B，B+，C，C+等）。

（四）如果学生提不出问题，教师可以启发帮助学生提问题，或教师提出些问题检查学生是否真正理解了。

（五）可进行简短的听写练习或其他考查，时间不宜过长，内容也不宜太多。可对一两个主要项目了解学生掌握的程度和存在的问题。这样短小的听写或检查若经常随堂进行（一两分钟），有助于教师了解学生，随时掌握情况，掌握进度，计划以后的教学和复习。

二、完成课堂练习册中的练习

巩固这一步骤主要体现在完成课堂练习册中的练习。课堂练习册中所设计的各种听、说、读、写练习都是为了进一步巩固学生课本中的语言项目。练习的内容和形式都是由浅入深，由简单到复杂，不同形式的复现紧密配合练习的内容，是课文练习的补充和扩展，以进一步加深印象，巩固记忆，加以运用。课堂练习册中的练习，均可先口头做，再笔头做，绝大部分可以随堂做完，然后留一小部分作为课外的笔头作业。

"课堂练习"，顾名思义，就是课堂上做的练习，当课练习尽量当堂完成，当堂巩固，尽量不留或少留家庭作业。因为小学生正值长身体时期，需要多一些自由活动的空间。有的教师觉得练习册中练习量还不够，又补充许多练习，生怕学生掌握不牢固，课上课下练习量加码，额外增加课业负担，其结果势必影响小学生的身心健康和全面发展，也影响了其他学科的学习。因此，巩固练习应适量。

课堂练习册中的练习形式多种多样，归纳起来大致有以下三类：

（一）巩固语言知识的练习

这类练习主要是书写练习，从抄写字母、单词、短语逐步过渡到抄写句子。这类练习是让学生巩固所学的英语基本知识，也是教师对学生基本知识掌握程度的一种检测。

（二）训练语言基本技巧的练习

这类练习包括句型转换，课文问答题，单词、短语或句型替换，模仿对话或补全对话，还有一些英译中或中译英的练习，这样的练习比较少而且多半在后两册练习中。这类练习主要训练学生的语言技巧和熟练的程度。

有关形成语言技能的练习主要在课本中，体现了打基础所需要的最基本的要求，如听听说说的听力训练、模仿对话、表演对话、看图说话和最简单的信息交流练习。这类练习主要是为了加强语言的自由运用，即使是最基本的语句，也要培养学生能"学以致用"，不是死记硬背书本上的孤立句式，从基础阶段逐步培养学生的主动性、积极性、创造性和灵活性。

（三）培养兴趣的练习

这类练习更多地出现在课本中，如画画、上色、画圈、打勾画叉、重新组合、标号、标图、圈答案或是听听读读等，都是在听听说说的基础上做的。这类练习还起着激发兴趣、活跃气氛、消除疲劳和调节情绪的作用。

三、布置家庭作业

前面已经提到小学英语的练习，绝大部分都尽量在课上完成，只留一小部分家庭作业，这是巩固这一步骤中的最后一步，即一堂课结束之前要做的。适量的家庭作业可以巩固和扩大教学成果。教师用书中每课教学建议的末尾都有课堂练习和家庭作业这一项，根据各课不同的内容提出不同的要求，以巩固当堂课所学的内容。

教师在留作业之前，要尽量利用课上时间把课本及练习册中的练习都口头做一遍，然后留部分作业如听录音、抄写等回家做，但要讲清楚要求及方法，使学生明白怎么做，让他们心中有数，愿意做，并能顺利地、独立地完成作业，从而产生一种成功感。不要让学生感到为难，形成思想负担；更不要把本应在课内完成的练习留给学生课外做，从而增加他们的负担。

在复习巩固的过程中，教师的作用是帮助者。教师的任务是如何帮助及组织学生做好巩固工作。

在复习巩固时，教师要充分利用课本及练习册中的练习，按照不同要求做好各项练习。要尽量调动全班学生的积极性，使他们积极主动参与各项练习活动。除了进行两人对话、小组讨论、排或行的练习活动外，还可以组织排与排、行与行、组与组的讲演比赛或对话比赛、朗诵表演、听写比赛、书法比赛等较为生动活泼的形式。

巩固步骤十分重要，是一节课结束前对所教内容做最后的检验。因此，教师要充分重视，尽力做好巩固工作，以取得预想的教学效果。

前面已分述了各个教学步骤及教师在其中的作用。在实际教学中，一节课只有 40 分钟，不可能截然分开。教师在实际教学中，五个教学步骤常常相互交叉进行，不可能像工厂做工那样，分工十分清楚，每道工序都可以分开来做，因为教师所教的对象是一个个有头脑的学生，每个人的接受能力不同。教师要始终注意观察学生的情况，注意他们的反应。教师要根据自己班中的具体情况决定某个步骤是否可以进行到底或中间需要变换步骤。要了解学生是否理解每步骤的内容，是否都达到了要求，一旦发现问题，应及时解决，以确保课堂教学效果。

同样，在介绍新语言项目时，教师通常是用"复旧引新""以旧带新"和"新旧对比"的方法，即先复习以前学过的旧知识，再引出新知识的方法，将介绍新语言项目和复习两个步骤结合起来穿插进行。例如，要教学"What's that in English?"这一句式，教师就可用"复旧引新""以旧带新""新旧对比"的方法。先复习"What's this?"和"What's this in English?"的句式，再用复习"What's that?"对比引出"What's that in English?"的句式。教师可分别将这些句子以对比形式写在黑板上（或事先写好在一块小黑板上）：

What's this? What's this in English?

What's that? What's that in English?

教师边领读句子，边用不同色笔在 this，that 和 in English 的下面画上线，并找一两个学生说出中文意思。读的时候，可以先上下对比读，即先左边两句上下，"What's this? What's that?"，然后读"What's this in English?"和"What's that in English?"，也可以再换个顺序左一句、右一句，再读下面的左右句，即"What's this? What's this in English? What's that? What's that in English?"。

复习中发现任何一个问题，无论语音的、词汇的或语法句型的，都要立即暂停，进行补救，或再讲解，或再操练，或再练习，直至确保新的介绍任务完成，即达到了学生能把新学的语言用于实际练习活动的程度，才可继续进行下一个步骤操练。

同样，在进行操练时，如果发现学生有的内容仍有某词或某句意思不理解，教师也要停下来再示范表演或讲解。如果在进行练习时，发现学生对某词某句仍说不准确，教师也要停下来再操练一下，直至准确之后再进行下一个步骤。即使到了最后一步的巩固中再发现问题时，也要如此处理。

第十节 ▶ 小学英语课堂教学的结尾设计

一堂成功的英语课不仅要有引人入胜的开始，环环相扣的操练，还更应有强有力的、发人深思的结尾，因为结尾往往标志着一个新的开始。课堂教学的结尾是一种艺术与创造，优秀的教学结尾是巩固课堂教学的重要环节，是衔接新旧知识、贯通前后内容的重要纽带，是从课内到课外、由知识向能力过渡的桥梁，是启迪思考和开发智力的良机。因而，课堂结尾在小学英语课堂教学中起着非常重要的作用。

常言说：良好的开端是成功的一半。英语课堂教学的引入固然重要，设计得巧妙，能起到先声夺人、引人入胜、激发学生主动学习的作用。那么，良好的教学结尾设计，可再次激起学生的思维高潮，如美妙的音乐一般耐人寻味。设计得好，能产生画龙点睛、余味无穷、启迪智慧的效果。因此，教师要精心设计一个新颖有趣、耐人寻味的课堂结尾，这样不仅能巩固知识、检查效果、强化兴趣，还能激起学生求知的欲望，活跃思维，开拓思路，发挥学生的创造性，在热烈、愉快的气氛中把一堂课的教学推向高潮，达到"课结束，趣犹存"的良好效果。

一、英语课堂结尾的原则

（一）目的性原则

所谓目的性原则，是教育者需要以既定的教学目的为依据来组织实施课堂教学。每堂课中，教师都应该针对教学的实际情况，采用恰当的方式，有目的地进行结尾，以达到教学目的。

（二）趣味性原则

所谓趣味性原则，是指学生的学习兴趣是学习的最大动力。教师在结尾时，应该针对学生好胜、好动、好奇的特点，开展竞赛、评比、表演的趣味性的活动来结束课堂教学。

（三）及时性原则

所谓及时性原则，是指学生的记忆过程是一个不断巩固、强化的过程，应该针对小学生先快后慢的遗忘规律，及时小结和复习巩固所学知识。所以，结尾的时间也应该尽量安排得紧凑合理，不宜太过详细。

（四）多样性原则

所谓多样性原则，是指结尾的方式安排应多种多样，既可以适应不同教学内容的需要，又可提高学生的学习兴趣，以得到较好的学习效果。

（五）巩固深化原则

所谓巩固深化原则，是指好的结尾不是一节课和一部分知识的简单重复，而应该概括本节课和本段知识的作用，深化重要的事实、情节、概念和规律，经过精心加工而得出系统化、简明化、有效的知识网络，从而帮助学生把零散孤立的知识"串联"和"并联"起来，使其融会贯通。

二、英语课堂结尾的方法

（一）游戏式结尾

游戏式结尾就是教师将当堂课所学内容放到游戏中，让学生通过游戏的形式，巩固所学知识。下课前的几分钟，学生的注意力逐渐分散，开展适当的活动，既可消除大脑疲劳，又能强化知识，形成技能。如在学完时间的表达法后，可设计"老狼，老狼，几点钟？"的游戏，让一个学生戴着头饰扮演老狼，其余学生问："Wolf! Wolf! What's the time?"老狼回答："It's one o'clock. I'm sleepy."从1点问到10点，老狼醒了，发现肚子饿，开始抓不会提问题的"小动物"吃，这种方式有效地复习了时间的表达方法。

（二）悬念式结尾

恰当的悬念是一种兴奋剂。教师在教学中给学生设下悬念，能勾起学生强烈的破疑愿望，激起他们寻根究底的欲望。例如，在教授小学英语 3A Module2 Unit 2 前，教师出了两个谜语让学生猜。如"1. I am sitting down taller than standing up. What am I？2. 1 am a kind of animal. I am tall. I don't like meat，but I like grass. What am I？"，学生听完谜语后，教师先不讲答案，并对他们说："I will tell you the answer tomorrow."学生猜不出来，当然只有等答案，等着下一节英语课的到来。

（三）唱歌式结尾

英文歌曲是一种能够活跃课堂气氛的教学形式。唱歌式结尾就是将本课所学的重点句型编成歌曲，让学生在愉快的歌唱中巩固所学内容，以达到寓教于乐的目的。例如，在学习现在进行时的时候，可教学生唱包含所学句型的歌曲"What are you doing？"，歌词为"The telephone is ringing. Who's that speaking？ This is Helen speaking. What are you doing？ I'm reading. What's Mike doing？ He's sleeping."

（四）任务式结尾

新课结束后，教师可以围绕本课重点，精心设计一些任务，组织学生通过完成任务的方式结课。例如，在教完表示询问职业的句型和单词后，教师可以设计一个"Do a survey"的任务，让学生通过"What do you want to be？ I want to be a/an…"的句子去了解其他同学长大后想干什么，完成调查表格。

（五）迁移式结尾

教师为了能了解学生对知识的掌握情况，可在课堂结尾时要求学生对所学对话进行表演和复述，或者鼓励学生在课下运用自己所学的英语进行交际，从练习中及师生日常生活的交流中体现知识的迁移。例如，在牛津小学英语 3A Module 2Unit 2 中结合学生的实际需要鼓励学生用所学句型"This is..."来介绍人物，突出语言的语用价值，使学生能够在交际中对所学的主题语言形成记忆与巩固。

（六）多媒体教学结尾

直观教学用具和电化教学设备的合理运用可以摆脱课堂教学时空的束缚，将各种活生生的情境展现在学生面前。教师在结束课堂教学前，可以制作趣味游戏课件，即将语音、词汇、句型、课文等设计成游戏形式，在教学中多用来进行语言的有意义的联系，可以提高学习兴趣、激发学习动机，大大提高课堂教学效率。另外，还可以制作练习课件来巩固课堂知识，即根据课文的重要知识点设计成笔头练习与听力练习，通常是运用选择题、是非判断题等来训练、强化学生各方面的知识和能力。

（七）展示式结尾

一节课即将结束，给学生留几分钟时间表现自我，展示自己的学习成果和表演才能。展示的形式可多样化，如根据所学内容自编自演小品，给图画配音、朗读等，突出语言的实践性和交际性，使学生能够学以致用，有利于学生知识的记忆与巩固。

（八）归纳式结尾

英语教学讲求效率，在一堂课结束前 10 分钟及时对所学知识进行归纳，是提高课堂教学效率的重要措施。教育心理学的研究表明，课堂及时回忆要比 6 小时以后回忆的效率高出 4 倍。教师在每一单元的复习课教学中及时总结有用表达，有利于学生对知识的反馈与巩固。

三、英语课堂结尾的注意点

（一）结尾要有一定的概括性

心理学研究证明，记忆是一个不断巩固的过程，要完成这个过程，需要对所学知识及时归纳、概括总结，使学生获得规律性的东西，以便加以理解和记忆。

（二）总结要有针对性

总结要紧扣教学目标，抓住教学重点，针对学生实际，要有利于学生回忆、复习及运用。

（三）结尾要注意知识的系统性

一堂课的结束，应概括本节课的知识结构，深化重要事实、概念和规律，帮助学生归纳，形成系统、有效的知识网络结构。

（四）结束要有实践性

结尾要安排恰当的学生实践活动，如让学生提问、组织练习、对话表演等活动，以便于知识的转化和培养良好的学习习惯。

总之，课堂教学中的结尾是教学中的一个重要环节，善始还要善终。教师应视教学的需要，灵活处理，充分利用课的结尾，把课堂总结与教学内容融为一体，给学生留下一个能激发兴趣的悬念，使课的开始引人入胜，结尾扣人心弦，发挥其在教学过程中重要而又独特的作用。

第六章
小学英语课堂教学活动的开展

随着新课程改革的全面推进，构建以活动为中心、以任务型教学为途径的教学模式将成为小学英语教学所追求的理想境界。一些教师在设计活动时只注重活动的趣味性和学生的主体性，忽视活动的有效性，从而导致活动流于形式，表里不一。这样，不但学生的基本能力得不到培养，教学任务也难以完成。因此，在小学英语教学中，如何设计有效的课堂教学活动是教师亟待解决的问题。

第一节 ▶ 课堂教学活动设计的五个原则

小学英语教学中，教师应采用生动活泼、轻松快乐、形式多样的教学方法进行教学，让学生身心放松，积极地投入到学习中去并能真切地感受到学习的快乐，还应利用丰富的教学资源，采取丰富多彩的教学方法，给英语课堂添加各种各样的"调味剂"。

一、活动形式要与内容相关，要为目标服务

新课程标准倡导通过表演、唱歌、游戏、竞赛、猜谜和画画等小学生容易接受的形式，来激发他们学习英语的兴趣，培养他们初步用英语进行听、说、读、写的能力。任何活动都应是为了学生获得语言知识和语言技能而设计的。如果采用的教学活动形式脱离了教学内容，偏离了教学目标，那么再好的教学形式也不能收到理想的教学效果。例如，在教颜色类单词时，教师设计了"红灯停，绿灯行，黄灯等"活动，巩固复习 red，yellow，green 三

种颜色单词。全班学生站起来做小司机，教师分别说三种颜色，学生做出停车、开车、等待的动作，做错的学生坐下，经过多次"考核"后，仍然站立者被评为合格"小司机"。此活动既使学生掌握了这三个单词，又使他们认识到遵守交通规则的重要性。此外，教师还可以和学生一起编朗朗上口的儿歌："大自然，真美丽，让我们拿起大画笔；画个天空是蓝色，blue blue 是蓝色；画个太阳红彤彤，red red 是红色……"，让学生在诵读儿歌的同时记住单词，培养了良好的语感，还进行了美育教育。

二、活动形式要多而不乱，以语言知识做支撑

兴趣是小学生学习英语的动力之源。由于小学生尤其是中、低年级的学生，集中注意力的时间短，教学活动形式的多样化对维持他们的注意力十分重要。因此，教师在设计课堂教学活动时，要充分考虑其趣味性和活动形式的多样性，切忌堂堂一个样，节节一个调，要能使学生产生新奇感，这样才能扣住学生的心弦，调动学生学习的积极性，激发学习兴趣。要针对小学生的年龄、心理和生理特点，把猜谜、角色表演、唱歌、做游戏、讲/听故事、调查等不同类型活动相结合，并力求多而不乱。例如，在教学"It's nice."一课时，教师把学生分成 8 个小组，每个学生分别准备一件漂亮的衣服（coat、T-shirt、shirt、skirt、blouse、dress、sweater、jacket）。当新知呈现阶段结束后，教师组织大家开一个时装模特展示会，让学生准备几分钟，每组学生设计自己组的展示形式和介绍语，教师和学生在台下讨论，同时给予必要的指导。时装表演开始了，学生们踏着模特步闪亮登场，教师适时为他们配上音乐，他们一边摆造型，一边用所学的英语介绍："Look at my new jacket. Look, this is my dress..."台下的学生和教师一起评论："It's nice. It's pretty. It's smart..."此时各小组展开了有趣的竞争，学生积极性很高，既让这些单词、句型在欢乐的气氛中得以熟练地运用，又培养了学生的集体荣誉感和自主、合作、创新意识。

诚然，采用多样化的教学活动是为了激发学生学习英语的兴趣，但活动形式不能只图表面上的热闹，而要有一定的语言知识和技能做支撑。因此，教师要善于通过有效的语言活动帮助学生掌握所学的语言知识与技能。

三、活动设计要活而有序，要具有可操作性

《英语课程标准》强调要创建一个开放的、和谐的、积极互动的课堂，要让课堂活起来。因此，教师在课堂教学上，不要再追求课堂的绝对安静和学生的绝对服从，而要允许学生稍稍"乱"些，让学生忘我地投入课堂活动，这样课堂才能迸发出生命活力。当然，一堂课的活动既要灵活多变，又要活而有序。因此，教师在设计活动时，既要考虑其多样性和灵活性，更要考虑其有序性，所以课堂活动要做到富于变化，难易适中，连贯紧凑，循序渐进，要能给学生一种前进感。一般来说，活动顺序的安排要遵循由简单到复杂、由易到难、由理解到运用的原则，要使学生活动之后感觉到进步，获得成就感。最后，教师要发挥组织、引导和调控作用，使活动具有可操作性，这样才能保障学习过程顺利进行。为此，要努力做到：合理分配每个活动的时间，随机调控课堂节奏；考虑每个活动的注意事项，活动前要提出要求；设计的活动要便于操作，有客观的评价标准。

四、活动设计要尽量真实，要体现开放性

《英语课程标准》指出："活动要以学生的生活经验和兴趣为出发点，内容和方式要尽量真实；并应积极促进英语学科和其他学科间的相互渗透和联系，使学生的思维和想象力、审美情趣和艺术感受、协作和创新精神等综合素质得到发展。"因此，教师应设计尽量与学生实际生活相仿的活动，以撞击出学生灵感的火花，使学生的思维空间得到拓展，自主、合作、探究、创新能力得到发展。

例如，在教学"A new house"一课后，教师让学生用画笔设计自己的理想之家，然后用英语标出"家"中物品的名称，并用英语做简单的介绍，课后写成小短文。由于活动内容和形式十分贴近学生的生活经历，又富有挑战性，学生兴趣盎然，积极参与。他们发挥了丰富的想象力，设计出的房子五花八门，有古典式的、现代式的……甚至还有地下室。学生富有个性化的作品展示，再加上完整、流畅、正确的解说，把课堂活动推向了高潮。最后师生共同评出"最佳建筑设计师"和"最佳解说员"。同时，教师还适时进行

了思想教育：只要大家坚持不懈地学习科学文化知识，老师相信你们都有可能成为未来的建筑设计师。通过活动不但巩固复习了房间类和家具类单词，句型"There is/are..."在交流中也得到了运用，个别能力较强的学生甚至把课外学到的词句也用到了课堂上，各个层面的学生都或多或少地体验到了成功的喜悦，既促进了英语与美学、建筑设计学等其他学科的相互渗透和联系，又促进了学生综合素质的发展。又如，在教学"Shapes"一课后，教师让学生开展"形状组合图"活动，学生的想象力和创造力大大超出了教师的设想，绘出了许多充满童趣的图形，如学生用 oval 画小鸡的身体，用 circle 画头和眼睛，用 triangle 和 star 画嘴、尾巴和爪子，用 heart 画心，用 square 和 rectangle 画腿。他们还画了人、树、房子、交通工具、食品水果等。活动既提高了学生的英语记忆效果，又满足了师生共同感受美、体验美、欣赏美和创造美的需求，更重要的是培养了学生的观察、记忆、思维、想象能力和创新精神。

五、利用小学生活泼好动的特点，把竞争意识带入课堂

小学生生性活泼、爱动爱玩，求知欲强。作为英语启蒙老师，要充分调动学生的积极性，吸引学生的注意力，让他们保持长久的兴趣。因此，在课堂上创造"小竞争"环境是很好的办法。在竞争活动中，教师可准备一些精美的粘贴画，给表现出色的学生贴在书上，时时鼓励他们。教师还可让学生进行计时竞说，在一定时间内（比如 1 分钟）说出学习用品、快餐店实物名称、颜色等英语名词，看谁说得最多。假如这节课有学生最多说出 8 种学习用品，下次看看谁能挑战成功，成功者就戴上自制的王冠，课上课下掀起了学英语的热潮。

英语课堂的竞争机制，大大发挥了学生自主学习的能动性，既培养了学生浓厚的兴趣，也夯实了学生的基础，提高了学生综合素质。

第二节 ▶ 任务型活动让课堂教学更有效

任务型教学是一种与新课程理念相匹配的、有助于落实新课程标准的教学途径。任务型教学认为，要培养学生在真实生活中运用语言的能力，就应该让学生在教学活动中参与和完成真实的生活任务。任务型教学强调直接通

过课堂教学活动和课外作业等让学生用英语完成生活、学习和工作中的各种任务（即做各种事情），培养学生运用英语的能力。这就要求教师在课堂上充分体现任务型教学模式，设计符合小学生特点且与学习任务有关的活动，让学生有话可说，有事可做，学以致用，主动去感受语言、理解语言和运用语言，在完成任务的过程中发展语言的基本技能。

一、任务型教学的含义

任务型教学就是设定一个任务，让学生在使用英语完成任务的同时，在不知不觉中产生语言的习得，并达到学会英语、掌握语言的目的，更主要的是培养学生用英语的能力，这里英语是完成任务的一种工具、一种技能，而不是作为一种知识来学习。也就是以学生"能做某事"的描述方式提出隐含知识特征的任务，并创造性地设计贴近学生实际的教学活动，吸引和组织他们积极参与，让学生在完成任务的过程中，通过思考、调查、讨论、交流和合作的方式，学习和使用英语，提高其综合运用语言的能力。其特点是教师重视学生的行为行动，力求使课堂教学达到最优化。任务为本教学体现了学生在"做事情"中学习语言，而不是孤立地从课本中学习语言。"做事情"可以使学生进一步体验学习的目的，培养学生独立或合作面对事情和解决事情的能力。任务型教学法与传统教学法之间的差异在于，前者注意信息沟通，活动具有真实性而且活动量大，英语课堂教学具有"变化性互动"的各项活动，即任务。在英语课程改革不断深化的背景下，倡导选择和运用任务型教学以期更好地完成课程目标就成为必然。

二、任务型教学法与传统英语教学方法的不同之处

（一）教学目的不同

传统教学方法注重语言知识的学习，强调培养学生的读、写技能；任务型教学法重视学生的情感因素，强调通过任务来实现对语言的意识和感知。它不仅要求培养听、说、读、写等多种语言技能，更强调发展英语的综合运用能力、协商合作能力、思考应变能力、分析解决问题的能力以及创新的能力。通过形成有效的英语学习策略，提高学生用英语进行思维和表达的能

力，为以后的发展和终身学习奠定良好的基础。

（二）课堂情境不同

传统教学方法通常是没有情境的语言学习，容易导致课堂的语言学习与实际运用相脱节，学生难以将所学的知识应用到现实的生活中去。任务型教学法强调情境的真实性，设置的情境贴近学生的生活，鼓励学生在真实的情境中表达自己的真实情感，从而使各项语言技能在交际中得到综合提高。任务型教学将教学内容和学生已有的知识、经验及生活阅历都结合在精心设计的教学任务中，在真实的生活情境中展开原本在课堂中进行的语言操练，加深学生对所学知识的印象，真正做到学以致用。

（三）课堂活动不同

首先，师生活动的顺序不同。传统教学方法中，通常是由教师先行讲解词汇、语法规则，然后由学生进行机械性的操练，在整个过程中教师的活动较为突出。在任务型教学法中，常常是由学生先执行任务，任务结束后才由教师进行归纳性的总结，课堂上学生的活动较为突出。其次，教师活动的中心不同。传统教学法以教师的讲授为中心，教师在课堂上容易（不由自主地）产生"灌输式""填鸭式"教学趋势，学生被动地接受知识容易形成畏学、厌学的情绪。任务型教学法却以学生的实际需要为核心，学生是课堂上学习的主人，教师在课下是教学任务的设计者，在课上却是学生学习的引导者、组织者和参与者，教师与学生共享成功的快乐。

（四）评价方式不同

传统型教学方法注重考查学生的记忆力，把语言知识考核的成绩作为衡量学生英语水平的主要依据。这种考核简易、可信，但不能真实地反映出学生的实际语言水平。为了让学生掌握"正规"的语言知识和形成"良好"的语言习惯，对学生的错误有错必纠，这往往会让学生产生学习的心理障碍（害怕犯错误），导致学生不能积极地参与课堂的语言交流活动，从而影响学习效果。相反，任务型教学法更注重语意的传达，对学生出现的语言错误采取宽容的态度，并寻找合适的机会给予纠正，鼓励学生大胆地运用语言表情达意，让学生在运用语言的过程中体验成功、获得自信。

任务型教学模式的出现并不是对传统教学方法的全面否定，而是根据教学对象和环境的特征，将传统教学方法和任务型教学模式有机结合起来，探索适合学生的教学方法。

三、任务型课堂教学结构的基本模式

任务型课堂教学结构的基本模式为：情境引入，呈现任务——引导学习，参与任务——师生合作，完成任务——指导评价，展示任务。

（一）呈现任务（引入）

将学生置于需要完成的任务情境之中，引起学生的兴趣，使学生处于一种积极、主动的学习状态，激发学生参与任务的内心需求。

（二）参与任务（学用）

任务呈现后，引导学生进入新知学习，教师围绕教学目标和学生语言基础设计学习任务，指导学生有目的地、有步骤地学习语言，在活动中学习运用本课的新单词、新句型。

（三）完成任务（巩固）

师生合作，生生互动，结合任务，共同进行对话、交流等活动，教师进行适时的点拨与指导，巩固所学的新知。

（四）展示任务（活用）

掌握新知后，教师提供与新知相关的活动情境（练习任务），供学生自主运用；或让学生结合学习任务，小组合作设计一些与他们生活相关的活动情境，将自己所学的知识运用到自己所创设的活动情境中。这一环节是学生形成知识迁移、达到活用的关键。对于教师来说，主要是起组织、点拨作用，并对其进行评价，使学生获得一种展示自我的成功体验。

四、任务型教学的原则

（一）主导作用和学生主体性的原则

英语课堂教学由教师、学生、语言学习材料和媒体基本要素构成。一种

完整的英语课堂教学途径应该是学生的途径和教师的途径的有机结合，形成教师主导、学生主体的课堂教学特点。贯彻任务型教学，首先师生应扮演好各自的角色，教学是一种有计划、有目的、有组织的过程，教师应扮演助学者、任务的组织者和完成任务的监管者，他们通过设计相应的交际情境传授新句型、新词汇，指导学生练习。学生是交际者和任务的完成者，其主要任务是沟通（传递与接受）信息。他们在教师的引导下，充分结合自己的已有知识，通过对话、交流等学习活动，在完成任务的过程中掌握新知识，并能将所学的语言融会贯通，进而扩展到自己的现实生活中，也可以让学生自己创设任务情境，发挥学生的主体精神和主体能力，激发学生的创造性，从而促进学生的个性全面健康地发展。

（二）贴近学生生活的任务设计原则

在英语课堂教学过程中，教师不仅要求学生掌握新的语言知识，而且应依据课题的总体目标，注重新的语言技能的形成和扩展过程。因此，结合教学内容，创造性地设计贴近学生生活实际的教学活动，让学生置身于贴近自己生活的语境中，产生亲切感，积极主动地参与活动，这种教学设计既能提高学生的学习兴趣，又能培养他们的学习积极性。

（三）民主和谐的原则

民主和谐的课堂氛围对学生的学习动机和自我形象都会产生积极的影响，因为教学过程不仅仅是教师的教和学生的学，也是师生之间、学生之间感情和思想的交流。因此，教师应公正、平等、和蔼、信任地对待每一位学生，给予适当的鼓励和表扬，使每一位学生都能获得成功的体验，形成良好的心理倾向。民主和谐的课堂氛围不仅能提高学生的学习兴趣，更有利于培养学生的创新意识。

（四）合作学习的原则

合作学习是一种非常有效的学习方法。在英语课堂上，让学生动口、动手、动脑，合作完成情境活动的任务，发挥每一位学生的优势，互相帮助，形成交互的思维网络，达到开拓学生创造性思维的良好效果。在课堂上，教师可通过各种各样合作的形式，开发学生交往的潜能，形成师生相互影响、和谐互动的教学局面，充分发挥优化组合的整体功能，培养学生团结合作的精神。

小组活动是外语教学中最具有特点的形式之一，学生可以从这些活动中学会团结协作、相互交流。通常可把学生分为几个竞赛小组，小组以"red，blue，yellow，green"或"apple，pear，peach，orange"等命名，小组竞赛可以贯穿全课，也可运用于某个游戏中。例如，抢答单词，用形体语言表述词意、句意等。每个学生取得的成绩都是对小组的贡献，小组成绩取决于小组组员的共同努力，这也成为学生自觉投入的动力。

五、任务型教学中可以设置的任务

（一）游戏型任务

对小学生来说，在玩中学、在学中玩是激发他们学习兴趣和学习积极性的最有效方法之一。因此，教师在教学中，布置给学生围绕完成教学目标为目的的游戏任务，可以提高学生积极的学习情感，促进学生语言的整体运用。例如，在教学数词、颜色等内容时，可以为学生设计跳绳、拍球、猜数量、听音涂色等游戏，让学生在游戏中学习、巩固。在复习单词和词组时，可以将单词、词组按难易程度划分为几个关卡，比一比哪一组能顺利闯过所有关卡。具体做法如下：以小组为单位，每组组员轮流上台，背向电视屏幕，同组组员根据教师显示在电视屏幕上的单词和词组，用"指手画脚"的形式进行动作、表情的表演和提示，背向屏幕的学生大声说出单词或词组，答对得 1 分，最后以小组为单位累计总分，进入下一关的攻关。在这个任务中，既避免了枯燥的单词诵读，又能让学生在完成任务的过程中培养理解、表达和表演能力，并能激发学生有序竞争的意识，养成团结协作的习惯。

（二）介绍型任务

介绍型任务即通过介绍学生周围的事物和任务，在介绍中不断使用英语，提高语言的运用能力。例如，牛津教材中涉及家庭成员或 bedoing，weather report 等内容时，可以给学生布置的任务就是当合格的解说员。当学生学完 mother, father, brother, sister, grandma, grandpa 等单词和 "She's listening to the radio. He's reading a newspaper." 等一系列相关的句子后，让学生带上各自最喜欢的照片，在班上举行图片展，每个学生充当自己照片的解说员："This is my brother. He's playing football." 并评出最棒的"图片解说员"。在学"天气"一课时，可以布置的任务是"当一名 121 气象咨询员"，让学生轮流当气象咨询员，用 "It's hot/cold/rainy/sunny...in Beijing/Xiamen/Wuhan/...." 来回答其他同学的咨询 "What's the weather like in Beijing/...?"这种类型的任务，既能贴近学生的生活，又能引导他们模仿生活中曾见过的解说员、天气咨询员等，有利于他们将学习延伸到课外，并与生活联系一起来。另外，在学习 "I like football." 时，让学生介绍各自喜欢的一种运动，教师从旁引导，帮助他们从中选择一种体育运动技能作为锻炼身体的方法，并逐步养成锻炼身体的好习惯，进一步积极促进英语学科与其他学科的联系，使学生的综合素质得到发展。

（三）调查型任务

这种类型的任务是根据课文内容，设计与之相关的调查表，让学生对周围的人进行调查，将所学的语言技能运用于调查型任务中，从而提高语言有效使用的问题。例如，调查 "How do you go to school? What do you do at the weekend? What's your favourite colour? Have you got a computer/...?" 等，小组调查后统计调查结果。教师在黑板上设计一个大调查表，通过问答形式，要求学生用英语汇报各小组调查的结果，统计出本班的调查结果。其中某些话题，如 "How do you go to work?" 还可以进一步引导学生将调查面扩大到社区中，让学生通过调查本社区居民的交通习惯，了解本市的交通状况、本社区居民的生活水平等更深层面的生活知识。这种类型的任务有助于学生学会如何用英语与人交流，培养学生学习如何获取、处理和使用信息，促进各学科知识的相互渗透，对培养学生关注生活很有帮助。

（四）扮演型任务

学生以几个人为一个小组，进行角色扮演。在扮演过程中，在积极训练语言的同时，体验参与学习的愉悦。例如，在上 "Happy New Year." 一课时，学生通过对课文情境对话的表演，深切感受到中、英过年习俗的不同，对帮助学生理解课文、了解不同的文化内涵有一定的帮助，而且能培养学生用行为动作、语气表情进一步传达句子更深层含义的能力。这种类型的任务还可以设计成一个英语联欢会，结合节日举行，让学生在会上随意表演他们学过的韵律诗、歌曲等，还可以表演一些小故事，使学生的艺术感受得到发展。

（五）解决问题型任务

这种类型的任务可设计为小侦探、排序、听音补画、贴画、为课文配插图、互找答案等形式。这些任务要求学生根据自己的知识和推理能力，解决一些生活中可能遇到或教师特意设置的障碍。如学 Season 一课时，可以为学生设计四幅图，分别表现春、夏、秋、冬四景，但在每幅图中各加上一些错误的小地方，让学生找出各图中的错误并用英语表达。学 Directions 一课时，让学生当侦探，找出小偷隐藏的地方，用英语描绘出追捕小偷的路线。还可以将课文内容用几幅图片表示，并将顺序打乱，让学生排出正确顺序。听音补画、贴画，为课文配置插图等形式使学生的思维和想象力、审美情趣和艺术感受得到发展。互找答案的做法是：将学生分为 A、B 两组，A 组持有解决 B 组问题的答案，B 组持有解决 A 组问题的答案，A、B 两组互相提问、互相提供答案。这种任务有利于培养学生英语交流的能力和互相合作学习的精神。

（六）交际型任务

语言源于生活，脱离实际生活的语言是不"真实"的。一个语言枯燥的课堂不能激发学生的学习兴趣。只有将语言融入生活，语言才会绽放出魅力，才会激起学生的学习兴趣。任务型教学是连接语言与生活实际的桥梁。教师通过创设任务情境，把枯燥的、抽象的文法知识转化为生动的、具体的生活语言。角色扮演是交际型任务最常用的方式之一，不仅能培养学生的语言交际能力，而且能培养学生的组织能力和合作能力。例如，教学单词 money 时，教师可以给学生设计一个真实的任务情境：爱心拍卖行。让学生们都成为竞拍者，教师则成为拍卖师，学生们兴致勃勃地举牌、报价、爱心涌动。学生在角色中运用语言，使课堂成为了语言运用的交际场。同时，学生在角色中大胆实践，敢于开口，为使拍卖的任务顺利完成，同学们互相帮助，集体荣誉感和团结协作精神油然而生。又如，在学完句型"Can I have some…?"表达自己的喜好和询问别人想要吃什么后，为让学生更好地掌握这一句型，可以在巩固环节设计空中乘务员提供午餐服务的情境，让学生扮演乘务员，推上食品车，用所学语言为乘客提供优质服务，并进行星级乘务员评比。这样，学生的注意力就集中在做事上，注重语言的意义，而不是语言的形式。在这些活动中，每个学生都扮演角色，全身心地投入，这种身临其境的感觉有利于学生语感的生成。如在乘务员提供服务这一任务中，不仅培养了学生运用语言的能力，还对学生进行了礼仪教育，培养了礼貌待人、热情好客的品质。由此可见，教师应不断地提高自身的业务水平，充分发挥教学法技能，巧妙地将课本内容与实际生活紧密相连，让学生在任务中习得语言、运用语言，充分体现语言的交际功能。

（七）创造型任务

这种类型任务的重点在开发学生的想象力、创造力。例如，在教"What's this?"一课时，教师提供给学生一些简单的线条和图形，如直线、斜线、弧线、三角形、正方形、长方形、圆形等，让学生充分发挥想象力，把这些线条和图形变成不同的图画，于是就有了"What's this? It's a ruler/book/rainbow/dog…"等闪耀着学生想象力光芒的各式各样的答案。在教完 bedroom, bathroom, kitchen, lounge, dining room 等单词或词组后，可以布置学生为自己设计一个理想的家，绘成平面图，并向大家介绍自己设计的家。这个任务不仅能锻炼学生的英语表达能力，发挥其想象力，而且对发展学生的综合素质有很大帮助。

总而言之，任务型教学为课程改革注入了新鲜的血液，它使教学过程任务化，要求教师设计丰富多彩的任务情境调动学生的积极性，主动投入学习，让学生在合作学习中萌发创新动机，共同完成任务。教师应该积极地学习研究并运用任务型教学理论，根据教学对象与教学内容的不同，结合以往教学中使用的有效的教学方法，灵活地选择、开发和运用任务活动，努力在教学实践中不断探索、总结并不断完善。在实施任务的过程中，教师要当好指导者，把握好知识和技能的教学，让学生既掌握知识和技能，又形成运用这些知识和技能的能力。教师要关注学生完成任务的过程及他们在这一过程中得到的能力锻炼，而不是单纯看他们完成任务的结果，因为只有重过程、重形成性评价，才能真正发挥任务型教学的优势，才能使学生真正学有所得。任务教学不是孤立的，它要与情境教学、TPR 等多种教学方式相结合，教师要创设各种情境，利用实物、场景、图片、简笔画、电脑多媒体、投影、身体语言、表情动作等激发学生，使课堂教学生动有趣。任务的设计要能实现学生知识向技能和能力的转化，让学生真正地用英语进行交际。教师必须用辩证的观点去看待任务型教学模式。

第三节 ▶ 游戏活动在课堂教学中的运用

喜欢游戏是儿童的天性，儿童是从游戏开始学习的。英语是小学生所学学科中较难的一门，原因是英语作为一种语言本身就比较抽象、枯燥，加之学生没有相应的语言环境，不免会产生陌生感。要使小学英语变得形象、具体、有趣，使学生乐学，必须顺其天性，把游戏引入课堂，发挥游戏激学的神奇作用。Education must be fun.（教育必须是有趣的。）兴趣是最好的老师，因此教师要根据小学生好奇、好动、好问、好学的特点，提供大量简单实用、富有生活情趣的语言材料，激发其学习动机，培养其学习兴趣。英语教学中的游戏正是基于这样的宗旨，成为行之有效的教学形式之一。游戏教学是围绕教学目标将游戏形式融于教学之中的教学活动类型。游戏中精心营造的英语氛围，让学生在学习中产生兴趣，使学生学有所乐、学有所趣、学有所用。

一、英语游戏在小学英语教学中的作用

（一）教学游戏是帮助学生学英语的一种有效的教学形式

小学生天性好奇、好动、好胜，注意力不能持久，意志薄弱，很大程度上凭兴趣支配学习。如刚开始学英语时，99%的学生都很感兴趣，这完全是

一种好奇心的驱使，是一种直接的兴趣，但随着时间的推移，教学内容的增多及难度加深，有 50% 的学生兴趣逐步减弱，10% 的学生甚至消失。因此，培养和保持学生的学习兴趣便成了教师完成教学任务的重要途径。牛津英语教材每课都编排有 Let's play 的内容，其目的就是以语言与游戏的有机结合激发学生的学习兴趣，从而提高学生的语言交际能力。在教学实践中应注重顺应学生的天性，采用各种生动有趣的游戏活动辅助教学。如字母单词接力赛、猜一猜、找朋友、课本小品、传话、听听画画、唱唱跳跳等，通过游戏调动学生学习兴趣和主动参与的积极性，让学生感到学习英语是一种乐趣而不是负担，从而保持一种"我要学"的主观欲望。

（二）英语教学游戏能使学生更好地发展智力、掌握技能

正确地运用游戏手段，把游戏与教学内容有机地结合起来，有利于复现词汇、常用表达方式与习惯用语，提高学生听音、辨音和观察、想象能力，培养语感，增强记忆，学以致用，提高语言交际能力。例如，用猜颜色游戏，学完六种主要颜色以及句型"What colour is it? lt's red."后，教师把六种颜色的橡皮同时拿出来让全班辨认，然后请一个学生上台任意抓一块橡皮在手上问："What colour is it?"请每组派一个代表猜答"It's…"，这样的游戏不仅活跃了课堂气氛，更主要的是复现了句型，发挥了学生无意记忆的作用，培养了学生的语言交际能力。又如，小品"问路""物归原主"和"唐僧介绍徒弟"等，让学生用实物、头饰、面具等道具运用所学的会话及过去学过的习惯用语进行表演，使学生在游戏中培养观察、想象能力，巩固所学的会话和句型。游戏一般都包含智力成分，如通过观察、分析、思维、猜测、想象进行。因此，游戏教学有利于开发智力。游戏中，学生在不知不觉中接触到很多知识，增长了见识，开阔了视野。教师可以创设假设的或较为真实的情境，让学生在玩玩、说说、唱唱中巩固所学知识，提高技能，从而发展他们的能力。

可见，英语教学游戏在激发学生的学习兴趣、活跃课堂、掌握新知识、培养观察思维能力及语言交际能力等方面有着极其重要的作用，是利教利学的一种行之有效的教学形式。

二、游戏教学的分年级要求及方法

（一）低年级——趣味性

在低年级的课堂教学中，游戏教学最为重要的一点就是要激发小学生对学习英语的浓厚兴趣。一般练习操练过程比较单一，或听、或说、或读等，时间长了容易使小学生感到枯燥乏味，身心疲惫。游戏往往集观察、判断、想象、模仿，甚至体力等为一身，能充分调动各种感官，符合小学生生性活泼的年龄特征。

字母教学

名称：Alphabetical Order

教具：字母卡片一套，每个字母大、小写各一张。

方法：

1. 26 人参加活动，卡片经打乱后发给学生，每人一至两张。

2. 教师任意读出一个字母，集体跟读一遍后，持有该字母卡片的学生立即站起来，举起卡片报到，并用升、降调朗读该字母。

3. 正确出示卡片并朗读者，坐下继续参加活动，如举错或读错卡片者则收去其卡片，但可继续参加朗读。

4. 坚持到最后仍持有卡片者为优胜。

5. 如两人同有一张字母的大、小写卡片，则持有大写卡片者先读，持有小写卡片者后读。

规则：

1. 集体跟读，持有该字母卡片的学生若无反应，教师可让大家举起卡片，查出卡片在谁手中，令其朗读，然后收去其卡片。

2. 收上来的卡片不再投入使用。

（二）中年级——具体性

游戏教学应能引起中年级学生的表象活动，符合学生依靠表象进行想象、记忆、思维等认识活动的特点，要求学生有深刻的情感、语言等方面的体验，符合儿童记忆的特点。

词汇教学

名称：Hide-and-seek in a picture

教具：图片。

方法：

教学介词时，教师出示一张房间的图片说："Let us play hide-and-seek today！"

Susan：1 want to be "it"．

Teacher：All right.

Susan 把自己的藏身之处写在一张小纸条上，交给老师。全班集体朗诵儿歌一首，这首儿歌通常是英国儿童在捉迷藏时朗诵的。"Bushel of wheat, bushel of clover. All not hide, can't over. All eyes open! Here I come。"接着，大家开始"寻找"。

Bob：Are you behind the wardrobe?

It：No, I'm not.

Tony：Are you in the wardrobe?

It：No, I'm not.

Cathy：Are you under the bed?

It：Yes, I am.

谁找到主角，谁就做下一轮的主角。

（三）高年级——社会性

游戏是社会生活的反映，周围的现实生活是游戏内容的源泉。游戏作为一种文化现象，伴随着文化又渗透着文化。它在特定范围的时空中"演出"，具有作为一种文化现象的复杂形式，这对高年级学生尤为重要。因此在游戏中，地道的语言、逼真的语境，是不可忽视的。只有注意了语言的科学性、

正确性，了解一些不同社会的习俗，才能进行有效的交际，才能使学生形成良好的语言习惯。

语法教学

名称：Description

语言点：一般现在时的疑问句和修饰性形容词。

教具：标有实物名称和图的卡片，卡片上有对该实物有趣的描述。例如，hammer，ladder，screw-driver。

方法：

1. 教师向全班学生描述一件实物，学生必须努力猜出该件实物是什么。例如：It's flat and square, and made of wool. I've got several different ones in my house and I walk on them.

2. 教师讲完每句句子，应稍做停顿，以便有时间让学生猜想。

规则：

1. 担任主持描述活动的教师或学生只能提示一次。

2. 提示内容不得脱离卡片中的实物图，可以是该实物的尺寸、形状、用途、价格、味道或气味等。

3. 每次提示后，学生只有一次猜测的机会。

4. 猜测时，学生必须讲完整的英语句子。例如，Is it a carpet? Are you thinking of an orange?

5. 主持者每讲一句正确的提示性句子，就获得一分，积累 10 分为优秀者。学生在主持者未积满 10 分前猜出即为优胜者。

总之，在以"学生发展为本"的教育思想指导的今天，英语游戏已成为小学生生活中重要的组成部分，也是最容易激发兴趣的部分。在教学中加入适当的英语游戏，符合"乐学"原则，能使学生积极参与课堂教学活动，有利于化难为易，提高教学质量。在课堂中，英语游戏强调了学生的主体性，体现了教师主导与学生主体作用的共同发挥。

三、游戏教学的基本原则

(一) 游戏的开展应有一定的目的性

游戏是为教学服务的,必须与教学密切相关。设计游戏时,要充分考虑本课的教学重点、难点和其他教学要求,围绕教学目的来设计游戏。这样,游戏的目的十分明确,不是为做游戏而做游戏。如在复习音标时,设计这样的游戏:让两个学生戴上辅音音标头饰,用手搭起一座"伦敦桥",让一组戴着元音音标头饰的学生通过"伦敦桥",全班学生一起唱"London bridge is falling down"的歌曲。当唱到某一句时,音乐一停,"桥"垮了,谁卡在桥里,谁就要把两个辅音和自己的元音拼读出来,或者全班学生一起来拼读。这种游戏参与的人数多,可很好地复习音标,同时,优美的音乐愉悦了身心,使大脑皮层的兴奋区得到了调整,比单纯的拼读效果好得多。又如,在学习有关颜色的英语单词时,设计"幸运转盘"的游戏:做一个活动的转盘,盘上面有七种颜色,教师指图问:"What colour is it? Can you guess?"学生纷纷举手回答,有的猜红色,有的猜绿色,有的猜黑色,有的猜蓝色,等等。最后教师转动转盘,看哪些猜对了就可以加分或者得小红旗。这种游戏的目的性很强,学生的参与面也很广,练习较充分。

(二) 游戏的开展要有一定的启发性

开展游戏既是为了学习、巩固所学知识,活跃课堂气氛,同时也能在游戏中开发学生智力、培养能力。教师可以设计一些富有创造性、挑战性的游戏。如看图猜物就是培养学生想象力和创造力的游戏。在幻灯片上画出几个抽象的图形,打在幕布上,让学生猜。教师问:"What's this in English?"学生有的把圆形猜成一个球、一个苹果、一个橘子、一面钟,有的把方形猜成一本书、一张照片、一幅地图、一扇窗子,等等。学生可以大胆地发挥自己的想象力来猜。运用自己所学的知识来表达。教师这时加上覆盖片,图形发生了变化,有的猜对了,有的没有猜对,有的还可以留给学生想象的余地。如圆形是一个孩子的脸,那么究竟是男孩还是女孩,还可以继续猜。这样的游戏学生最喜欢,而且可以常玩常新。启发性还体现在教师对游戏难度的把握，特别是对那些学习后进生，教师可以通过游戏来激发他们的兴趣，让他们参与到游戏中来。在游戏中教师可以适当给他们一些提示，启发鼓励他们在游戏中获胜，培养他们的自信心和参与意识。对于优等生，则要让游戏有一定的难度，要让他们跳起来"摘桃子"。这样因材施教，面向全体学生，使每一个学生都有收获，都能进步，得到发展，符合素质教育的要求。

（三）游戏的开展应多样化

再好玩的游戏，玩过几次就没有新鲜感了，不可能玩很长时间。这就要求教师要不断地设计新游戏，不断地翻新游戏的玩法，以适应教学的要求。教师可以把游戏设计作为研究重点，设计多个各种课堂教学游戏，要求设计的游戏构思新颖并有创意，这样可以丰富课堂教学。

（四）游戏的开展应有一定的灵活性

灵活性是指在教学中，要注意适时、适度地开展游戏活动。在游戏中，要注意课堂气氛和课堂节奏的调整和把握，灵活处理游戏中出现的问题。游戏要服从教学要求，围绕教学内容开展游戏活动，灵活处理教材内容与游戏的关系，灵活处理教学模式中的六个环节，并根据需要进行适当调整。

四、组织游戏的注意事项

游戏是帮助学生学好英语的一种有效的教学形式。要真正发挥游戏辅助教学的功能，达到寓教于乐的目的，必须要求教师组织得法，使课堂游戏生动、活泼、严谨、有序。在组织游戏中要注意做到以下几点。

（一）做好游戏的组织工作。做到有条不紊、活而不乱

小学生天性爱游戏、争强好胜，有些学生做起游戏来就容易激动、忘乎所以，甚至忘记是在课堂上，有时会情不自禁地高声喊叫，特别是开展竞赛性的游戏时更是激动不已。教师都应有所预料，首先在开展游戏之前讲清规则、纪律要求、评分标准（把纪律也算进去），防患于未然。在游戏过程中即使出现混乱，教师也能理解学生的心理，不要一味批评指责，而要积极地引导，讲清目的，学习第一，比赛第二，对学生进行团结守纪、友爱谦让、

进取向上的思想教育。另外，教师还应注意形成一定的游戏规则，学生习惯了就不会乱。

（二）游戏运用得当。时间安排合理

教师不能力求面面俱到，游戏过多，就会影响主要教学内容的讲授和训练，喧宾夺主，上成游戏娱乐课。因此，教师应注意合理安排游戏的量和时间，力求在最关键的时刻，如在突破重难点或是学生"思维低谷"时充分发挥游戏的作用，用最短的时间开展最受学生喜欢的游戏。教师应注重让游戏恰到好处，让学生留下回味，企盼下节课的到来。

（三）鼓励学生积极参与游戏

教师设计游戏应注意面向全体学生，难度适中，让大家都能参加，并根据学生的实际情况分层次开展游戏。难度较大的让优等生参加；难度小的让中等生参加；较容易的让后进生参加。让全体学生都能体验到成功的喜悦，保持学习的积极性。另外，教师应经常用肯定、赞扬的语言"Right! Good! Very good! Excellent!"表扬、鼓励学生，并让全班学生跟着教师边拍手边重复这些赞扬的词语。每次游戏结束，教师还应注意及时总结和表扬，做到有始有终。学生对游戏总是认真的，如果教师虎头蛇尾，稀里糊涂不了了之，则会影响学生的兴趣和积极性。

（四）处理好师生之间的主导和主体关系

在进行课堂游戏时，教师一般起着导演的作用，学生起着演员的作用，有时教师还可成为主持人、裁判员、拉拉队队长甚至演员。有时教师情绪激动时也喊一两句加油或喝彩，整个课堂的气氛被调动起来；有时教师也直接参与和孩子们一道玩，一道说、唱、跳，师生同乐，学生甭提有多高兴了。这不仅能活跃课堂气氛，还能促使师生之间的距离更近，感情更融洽，对实施愉快教育是一大促进。

英语课堂游戏作为一个崭新的教学形式确实有着重要的作用，如何更好地应用还大有研究与探讨之处。只要教师坚持不懈地探索与努力，相信一定能更大地发挥其在英语教学中的优势，提高小学英语的教学质量。

五、小学英语教学常用游戏

（一）句型对话教学游戏

1. 听指令做动作

这个游戏可训练学生听祈使句并迅速反应的能力。教师可快速说出一些祈使句，如 "Touch your head/eye/ear/nose⋯ Put up your hands. Close your eyes." 等，学生听到后便做这一动作，最快最准的获胜。可以用来发出指令的句子还有 "Touch your book/your pen/the desk⋯" 等。这个游戏也可以用竞赛的形式进行，可将全班分成若干小组，每组抽一名学生，一起到前面做动作，做错了就被淘汰，最后剩下的一人或两人为优胜，给该组记 10 分。然后各组再抽另一名学生到前面来，游戏继续进行。

2. 萨姆说（Sam says）

这个游戏也称作 "Polly says"，玩法与前一个游戏差不多，不同的是教师在发出指令前说 "Sam says"，则学生做此动作，指令前没有 "Sam says"，学生则不做此动作，如教师说 "Touch your nose." 而学生做了摸鼻子的动作，便算错了，要扣分。这个游戏同样可以用竞赛的形式进行，每组抽一名学生，一起到前面做动作，做错了就被淘汰，最后剩下的一人或两人为优胜。

3. 听音猜人

教师让猜谜的学生到前面来，背对全班，然后让一位学生站起来用英语跟他说一句话，如 "Good morning，×××." 猜的学生要根据说话人的声音判断是谁，然后提问："Is he/she×××?" 全班学生答 "Yes." 或 "No."。

4. 五问猜人

教师先让第一组猜谜的学生到前面来，背对全班学生，然后让一位学生站起来再坐下，猜的学生转过脸来提问第二组学生，如 "Is the one a boy? What row is he/she in? What line is he/she in? What colour of clothes does he/she wear?" 等。可以规定问题不得超过 5 个，如果问了 5 个问题还猜不出来，就算输了。

5. 十问猜物

这个游戏可由一人出题一人猜，也可以一人出题多人猜。可将学生编成每组 10 人的两个组，在两组中进行比赛。出题的可以想出任何一样东西，如一种动植物、一种交通工具或一个人等，把它写在纸上，并将纸覆放在讲台上，猜的学生可以问 10 个问题，但只能问一般疑问句，如 "Is it all animal? Has it four legs?" 等。出题的人只回答 "Yes." 或 "No."。如果问了 10 个问题还猜不出来，就算输了。如果采取两组比赛的形式。由一组出题另一组答，则猜的组可以每人轮流问一个问题，出题的组每人轮流回答。

6. 传话

每一纵排为一组，全班分成若干组。教师分别发给每一组最后一排学生一张纸，上面写一句话。在教师说 "开始" 后，最后一排学生即用耳语将纸上的话告诉前面的学生，这位学生再把听到的话告诉前面的学生……这样依次进行下去。最后一排学生把所传的话写到黑板上或说出来，传得最快、最准确的组获胜。

（二）英语课堂单词教学游戏

1. 抢读单词

这是训练学生认读单词能力的游戏。教师将全班分成若干小组，然后逐个出示一些单词卡片或图片，学生们举手抢答。教师让最先举手的学生读出该单词并说出其意思，或将图片上的单词读、拼出来，读对、说对、拼对的给该组记 10 分，得分最多的组为优胜。

2. 看图猜词

以每一纵行为一组进行竞赛，教师先出示一些单词的图片，然后收起来，再从中抽出一张放在身后，由每组的第一名学生轮流猜，可以问 "Is it a plane/bus/bike)?"，回答 "Yes, it is. 或 "No, it isn't."" 等。哪个组猜对了就记 10 分，然后接着往下猜，第一排的学生猜过后第二排接着猜，最后得分最多的组为优胜。做这个游戏时，还可以找一位学生来主持，由他让学生们猜。

3. 看图写单词

这是让学生复习学过单词的游戏。教师事先把需复习的 20 个单词用简笔画画在小黑板上或大白纸上，先不要让学生看见，然后将全班学生按前后左右四人一组分成若干小组。竞赛开始，教师将小黑板或白纸挂起来，让学生们看 1 分钟，然后收起来，再给学生们 2 分钟时间把看到的单词写出来，写得最多、最正确的组获胜。

4. 相同词首单词拼读赛

将全班分成若干小组，教师说一个字母（如 D），第一组的第一个学生立即站起来，说出并拼出 3 个（也可以是 5 个或 10 个，视学生词汇量的多少而定）以字母 D 打头的单词，如 desk，dog，door 等，念不出或念错要扣分。这位学生说完后，教师念另一个字母，由第二组的第一个学生说。这样依次进行下去，最后看哪组得分最多为胜。做这个游戏时，也可以让两组学生轮流说字母（如由第一组的第一个学生说字母，由第二组的第一个学生答），这样就成了对抗赛，注意不要说 Q，X，Z 等字母。

5. 拼单词对抗赛

将全班分成若干小组，对抗赛在两个小组中进行。教师宣布游戏开始后，第一组的第一个学生用中文说出一个单词（如自行车），第一组的第二个学生应立即将这个单词用英语说出来，说错或不能迅速说出单词的记负分，最后哪组扣分最少为优胜。

6. 相同元音单词拼读对抗赛

将全班分成若干小组，对抗赛在两个小组间进行。游戏开始，教师说一个单词（如 bike），第一组的学生 A 应立即站起来，说出一个含相同元音（即元音/aɪ/）的单词，如 five，说出词义并拼出来，说不出、说错词义或拼错要扣分。这位学生说完后，教师念另一个单词，由第二组的学生 A 站起来说，这样依次进行下去，最后看哪组得分最多为优胜。做这个游戏时，也可以让两组学生轮流说单词（如由第一组的学生 A 说一个单词，由第二组的学生 A 答），这样就成了对抗赛。

7. 拼读单词列队比赛

将全班分成两组，教师发给每个学生一张字母卡片，不常用的字母（如

Q，Z）可以一人多拿几张，游戏开始，教师说一个单词，如 ship，或出示一张轮船的图片，两个组持 S，H，I，P 字母的学生应立即站到讲台前按顺序站好队，先按正确次序排好队的为优胜。

8. 单词接龙

将全班分成若干组，每组上来一个学生在黑板上写出一个以某字母为词首的单词，前一个单词的词尾字母做下一个单词的词首字母，如 pen-nice-eight-tea-an-no-or-right-teacher-radio-on-nor 等。在规定时间内哪一组接的词最多为优胜。

9. 猜袋中物

教师从书包中拿出一件东西放入一只不透明的袋子里，由每组的第一名学生轮流猜，可以问："Is it a banana/an apple/an orange?" 猜对了为优胜。

10. 换宝

教师准备好一些单词卡片（有的写中文，有的写英文）和图画，将卡片和图画放入一只不透明的袋子里。游戏开始，教师说袋子里装了许多宝物，让学生们上来轮流摸宝。如果摸到的是写有英文的卡片，则要英译汉；如果是中文，则要汉译英并拼读出来；如果是图片，则要看图说英语。

11. 看图猜词大家答

教师先出示一些单词的图片，然后收起来，请一名学生到前面猜，猜的学生面对全班，再请另一个学生上前站在他身后，抽出一张图片高举在手中。猜的学生可以问全班 "Is it a plan/ship/bike?" 等，全班学生答 "Yes." 或 "No."，猜对后可以换另一个学生继续猜。

（三）英语课堂音标教学游戏

1. 抢读音标

将全班分成若干小组，然后教师逐个出示一些音标卡片，学生们举手抢答，教师让最先举手的学生读出该音标，读对的给该组记 10 分，得分最多的组为优胜。

2. 看音标抢读单词

将全班分成若干小组，然后教师逐个出示一些单词的音标卡片（如

/keɪk/），学生举手抢答，教师让最先举手的学生读出该单词，拼出来并说出词义，对的给该组记 10 分，得分最多的组为优胜。

3. 听音标竞赛

这是一个训练学生听音标的游戏。教师将全班分成两组，准备两套音标卡片，每人发一张卡片，教师快速念音标，持有该音标卡片的学生应迅速站起来，最先站起来的人得 2 分，后站起来的得 1 分，没站起来的得 0 分，得分多的组获胜。

4. 听单词找元音音标

教师准备若干套元音音标卡片，然后让每组上来 5 个人，每人发一张卡片（如 5 个元音的长音或短音）。游戏开始，教师说一个单词，如 cake，则各组拿卡片/eɪ/的学生应立即站出来并将卡片举起，举得快而对的给 2 分，举得慢的给 1 分，没举或举错的不给分，最后得分多的组获胜。做这个游戏，起初可按长元音、短元音或双元音分开进行，以后可混合起来进行。

5. 听音摘音标

这是一个训练学生听认音标能力的游戏。教师把所学过的音标写在卡片上，共写两组，分别贴在黑板上，然后把学生分成两组。游戏开始，每组的第一个学生在黑板前等候，教师说出一个音标，这两名学生应立即摘下教师所念的音标卡片，放到讲台上，摘得对而快的得 2 分，对而慢的得 1 分，不对的不得分。在教师念第一个音标时，各组的第二个学生应上前等候。在第一个学生摘完音标后，教师立即念另一个音标，游戏接着进行，最后得分多的组为优胜。

6. 听单词找音标

教师在黑板上贴两组元音音标的卡片。游戏开始，教师说的不是音标而是单词，学生应摘下单词所含的音标。

第四节 ▶ 小学英语课堂小组活动探究

小组活动就是根据学生自愿或兴趣，由三五个学生组成一个小组，全班分成多个小组，在教师的指导下，通过多种形式的活动，激发学生学习英语的兴趣，活跃课堂气氛，在轻松愉快的教学环境中，使学生"能够生动活泼、主动地得到全面和谐的发展"。简而言之，这种小组活动就是以学生为中心，以活动为形式，以启迪思维、培养能力、张扬个性为任务，以促进学生全面发展为宗旨，符合小学生的心理和年龄特征，能满足小学生成长过程中的多方面需求。为了适应新教材"突出语言运用、全面发展个性能力"的特点，就必须改变过去以教师讲授为主的课堂教学，代之以生动活泼、行之有效的新形式，使英语课堂教学更能适应学生个性能力的发展，调动学生的学习积极性，提高和发展学生的言语交际能力。

一、小组活动在英语课堂教学中的作用

对绝大多数学生来说，课堂环境几乎是外语学习的唯一场所。教师如何在有限的时间内有效地利用积极因素，避免或消除消极因素，采用更适合于学习者语言发展的课堂教学方法，是外语教学是否成功的关键之一。小组活动在英语课堂教学中始终起着积极作用。

（一）培养学生学习英语的兴趣

兴趣是最好的老师，激发学生的学习兴趣是引导学生主动学习的前提。没有浓厚的兴趣，学生就不会积极参与，就不能专心地投入，就不会有持久的热情。在传统的教学模式下，学生记单词、学语法、做习题，以考试为导向，学起来吃力，甚至害怕，缺少学习的乐趣。小组活动最大的特点就是兴趣性。它可以充分激发学生参与某些活动的兴趣，向学生提供不同的情感体验。在教学方法上，教师可以用巧妙的引导、创设情境、角色表演、自由谈话、做游戏、巧妙的点拨等激发学生的兴趣。

（二）创造活跃、民主、平等的教学气氛

小组活动的课堂教学中，学生都是平等的，师生之间是合作的关系，教师始终是学生学习的促进者、指导者、合作者。由于师生间平等、民主、合作的交往关系，课堂更自由开放，更富有情境性，更利于学生的主动参与。例如，在上直接引语和间接引语课时，教师通过角色表演，让学生明白了直

接引语和间接引语的概念。教师在教学中也不是一讲到底，而是让学生每四人一组讨论直接引语和间接引语发生的情况，让学生根据创设的情境自由对话，课堂气氛活跃，枯燥的语法教学变得轻松而易于接受。从角色表演的简单对话中，学生了解了人称的使用，学会了陈述句和祈使句的直接引语和间接引语的变换，而不是去死记硬背语法。在小组活动过程中，教师的一个微笑、一个眼神、一句鼓励的话、一个及时的点拨，更创造了一种平等和谐的气氛，学生就在这种宽松随意的环境中，学会了语用知识。

（三）培养学生的创新精神和实践能力

新的课程评价理念不仅关注学生的学业成绩，而且关注学生的创新精神和实践能力的发展。传统的教学中，教师视学生为容器，不断灌输，学生被动地接受，谈不上"创新"。传统的教学是个体间的孤立和封闭的教学活动，生生之间，师生之间，缺少交流合作，缺少互动。小组活动则不同，它强调群体间交流经验、相互启发，产生更多的探索愿望，合作学习得到了加强。小组活动中，学生主动参与、主动探索，在和谐的教学氛围中，创造性思维非常活跃。例如，在上口语课 Food and meal 时，教师并不是让学生朗读书本上的对话，而是要求学生每四人一组，每组学生做一道有特色的菜。课前学生充分准备，收集资料，看菜谱，查英语单词，四个人商量着做菜的程序，菜的色香味和作用都用英语写下来，然后在课堂中推荐一个学生用英语介绍他们组做的特色菜。由于准备充分，学生们非常活跃，推出了自己做的特色菜。课后，学生们都认为口语课丰富了知识，使思维更加活跃，动手练习写英语、动口说英语的能力得到了锻炼和提高。

（四）促进学生多种能力的形成与发展

小组活动的目的之一就是启迪思维、培养能力。心理学研究早已指出，能力是活动的结果，从事活动是能力发展的基本途径，一个人在不断的实践活动中，在发现、探索、解决问题中，能力才会不断增强和提高。在传统的英语教学模式下，生生互动、师生互动机会少，以考试为导向的英语教学，能力发展主要限制在如何解题上，而课堂教学中的小组活动，所提供的活动形式、种类、活动的舞台与空间、活动的时间要丰富得多、广阔得多，学生实践、锻炼的机会也就充实得多。小组活动的实践使学生下列能力逐渐形成、发展并得到了加强。

1. 促进学生智力的发展和非智力品质的形成

建构主义理论认为，影响学生学习和心理发展的因素是多方面的，其中重要的一项就是智力因素与非智力因素。小组活动中，每个语言活动的完成都需要每个人积极参与、共同努力，甚至需要克服较大的困难，有探索的精神，有合作学习的良好习惯。在活动的完成中，学生的智力得到了发展，兴趣提高了，自信心增强了。

2. 培养独立思考并完成任务的能力

在开展具体的活动中，每个学生需要承担一定的责任，为完成任务必须自主地思考与行动，这就培养了独立思考的习惯，培养了独立解决问题的能力。

3. 提高语言表达能力

小组活动无论采取角色表演、做游戏、编故事还是探讨问题等形式，教师都要通过创设良好的语言环境和提供真实有效的语言实践的机会，使学生通过自己的体验、实践、参与和交流，形成语感。学生在教师的引导下，通过观察、发现和归纳等思维活动，掌握语言规律。教师要鼓励学生积极参与，尊重学生不同的看法，让学生敢说、愿说，不怕出错，给学生更多的机会进行语言表达能力的训练与提高，形成用英语进行思维和表达的能力。

4. 发展人际交往能力

小组活动形式比较活泼、开放，学生间地位平等。教师只是参与者、指导者，师生之间，生生之间，共同探讨，相互启发，相互促进，增进了了解，加深了友谊，促成了同学间的和谐相处。面对不太活跃或较迟钝的学生，教师也要鼓励他们与同学交流合作，这样一来，自然就发展了人际交往的能力。

5. 发展合作学习的能力

传统的英语教学，形式单一、气氛沉闷，加上升学考试的压力，学生间比较封闭，学生只顾听教师讲课，做大量习题，导致了生生之间缺少交流、沟通。教师只是传授知识，是主角，是权威，师生间也缺少交流与沟通。小组活动由于形式活泼开放，有一种平等、民主的气氛，学生敢于表现，能相互启发，发展和加强了学生合作学习的能力。

（五）有利于面向全体，因材施教，促进学生健康人格的形成

小组活动中，成绩好的学生非常积极活跃，而有些成绩较差的学生却不愿参与活动，或由于性格方面因素不愿与人交往，教师作为组织者、指导者，要多帮助这些学生，鼓励他们与同学交往。根据实际情况，先布置些简单的任务，要求成绩好的同学帮助他们共同完成。教师对于这部分学生要格外关注，要让他们有表现和发挥的机会，有机会尝试说英语、读英语、写英语，慢慢培养他们的自信心。等他们有了进步，感到学习英语也变得容易起来了，再布置一些难一点的任务。只有尊重和发挥学生的主体作用，承认学生个体差异，也只有在课堂教学中关注每个学生的成长，才能促进学生良好健康的人格形成。

二、小组活动的实施方式

小组活动为课堂教学提供了简便、有效的操练方式，这些活动主要可以穿插在以下几种教学阶段之中进行。

（一）在"呈现（Presentation）"环节后

在"呈现"新的语言项目后，就转入操练这一环节，目的是帮助学生熟悉新的语言项目的书面和口头形式。此时的操练难度一般不大，以教师控制式的机械性练习为主。教师可以出示一些图片、幻灯片、实物、提示词等"指挥"学生进行练习，这时最好穿插两人小组练习（内容简单的话不必让学生先准备，反之，事先做些准备），直接以快频率的方式让学生一对一地一问一答进行下去。学生可以通过视觉、听觉、口头表达，很快掌握新的语言项目。这样做的特点是节奏快、密度大、频率高，使学生在紧张热烈的气氛中人人参与、兴趣浓厚，差生也跟得上节奏。

（二）在"练习（Practice）"阶段

"练习"阶段的目的是帮助学生加深对新的语言项目的理解，巩固新的语言习惯，为在实际中进一步自如地运用做好准备。练习的内容应该具备一定的难度，学生在问答时有较大的选择余地。这时适宜穿插"对练"或"组练"方式，用几分钟时间让学生看图、看物问答，模仿对话，表演课文对话等。教师要巡视监听，对有困难的对或组进行一些必要的指导，充当助手或引导者的作用。练习结束后一定要抽查几对或几组当堂表演，以了解练习情况，并对表演出色的小组进行适当的表扬，以鼓励学生的积极性。这个阶段的特点是节奏放慢，频率放低，密度加大，气氛活跃，学生参与意识强，有利于调动每一个学生的积极性。

（三）"巩固（Consolidation）"阶段

这个阶段的目的是使学生在多种模拟日常生活的背景中，运用所学的语言解决实际问题，体现语言的各种功能。学生可以根据自己的意愿作答，答案是多种多样的，不可预料的，学生的自由度较大，有充分发挥创造的机会和余地。这时候最好以"组练"方式进行，如进行角色扮演（一般用学生真实姓名为好）、会谈、讨论解难、模拟采访、扩展对话、补充想象性结尾等。教师要提醒学生结合课文中的语言形式来表达，注意人物的身份和具体的场合。教师往往扮演裁判、评委的身份。这个阶段的特点也是密度大、气氛热烈活跃，学生们有充分发挥、表现自己的机会。随着课堂语言实践量的增加，学生获得了充分的语言实践的机会，为提高交际运用英语的能力打下了扎实的基础。

小组活动通常穿插在以上三种教学阶段中，然而教无定法，这并不是一成不变的。

三、建立有效的评估体系及评估策略

（一）确立有效的激励机制

要提高学生参与小组活动的积极性，并使其尽力完成各自的角色任务，提高小组活动的质量，必须有一套有效的激励机制。比如，在设有各种障碍的地图上找到 A 地到 B 地的路线，哪个小组先找到，即可获得奖励；组织角色扮演或对话的活动中，效果最佳的小组获得奖励；在项目设计或问题解决

型的活动中，设计最好或论据最充分的组获得奖励等。根据不同的活动类型，确立奖励的标准。奖励的形式要多样化，在一个较长的时间段内，应包含口头表扬、物质奖励、分数奖励等多种形式。

口头表扬是最简单、常见的形式，但时间一长，往往效果就会减退。

物质奖励具有明显的现时效果，其缺点是教师一般缺乏充足的资金来源，且单纯或过多的物质奖励会出现导向偏差，容易引起部分学生过于注重物质利益，从教育者的角度看是不可取的。

分数奖励是常用的奖励方式，其优点是不仅资源充足，使用方便，而且具有连续和稳定性，将学生小组活动的效果分等级记录下来，作为每学期末评定期终成绩的重要依据。分数奖励不能单独或过度使用，否则会引起学生对分数的过度重视，甚至反感。因此，一个良好的评价体系应该是多种奖励形式的有机组合。

（二）评估奖励必须坚持公正、全面、机会均等的原则

对小组活动效果的评估如果仅是教师口头的肯定与表扬，实施相对简单。一旦有分数或物质奖励，就必须做到奖励应客观、适度和被奖励机会的均等。在班级较大的课堂上（60人或以上），要每次对所有的小组活动都做出评价，显然不可能。有些活动需要在课下准备、课堂上表演的，比如角色模拟，由于时间的限制，只能是部分小组得以表现。在此情况下，必须在一定阶段内保持各个小组出现机会的均等，否则就会引起表现机会少的小组不满，从而阻碍日后小组活动的顺利开展。有一点需要引起注意的是，尤其是在大班课上，不能让学生摸出教师评检的规律。比如，这一次某一小组被挑选进行了发言或表演，受到了奖励，下一个活动他们是否还有机会被选中发言或表演？这种选择方式会对被选择组和其他组产生什么样的影响？一个常见现象是，活动积极的小组总是能利用更多的机会来表现自己，总体能力偏差的小组则只能抓住较少的机会，教师必须有一个平衡的办法，在一定时期内要基本保持机会的均等，适当照顾水平较差的小组。

（三）评估应该是多层次、灵活的，以鼓励性为主

如果对小组活动的结果总是只有教师来评判，势必会引起有些学生的异议，对于较大班级的课堂活动（60 人或以上），教师也往往没有足够的精力和时间对每个小组的活动做出评价，这样就应该结合小组的自主评价、学习委员对各小组的评价，建立多层次的、形式灵活多样的评价体系。学生之间可能比教师对学生更加了解，但学生之间的互评和学生干部对各小组活动的评价给他们带来了一个新问题，即如何面对其他同学对自己的评价及如何评价他人。在控制不当的情况下，这样做很容易引起学生或小组间的互相指责、批评甚至产生矛盾，但对学生来说又是一种很好的锻炼，可以通过这种互相评价使他们学会接受别人的建议、批评，正确看待自己的不足。

在对小组活动的评价中还要坚持多鼓励、少批评的原则，不说打击学生积极性的话，不给学生造成过大的心理压力，使他们能够以轻松愉快、积极的态度参与到课堂活动中去。在对所教学生的心理调查表明，在学生受到批评时，有 66% 的学生在短时间内会表现出"注意力下降，情绪低落"的现象。因此，在小组活动的初期，教师要尽可能给学生创造良好的开口说话的环境，对他们的表达要给予鼓励和肯定，使他们逐渐克服焦虑、畏惧心理，对自己树立信心。有人主张，在学生学习开口说话的阶段，不要对他们认真地打分，以防学生的积极性受到打击，不过在经过一段时间，当学生能逐渐适应小组讨论之类的活动后，还是要给他们一个适当的评定，因为这是对他们的劳动成果的一个判定方式。优者应得到肯定和奖励，不足者也可因此知其不足之所在，适当的压力可以转换成进步的动力。

第五节 ▶ 小学英语角活动教学的研究

一、英语角活动原则

（一）面向课标，目标明确

新课标提倡任务型教学途径。主题活动也应该围绕明确的任务设立相应的学习目标。从宏观上说，小学四年级应达到一级目标，小学毕业时应该达到二级目标。从微观上说，每次英语角活动都应有目标。

（二）面向基础，难易适中

英语角活动是以提高学习兴趣，最终发展学生的语言综合运用能力为目的。因此，确立主题活动一定要以各班学生的知识基础为依据。过高和过低的难度都会打击学生的热情，降低学生的兴趣。最佳的难度应该在中等生的最近发展区以内，学习困难生也应该学有所得。

（三）面向生活，贴近实际

生活是创造的源泉，是学习的基础。在确立活动主题时，应该考虑学生的生活环境，联系学生的生活实际，这样有利于学生理解和接受语言知识，发展学生的语言能力。

（四）面向学生，充分民主

新课改要求面向全体学生，因此，英语角活动应该征求班级全体学生的意见，主题活动的实施也要时时围绕学生全体。好的英语角活动过程应该人人有事干，事事有人干。英语角活动结束后，还有必要调查学生的喜好程度，听听学生自己的评价，这样增强了学生的民主意识，大大增加了学生的参与度，同时也能集思广益，使主题活动越办越好。

二、英语角主题活动的类别

班级英语角的主题活动有很多类型，主要有以下几种。

（一）话题型

这种主题活动是围绕一个话题进行对话，通常是在两人或三人小组内进行。例如，选择生日礼物可用语句"What birthday present would you like? I'd like...；Would you like...as a birthday present? Yes, I'd like one."，了解物品价格可用语句"How much is it? How much are they? It's.../They're..."。为避免对话简单枯燥，保证对话效果，应该在主题活动的形式上多下工夫，如可以录下对话过程，小组互换检查，也可以开展传话游戏、猜测游戏、小组竞赛等形式。同时，可以在深度和广度上多动脑筋，如进行同义句转换、编写完整的对话、结合图画学习等。

（二）操作型

这类主题活动有很强的操作性，可以通过实践操作来进行，如我做你猜、我说你做、学唱英文歌、小场景表演等。比如围绕日常活动设计主题活动，可以设计表演游戏。找出操作性强的关键词或关键短语，写在小纸条上，小组中一人边看纸条边做动作，其他小组成员根据动作猜测这些关键词或短语。各小组之间展开竞赛，猜得最快最多的小组可得到更多的积分，并能进行更深层的造句或对话训练。这样，主题活动就变得生动活泼，学生们很感兴趣，英语学习氛围也更浓了。

（三）视听型

通过视频、录音等形式开展主题活动，如电影片断、英文故事等。这种主题活动形式也是学生喜闻乐见的。需要注意的是，视听材料应该严格筛选，既要简单、明确，又要和学生的生活实际和学业基础一致。活动前，教师可以先提出一些问题，让学生准备好纸笔；活动时学生应当保持安静，集中思想，随时做适当记录；看完电影或听完录音后逐一解答问题，找出电影或故事的脉络。教师还可以让学生分析影片故事中的人物性格特征，评价他们的行为，甚至可以在某处暂停，进行简单的模仿或配音表演。如果长期坚持训练，学生的听力水平一定会有质的提高。

三、英语角主题活动的环境创设

主题活动的类型不同，班级的特点不同，学生的特质不同，环境创设也应该千差万别。每次主题活动，都应该根据实际，创设贴近主题的、生活化的学习环境，这样才能营造良好的学习氛围，使学生迅速进入学习情境。

四、英语角主题活动的评价

良好的评价机制是成功开展主题活动的有力保障。高效的评价能保持学生的学习兴趣，保证主题活动的成效。在进行主题活动时，可以采用多种有效的评价方式。

（一）小组积分制

英语角主题活动前，首先要把班级合理分组，组间同质，组间异质，每组四到六人。各组不时展开组间竞赛，计算积分。这样，每个人都不是孤立地学习，每个人都是小组的一份力量。常态化的竞赛使小组充满活力，小组每个成员都自觉展示出自己最好的一面。即使是学习困难生，也在组内优等生的帮助下尽量尝试突破自我。每次主题活动都及时进行总结，评出优胜组，给予口头表扬。每个月进行一次阶段总结，表扬优胜组、进步组，给予物质奖励，颁发喜报。学期末再进行总结性评价，评选出冠军组、亚军组、季军组，颁发奖状和奖品。

（二）师评自评结合

学生是学习的主人。为充分发挥其主体作用，必须让学生关注英语角主题活动的每一个细节，学会自己总结和评价。每次主题活动，教师可以留出固定时间，让学生畅所欲言，从环境创设、语音语调、展示习惯等各方面引导学生评价，最后补充总结。所有中肯的、有意义的经验总结和失败反思都有专人记录，因为评价不是最终目的，有评价必须有改进提高，只有不断调整优化才能使主题活动越办越出色。

（三）个人成长记录

个人成长记录是一种高效的隐型评价方式。个人成长记录必须具体、真实、详细、完整，不仅记录每次主题活动前的准备活动资料，还记录活动过程中的各种表现，甚至活动之后自身语言能力的提高。教师可以设计一份成长记录本，记录主题活动对每个学生个体的促进。每次主题活动，都在小组内分工合作。根据活动的完成情况，给出自评、他评分数，最后汇总收入成长记录袋。成长记录袋中还可纳入各项测验成绩、奖状、道具等。学生以个人成长记录袋为发展契机，激励自己不断前进。

总之，英语角主题活动是课改大背景下的一个新的研究方向，为了使班级英语角主题活动更高效，还要进行更多的探索。

第六节 ▶ 小学英语课外活动的组织与指导

英语课外活动与课堂教学有着密切的联系，它与课堂教学的目的是一致的，是英语课堂教学必不可少的辅助形式。开展课外活动可使学生储存一些学好英语的潜在能量，对课堂教学会起到很大的促进作用。它既丰富了学生的业余生活，又能对学生的能力进行综合训练，同时扩大了学生的知识面。

一、小学英语课外活动的必要性

课外活动是课堂教学的延伸，如朗诵会、演讲比赛、参观访问、实地调查、生活聚会、小型运动会等，都可适时地引入英语教学。语言教学是一个解决问题的过程。新课程改革强调学生运用英语做事情，在做事情的过程中发展语言能力、思维能力以及交流与合作的能力。语言学习要通过创设良好的语言环境和提供大量的语言实践机会，使学生通过自己的体验、感知、实践、参与和交流形成语感。学生在教师的指导下，运用探究性学习模式实现任务目标，感受成功。如果通过真实的丰富多彩的课外活动学习英语，那么学生就能接触到更贴近学习实际、贴近生活、贴近时代的信息资源，学生的参与意识随之不断增强，交流方式也将由课内活动的单、双向交流，转为多向交流的方式。

二、开展小学英语课外活动的原则

英语课外活动作为课堂教学的辅助形式，应与课堂教学实际紧密联系，但又不是课堂教学的简单重复，否则，课外活动便失去了意义。因此，教师在安排英语课外活动时，必须考虑学生的年龄特点和英语知识水平，选用切实可行的方法与形式，有组织、有计划、有目的地开展各类英语课外活动。开展英语课外活动必须遵循以下原则。

（一）目标性原则

在设计英语课外活动时，应从整体考虑，既要注意其教育性，又要注意内容的安排。从本校的实际条件出发，从趣味性原则出发，寓教于乐，引发学生的好奇、好学之心。

（二）教师的指导作用与学生的主体性、创造性相结合原则

课外活动应由学生主办，并自愿按兴趣参加活动。教师在课外活动中起指导或辅导作用，主要体现在制订课外活动计划、组建课外活动小组、辅导

学生选择活动材料、介绍活动方法、检查活动计划执行和完成情况以及总结课外活动的经验等方面。教师应该充分调动学生的积极性、主动性，培养学生的组织能力、活动能力、创造能力。

（三）课外活动和课堂教学相结合的原则

学生的外语基础知识主要是通过课堂教学来传授、培养和掌握的。课外活动则是课堂教学的延伸和补充，目的在于巩固课堂上所获得的知识和进一步发展学生听、说、读、写的技能。尽可能在课外活动中传递新知识、新信息，它是拓宽学生视野、扩大知识领域的好机会，比如可以通过生动活泼的形式介绍异国风情、历史演变、风俗习惯、文化背景等知识。

（四）因材施教原则

课堂教学难以照顾到每个学生的具体情况，有些内向、胆小的学生由于种种原因难以表现和发挥。英语课外活动则可以弥补课堂教学的这一缺陷，采取各种措施，使每个学生的潜力都能得到发挥，长处得到发扬，才能得到施展，所以课外活动给每个学生提供了发展机会。

三、课外活动的组织及开展方法

（一）全面考虑，合理安排

为了开展好英语课外活动，教师每学期在制订个人教学计划时，应该有目的地制订英语课外活动计划。英语课外活动计划一般包括两个方面。一是较大规模的课外活动计划。这类计划的制订，要以调动全体学生的活动积极性为前提，因此活动内容不能过难，要不同程度的学生易于接受，而且活动项目要少而精。要安排活动具体举办时间、地点及参加人数，并在开学初有意识地向全体学生公布，以便让他们做好准备。二是英语课外小组的活动计划。英语课外小组的活动时间一般是固定的，基本上每周一次，每次一节课。活动内容除必要的课外辅导，还穿插一些层次较高的英语游戏、比赛、智力测验等，借以丰富课外小组活动内容。每次开展课外活动，教师都必须事先做好充分的准备，要备齐活动所需的材料，要制定出比赛规则、评分标准及奖励办法，还应设想到活动中可能出现的问题及解决办法。

（二）形式多样，寓教于乐

课外活动形式很多，教师应该选用那些适合学生年龄特点和知识水平、生动活泼、简单明了、寓教于乐的活动形式。开展英语课外活动，还必须与课堂教学内容有机地结合起来。学了"There be"句型后，可以开展实物记忆游戏。学了祈使句型之后，可以让学生分两组轮流发布命令，互相指定对方一个学生执行。总复习时，可以借助于游戏形式复习一些反义词、近义词、同音词等，还可以通过猜职业、猜物等游戏复习一些职业名词和物质名词。

四、英语课外活动的开展形式

小学英语课外活动的形式是多种多样的，教师可根据学生的不同年龄、性格、兴趣和特长，采取不同的活动形式。

（一）活动小组

根据学生各自的兴趣和特长，自愿报名参加。

1. 英语歌曲演唱组。学习朗诵英语儿歌、小诗，学唱英语歌曲。

2. 英语表演组。编排儿童话剧、儿童语言故事短剧及课本剧等。

3. 英语朗读组。学习朗诵诗歌，也可开展讲故事活动。

4. 英语广播组。为每周的校园广播节目，进行编排制作。

5. 英语游戏组。结合词汇、句型学习进行游戏、猜谜等活动。

（二）英语竞赛

根据小学生表现欲和荣誉感都比较强这一特点，教师可适当开展一些竞赛活动来提高学生的积极性，促进学生思维、记忆、理解和反应等综合能力的发展。竞赛的主要形式有英语歌曲演唱比赛、英语智力竞赛、朗读比赛、书写比赛等。

（三）英语角

教师可以定时定点在学校开展"英语角"活动，学生可自由参加。活动的内容由教师事先设计好，活动中教师进行指导，学生随意交谈。另外，教师也可以邀请外教加入活动，尽可能多地为学生创设比较自然真实的语言环境。

（四）英语学习专刊

这是一个拓宽学生知识面的训练项目。教师可以在班级黑板报一角开辟英语学习专刊，或鼓励学生办小报，内容主要介绍与课文有关的背景知识，如说说英语国家的文化习俗，刊登一些小故事、名人名言、笑话、诗歌及课文中的疑难解答等。

学习专刊的形式应尽量丰富多彩，采用图文并茂的形式，以吸引学生。专刊的内容可由学生自由搜集或教师推荐，这样既可以培养学生的合作精神，又可以充分调动学生的积极性。

（五）英语艺术节

学校可每年举办一届英语艺术节，通过丰富多彩的活动，不断激发学生学习英语的兴趣。艺术节是一个集体活动，学生全员参加，都有各自的展示项目。艺术节分为两个板块，即班级展示和舞台展示。班级展示的形式主要有看图（字）说英语单词、课本剧表演、你说我猜、说儿歌、唱英语歌曲等，这种形式主要是对学生所学知识的展示。舞台展示的形式有话剧、英文歌曲演唱、歌伴舞、诗朗诵、小品、讲故事等，主要展现学生学习英语的综合水平。英语艺术节既为学生提供了一个展现自我的舞台，也为学生创设了良好的氛围，促进了他们对英语的习得。

| 第七章 |
小学英语课堂专项教学模式探析

小学英语教学的任务是通过基本训练的途径培养学生运用英语的能力，也就是说要培养学生运用英语获取信息的能力。在教材中，教学内容和编排体系都是针对学生进行各项基本训练和听、说、读、写能力的培养而科学安排的。不同的教学内容可以划分为不同的教学专项，不同的专项因为重点不同，操作特点也不同。本章主要对字母教学、语音教学、词汇教学、语法教学、交际教学、口语教学、儿歌教学、阅读教学、对话教学进行论述。

第一节 ▶ 小学英语课堂的字母教学探析

英语字母教学作为英语学习的基础，是小学英语教学中的重要一环，学好 26 个字母对以后单词的学习起着至关重要的作用。

一、字母教学的重要性

在小学英语教学的学习过程中，最为基础的教学内容就是字母教学，它在英语课程中占有举足轻重的地位。小学生对英语字母掌握的水平会直接影响到今后的英语学习。学生只有掌握了英语字母，才可以读懂单词、句子，再到英文文章。因此，教师需要对小学英语教学进行设计和创新，注重对学生基础和自主性的培养，将字母教学融入基础教学中去。

二、字母教学的实践

（一）字母教学和词汇教学的关系

现阶段的教学存在一些错误观点，比如，教师更加注重学生对单词读写的能力，而恰恰忽略了字母与单词学习之间的关系。学生通过死记硬背的方法硬性地记单词，会使学生不明白单词组成的原理，使英语学习不仅耗时还没有成效。这种教学思想下的机械式记忆法对于学生未来的英语学习是没有实质作用的。英语字母学习是一个枯燥、反复的记忆过程，处在小学阶段的学生心智还不成熟，他们可能很容易对单词产生厌倦心理，导致他们注意力不够集中，对这种机械的记忆方式逐渐失去兴趣。归根结底，小学生之所以认为英语单词难记，是由于对字母不熟悉，无法将字母与单词结合起来。教师要正确处理好字母与词汇之间的关系，教授科学的背单词方法，反复地巩固字母和单词，并大量地运用在生活中。

（二）以字母读音记忆单词

单词的记忆是有方法可循的。在英语教学过程中，教师要让学生清楚地了解字母不仅有其特定的读音，在词汇中也有特殊的发音。学生需要了解在单词中字母的发音，纠正好读音。教师应帮助学生总结字母的发音规律，让学生自行比较，记住一个个字母的单词记忆方式与掌握字母的发音规律后再进行记忆，二者哪个更容易。显而易见，后者更容易记忆，所以教师要让学生按照音节进行记忆。学生掌握了这种记忆方式，能为他们今后的英语学习打下坚实的基础。

（三）在字母教学的过程中注重学生的思维锻炼

传统的字母教学，教师主要是通过传输式的方法对学生进行知识的传授。英语基础教学活动主要集中在听说上，这与英语教学活动的基本思路是一致的。但是，在现阶段英语新标准的要求下，注重听说远远不够。学生在这些大量机械的练习中只是单纯的记住，却没有自己的思想，也无法实现交流。因此，学生在掌握好单词的字母发音后，要多听多练，在不断练习后总结一套自己的方法，熟练地记忆单词甚至句子，这样学生才能够从英语角度来表达自己的思维，才能够达到英语教学的目的。

三、字母教学的关键性问题

（一）采用灵活多样的教学手段

兴趣是小学生学习英语的奠基石，是小学阶段向中学英语学习阶段过渡的桥梁，在实际教学过程中起着关键作用。在小学英语教学中，教师应该学会就地取材，通过实物、图片、照片、简笔画、手势、动作、表情等直观的手段，向学生呈现教学内容，再现课文情境，使教学内容尽量形象具体，从而使学生能直接感受到语言的运用环境。在呈现新语言点时，如果能根据实际情况同时展示实物（不同的学习用具、水果、食品、衣物、颜色等），就可以刺激学生大脑兴奋，直接感受英语，强化求知欲望，进而形成深刻的影响。有时候让学生自己动手画出心中喜欢的景物，不但能帮助学生理解课文、掌握大意，而且能更有效地帮助学生进行语言知识的有效迁移及灵活运用。

（二）要注重字母读音

字母发音直接影响单词的发音。学生错误的发音一旦形成就很难再纠正。学生受普通话和地方方言习惯的影响，字母的发音往往不是那么到位，如闽南人容易把 A 读成/e/、/a/（即"啊"）。因此，教师在教学过程中对于易混淆或较难发音的字母应预先采取各种教学方法防止错误发音的出现。例如，在教学字母 A 时，可以把 A 的发音比作母亲对孩子温柔的应答声，加深学生对其发音的印象；教学字母 R 时，让学生联想医生检查喉咙是否发炎时都会让病人发出什么声音。

把字母按读音进行分类是字母读音教学的一个重要任务，也是学生觉得有一定难度的一项内容。为了使学生能更好地掌握，教师可采用"分家"游戏的方法，按"家族"将 26 个字母进行分类记忆。首先将字母划分为七个家族，再对号入座，最终编成一首音素家族咏唱帮助学生记忆：AHJK 是 A 家族，AA 是族长。E 家族有八位，BCDE，GPTV，EE 是族长。/e/的家族没有族长，它的成员有七位，FLMN，SX 和 Z。U 的家族有三位，UQW，UU 是族长。I 的家族有两位，IY，II 是族长。（手指着自己）R 和 O 单独住，它们自己是族长。

（三）要注重字母认读

字母的书写首先要求学生能正确区分一些形近的字母。有些字母可以通过猜谜的方法让学生记住它们的形状特点。例如，弯弯的月牙（C）、一条小蛇（S）、三岔路口（T）、l 加 3（B）、一座宝塔（A）、胜利的象征（V）、大号鱼钩（J）、一张弓（D）、一扇小门（n）、一棵小苗（r）、一把椅子（h），这些谜语既能让学生记住字母的形，又能激发学生的学习兴趣。另外，还可以让学生自编谜语学习字母，充分发挥学生的想象能力，或将字母的一部分遮住，让学生根据露出来的部分来猜字母。

（四）要注重字母书写

教师要充分利用多媒体设施，让学生仔细观察字母的笔画和笔顺。正确的笔顺在活动手册的描红练习中有正确的示范。但有时学生会受到汉语拼音笔顺的影响，错误书写字母，因此，教师要对容易出错的笔顺进行比较细致的指导。例如，i 和 j 都是后加点，t 先写钩，H 先两竖等。建议教师不妨采用汉语拼音的教法，使用一些形象的比喻，帮助学生理解记忆书写规则，防止笔画出错。例如，H 是一双筷子拴根线，j 是海豹顶皮球，i 是小海狮头上顶个球，t 是伞把带开关等。

字母的占格同样是字母书写教学中的一个教学难点，尤其是当字母的大小写混在一起的时候，学生很容易混淆。教师要先示范清楚，提醒学生注意并总结字母占格的规律。教师还可以借助儿歌帮助学生掌握字母的占格规律。例如，英语书写，四线三格；大写字母一二格，上不顶线是原则；小写字母认准格，上面有"辫"一二格，下面有"尾"二三格，无"辫"无"尾"中间格；"i, t"中上一格半。在学生掌握了字母的占格规律后，还要通过活动手册上的描红来加强练习。要注意，练习到一定阶段，教师要让学生能在没有四线格的一条线上，甚至是没有任何线的白纸上也能正确地表示出字母的书写格式。

第二节 ▶ 小学英语课堂的语音教学探析

小学英语语音教学是英语学习的第一步，是小学生进行更深层次的英语语言学习探索的起点。

一、音标教学

在小学英语学习中，学生学习了一定数量的日常用语后，感到困难的一定是记不住单词和句子的读音，怎样才能帮助学生记住单词、句子的读音呢？这就自然地引出音标。学会 48 个音标，可以准确地读出单词和句子，就好似学会汉语拼音，自然会拼读汉语生字一样。音标是用来精确地表示语音的符号。学会了音标，才能自己会拼读，学习新词，学查词典，学会独立学习。

（一）利用汉字拼音的正迁移

小学生初学英语往往不得法，常用汉语拼音或汉字注释。例如，"How are you?"，学生注上"好阿油"。这种注释副作用很大，会导致发音不准确。如果辩证地来看待这个现象，就会发现学生的这种做法是符合学生需要的，只是用法不当。对于小学生来说，外语学习是一种新事物，认识这种新事物需要一个过程，而在学习初期，他们则需要一根拐棍来帮助他们。因此，汉字或汉语拼音注释就帮了他们的忙。教师要向学生说明这种方法的弊端及如何扬长避短，在教学中克服负迁移，利用正迁移。英语教师在音标教学中可大胆使用汉语拼音注音记法。比如在人教版小学英语教材第一册音标教学第 32 课中，有/k/、/g/两个辅音音素，在教这些辅音的发音时，教师告诉学生/k/、/g/与汉语拼音 k、g 相似，但是发音并不相同。教师将相似的音素与汉语拼音各读一遍，让学生仔细分辨两者的不同。汉语拼音的 k、g 里含有英语音素/k/、/g/的发音，只要把汉语拼音后面的/+/音去掉就可以了，即汉语拼音 k=/k+/、g=/g+/。教师这样一解释学生就明白了，轻易不会再发错音。尽管这样，仍然存在着汉语拼音干扰的可能。教师告诉学生这个公式只能用于遗忘时的提醒，是学走的拐棍。学会走路是目的，扔掉拐棍是必然。因此，要熟练掌握音标，需要学生和教师一起加强练习。于是，在以后的课堂教学中，凡是读得既快又准的学生，教师都要表扬他们说："Good！拐棍扔掉了。"

（二）教给学生正确的拼读方法

学习有个从简到繁、由易到难的过程。音标学习初期，学生对音标词的拼读往往不得法，尤其对于含三个以上音素的音标词。分析其原因，一是学生思想有负担，怕读错了遭笑话；二是不得要领，心虽明白，口不能言。鉴于这种分析，教师首先应从解除学生的思想包袱入手，告诉他们音标拼读很简单，而且我们学的是初级知识。然后引导学生像拼汉语拼音一样试拼音标词，并反复用颠倒比较练习的方法加深印象，如/iːt/、/tiː/、/iːp/、/piː/，通过这样的比较与反复练习，学生逐步掌握了方法，会拼读简单的音标词了。对于含三个以上音素的音标词，教学生用增补法或组合法拼读，即音素的两两相拼，再增补或再组合。如/diːp/，先拼/d-iː/，在这个合成音的后面再加上/p/，或先拼/iː-p/，在这个合成音的前面再加上/d/，但后者不如前者简单，因为后者属于逆向思维，而前者属于顺向思维，这是增补法。对含有两个音节以上的音标词则采用组合法，如/ˈsəːv/，先分别拼/səː/、/v/，然后将这两个音节组合到一起，读/ˈsəːv/，再提醒学生注意重音。这种方法对于学生打好语音基础大有裨益。随着学习的不断深入，教师应因材施教，对好学生提出较高的要求，可省略从单个音素增补的拼读过程，而直接读出每个音节的读音，不能只停留在一拼一读这个初级阶段，要不断随着情况提出进一步要求。

音标作为学习新词的工具，只有熟练地掌握它才能更好地运用它。熟练是使用的前提。按照人教版教材的编排，音标教学在字母教学之后，这就注定了这种学习工具得不到及时的复习巩固。为有效地使用音标这种工具，及时地巩固复习，教师可采用先教音标、后学字母的尝试。这种尝试的优点之一是为巩固音标学习赢得了大量的时间，因为教学字母时，只剩下认记字母符号和书写笔顺的要求了，字母的发音已不成问题，学生看着音标自己就可以读准字母了。在字母单元教学中，教师注意出示一些音标词来训练学生，使学生的记忆得到较好的巩固。

（三）以音带词，注重运用

知识在运用中才能得到长时期的巩固。因此，在音标教学后教师要注意有效地利用音标，才能使学习的音标发挥作用。方法如下：

1. 以音带词

音标的作用是指导学生学习新单词。因此，在音标教学之后的每一节课中，每学一个新单词，教师都可坚持这样一个原则：先音后词，以音带词。即先试读这个单词的音标，然后再去了解词义。这样，学生在学习中感觉到音标非常有用，是自己学习的有用工具，非学不可，就自觉自愿地去学习了。

2. 教会查词典

英语自学的前提是必须学会使用学习工具——英语词典。教会学生查词典是提高学生学习能力的一个具体要求。学会查词典，学生必须做好两项准备，一是学会音标，二是学习字母。因此，教师可把教学生查词典放在第二册的教学中，即在音标、字母学完之后，向学生讲述查词典的方法，以后每节课结束后留两个单词的查词典作业，在下一课前检查。在学生初步熟悉掌握方法之后，教师可举行查词典比赛，表现突出的学生在全班进行表扬。

音标教学是英语教学的根本，是学好英语的基础。打好这个基础，教学才能得以顺利地进行，才能取得预期的最佳效果。

二、自然拼读法教学

作为一种现代化的英语教学方法，自然拼读法更加符合小学生的认知特点，在学习单词时具有十分明显的优势，可以在增强小学生记忆水平的基础上，使他们熟悉更多的英语单词，更好地发展自身的各项语言技巧。因此，小学英语教师应针对当前的教学问题，合理采用自然拼读法，提高小学生的英语学习效果。在小学英语单词的学习过程中采用自然拼读法，可以使小学生统一了解单词中同一种读音的字母，确保小学生利用读音完成拼写。同时，在掌握多个单词的发音之后，小学生则可以在阅读中灵活采用，组合多个单词，掌握更多的英语语法，培养自身听、说、读、写的能力。

小学英语教学中自然拼读法有下列应用策略。

（一）区别国际音标与汉语拼音

在小学英语学习过程中，学生需要正确掌握英文单词，但其在记忆与发音方面存在较多问题。教师可以利用自然拼读法帮助小学生克服学习障碍，做好汉语拼音与国际音标的区分工作，保证小学生可以了解发音规律。受母语因素的限制，学生更易记忆与理解汉语拼音，学习英语单词时也习惯利用汉语进行拼读。此时，教师应引导小学生区分国际音标与汉语拼音的异同性，从而掌握英语字母的具体发音。除此之外，教师还应在学习英语音标时采用音素教学方法，利用不同符号纠正学生发音。

（二）字母与字母组合读音教学

小学英语教师应通过采用自然拼读法使每个小学生均掌握基本音的正确发音，从而为后续的英语学习打下坚实的基础。如果学生在学习期间没有掌握此项技巧，则在单词拼读过程中会存在较多困难。因此，在单词拼读过程中，教师应帮助学生掌握字母与字母组合方法，完成正确引导，使小学生更易学习英语。

（三）英语书写拼读

在小学英语学习过程中，小学生需要记忆更多的单词。因此，学生应利用自然拼读法组合不同的英语单词，实现自主拼读。在单词的教授过程中，教师也应该逐步拆解英语单词的拼读与拼写过程，使学生了解单词的具体组合。教师应进一步简化学习流程，利用自然拼读法充分调动学生学习英语的积极性，使小学生掌握更多的字母组合与发音原则，在完成单词拼读的基础上正确书写单词，切实提高英语学习效果。

（四）英语阅读训练

在小学英语学习过程中，教师应该重点培养学生的听、说、读、写能力，在了解单词发音与组成原则的基础上，在阅读练习中掌握更多内容，提高英语知识的应用水准。将自然拼读法应用至小学英语阅读学习中，要求学生掌握自然拼读单词的方法。教师可以为小学生印制不同的卡片，在上面书写英语音标，使学生可以利用卡片记忆音标，结合不同的英语短语进一步在组合练习过程中加工自然拼读的内容，提高对英语单词的辨别力，增强语感。除此之外，教师还应该引导小学生在日常阅读中多利用自然拼读法，以掌握更多的英文单词。教师应为小学生明确英语阅读的范围，帮助其理解、掌握不同英语单词组合的发音规律，使其更熟练地完成英语爆破音与连读音的发音，提高学习效果。

第三节 ▶ 小学英语课堂的词汇教学探析

如何使学生在小学阶段掌握大纲要求的词汇和一定数量的习惯用语及固

定搭配，并正确理解其在语段或语篇中的意思，在小学英语教学中显得十分重要。英语词汇看起来一个个是那样枯燥乏味，不少学生感到记忆起来困难，掌握其用法就更困难。如果教师能根据实际情况，运用思维规律选择教法，帮助学生不断地充实和灵活运用已有的知识和经验，强化刺激学生的第二信号系统，达到足够的输入量，学生就可能形成对词或词群的抽象思维和感受能力。学生掌握的词汇越多，他们运用语言的能力就越强。如何在有限的课堂教学时间内让学生始终有兴趣去识记单词而不觉得枯燥呢？可以尝试以下几种做法。

一、创设情境和语境

创设情境或语境习得语言词汇，比如在学 beautiful 时，就可联想起 handsome，ugly。教师先向学生提出假设："My mother has a beautiful face. I love her." 然后教师要求学生信息反馈："Is she beautiful?" 学生理解后回答："Beautiful." 教师再把人称代词 her 变换成 him，mother 变换成 father，学生会回答 handsome。教师平时要注意多积累好的教学素材，以备教学之需，通过情景对话或句子内涵，增加词的复现率和变化来促进词汇学习。

二、放入句中，使之整体化

词汇是建房子的砖头，但光有砖头还建不成房子。现代英语教学法主要流派"直接法"和"全身反应法"都强调"句本位"。的确，孤立的单词在特定的情况下是可以表达完整意思的，但很多情况下会引起歧义。把单词放入句子中，能帮助学生正确理解单词的含义，还有利于培养他们的语感。例如，学了动物类单词，把单词放入句子中：

"Panda, panda, I can see a panda."
"Zebra. zebra, this is a zebra."

学习了水果类和颜色类的单词后，把它们放在一个句子中：

"Apple, apple, I can see a red apple."

另外如："Cinema，cinema，let's go to the cinema by bus.""Light，light，turn onthe light."学生记忆的单位是句子，有整体感，有助于体会英语的语流，长期训练可以培养学生造句的能力。

三、编儿歌、加动作，使之表演化

儿歌因其词句简单、内容生动、形式活泼、韵律优美，深受学生的喜爱。如学了八种动物后，教师可用中英文夹杂编成儿歌：

Bird，bird，飞飞飞（边做小鸟飞行的动作）；

Cat，cat，喵喵喵（两手五指分开在脸前由中间向两边分开）；

Dog，dog，汪汪汪（两手放头上做耳朵的样子）；

Monkey，monkey，真调皮（把手放在头顶学孙悟空的样子）；

Elephant，elephant，长鼻子（双手握住，下垂摇晃）；

Tiger，tiger，王中王（做出向前猛扑的姿势）；

Panda，panda，是国宝（翘翘大拇指）。

明快的节奏、优美的旋律、抑扬顿挫的语调，再加上手舞足蹈，调动了学生所有的感官，在不知不觉中记住了单词。

四、改变节奏，使之韵律化

教学单词离不开操练，但大量的机械操练使学生味同嚼蜡，毫无趣味。学生总是喜欢新奇的事物，如果教师在节奏上稍做变化，就能牢牢吸引学生的注意力。

首先，可以改变音的长短。这项练习结合句子操练更好，如"Pear，pear，this is a pear."（教师边说边有节奏地拍4次手），同一句话说3~4遍，第一遍比正常说话速度要慢，然后逐渐加快，比一比谁说得又准又快。这样训练可以改变学生逐词说英语和拖调的习惯，并通过朗读让他们体会弱读、失去爆破等情况，培养良好的语感。其次，可以改变音的高低。如一对反义词long和short可以这样操练：long，long，long（声音越来越高），short，short，short（声音越来越低）；同样可以加上动作，如tall，tall，tall（声音越来越高，用手演示越来越高），short，short，short（声音越来越低，用手演示越来越矮），还有 big 和 small 等。把这些反义词放在一起操练，声音高高低低、起起伏伏，学生乐于参与，兴致盎然，单词的含义也记得牢、记得准。

五、多样操练，使之游戏化

游戏是小学生喜闻乐见的活动，如果能让学生在游戏的过程中记单词，他们就不会觉得枯燥无味了。但无论什么形式的游戏都要为教学服务，对学生的学习有利的游戏才是好游戏。

（一）猜

对于未知事物，人们总是充满好奇，尤其是小学生，他们急于知道答案，此时是进行教学的最佳契机，教师要在教学中多设置一些猜的活动。如巩固单词时，可以让学生采用多种途径去猜，如是玩具可以摸摸猜猜，如是水果、饮料可以闻闻猜猜。学新单词时，可以把要学的单词写在黑板上，看教师的口型或眼神猜，可以把单词一闪而过让学生猜，也可以出示单词图片的一部分让他们猜。

（二）奖

学生总是希望得到奖励的。利用这种心理，教师可以奖励学生一个新单词或一句新句子。例如，hamburger，icecream，cake，egg 为奖品，分别计 8 分、6 分、4 分、2 分，如果某一组学生表现好，可以让他们选择一个奖品，要得到奖品的前提是这一组的每个学生都要会说这个单词。学生为了得到奖品学得十分认真，效果也很好。学生一般先会选择 8 分的 hamburger，当学生基本学会 hamburger 了，就调整分值，把 ice-cream 的分值改为 8 分，如此变化，学生在不知不觉中学会了这些单词。

（三）写

单词的学习离不开拼写，一味口头拼写，效果不佳。而一味抄写，往往又显得太枯燥。教师可以让学生手、口、脑并用，联系实物来书写。学习水果类单词时，让学生带上水果，如学习 apple 时就在苹果上贴 apple 字样；学习教室内的物品时，可在课桌上贴 desk，在钢笔上贴 pen；学习人体部位时，可在人体图的眼睛上贴 eye，在嘴上贴 mouth；诸如此类，挖掘一切可利用的资源。还可以在同桌的手心或背上贴字条，让同桌猜猜写的是什么。总之，学生觉得这不是在学习，而是在玩，学生在愉快的学习情境中记住了单词。

六、归纳性复习

按同义、反义现象来归纳复习。通过对词汇的同义、反义现象复习词汇，可达到举一反三的作用，迅速有效地扩大学生的词汇量。还可以按照音同形义不同或形同音义不同来归纳词汇，或按词的属性和范畴来归纳复习。此外，可采用听写、单词游戏、单词比赛、唱英文歌等方式进行词汇复习。总之，复习的目的是防止遗忘和恢复遗忘了的单词。为避免学生的厌烦心理，复习方式要灵活多样，以提高其复习效率。

总之，教师要想出种种方法和词汇交朋友，与词汇做游戏，让学生在玩中学，在学中玩，这样既激发了学生的学习兴趣，又培养了学生一定的语言综合运用能力。只要教师教学方法得当，充分调动学生学习词汇的积极性，就能改变学生死记硬背、效率低下的弊端，达到事半功倍的效果。

第四节 ▶ 小学英语课堂的语法教学探析

在学习一种外语时，如果不了解该语言的内部规则，将影响学生准确地运用该语言进行交流。许多专家认为，即使在小学阶段，学生也需要一些语法知识帮助他们牢固地、正确地掌握语言。"新课标"也要求在小学阶段进行一些简单的语法教学。作为小学英语教师，如何才能既保持学生学习英语的热情，又让学生掌握"新课标"所要求的"枯燥的"语法知识呢？根据小学生的天性，在教学中要做到"以人为本"，让小学语法教学生动起来，应努力做到下列几点。

一、在交际性运用中归纳语法规则

在语法教学方面，外国教育专家提出了两种方法：显性语法教学和隐性语法教学。前者侧重在教学中直接谈论语法规则，语法教学目的直接明显；后者则在教学中避免直接谈论所学的语法规则，主要通过情境让学生体验语言，通过对语言的交际性运用归纳出语法规则。显性语法教学需要运用抽象的思维能力，对智力还在发展的孩子采用隐性语法教学的方法更为合适。不少教师的英语课堂教学枯燥乏味，其中一个重要原因是在巩固所学的语法项目时，采用了过于机械的练习形式，也可以说是采用了过多的显性语法教学。例如，学习了一般将来时后，让学生做大量类似如下的练习。

依照例句改写句子：

Model：I am swimming now.（tomorrow）

I am going to swim tomorrow.

1. Jack is dancing now.（tomorrow）

2. Mary is drawing now.（tomorrow）

此类练习只让学生重复操练所学的语法项目，并没有提供机会让学生了解应用这个语言点的情境，容易使所学的语言形式与语言的使用语境、语言的意义脱节，不能很好地达成语法教学的最终目的，即帮助提高学生语言的交际能力。

此外，小学生天性喜欢好玩的东西，过于严肃机械的练习不能引起他们的学习热情。因此，教师应尽可能摒弃直接的、机械的练习，多提供机会让学生在有意义的、生动有趣的情境中练习和运用所学的新项目。例如，教师可以利用讲故事、做游戏、TPR（全身反应法）、念儿歌等"间接"的方法来帮助他们巩固所学的语法。

游戏：巩固 be going to do something 语法知识

1. 教师拿起粉笔，说："I am going to draw something. But what? Can you guess?"提示让学生使用句型"You are going to draw..."。

2. 教师每次画一两笔，让学生继续猜："You are going to draw..."直到他们猜对为止。

这个游戏给学生提供了一个较真实的情境去使用语言，让他们在玩乐中无意识地训练了所学的语法知识。当然，为了巩固学生的语法知识，提高学生语言的准确性，教师也要在适当时候使用显性语法教学。

二、在意义与运用相结合中习得语法

英国教育专家的研究表明，孩子具有追求意义的天性，即在学习语言时，孩子的注意力通常首先放在语言的意义上，他们很少注意到语言形式（指词汇、发音、语法结构）或语言规则，而且，孩子在特定的情境中获悉语言意义的能力很强。

由于学生的关注点在语言的意义上，如果在开始授课时，教师首先谈论语法规则，势必导致他们不感兴趣。在教学中，教师要利用学生的天性来帮助他们学习语言，才能真正做到"以人为本"。

在语法教学上，英国专家提倡采用这样的教学顺序：首先，让学生在一个有意义的情境中理解所教语法知识的意义；然后，提供足够的机会让学生在较真实的语境中进行交际性活动，运用所学的语法知识；最后，在学生理解并会运用的基础上，教师把学生的注意力吸引到语法规则上来，进一步巩固所学的内容。也就是说，在教学的前面两部分——"意义"与"使用"阶段使用隐性语法教学，在最后一部分——"形式"阶段才采用显性语法教学。

三、在讲解与反复实践平台上学得语法

除以上两点外，在解释语法项目时还要注意经济性原则，即讲解要适时适量，解释清楚就可以了，不要啰嗦，费时费力太多，反而弄巧成拙，导致学生糊涂及生厌。

有些教师认为只有把语法尽可能详尽地解释，才能保证学生正确运用，而且往往把学生犯的语言错误归因于语法（语言点）讲解不够。其实，学英语就像学计算机或学驾驶汽车一样，太多的理论解释反而适得其反，最关键的是实践、实践、再实践。小学生的抽象思维能力还没有完全发展，这方面的能力比不上成人，在涉及语法解释时更应特别注意经济性原则。

"新课标"所倡导的"以人为本"的理念要求教师的教学设计与教学活

动都要符合学生的本能与天性。生动有趣、重在实践的语法教学方法有助于营造出一个人性化的教学环境，不仅有利于调动学生的学习积极性，提高教学效果，还有利于学生身心、情感的健康发展。

四、在比较鉴别与启发回忆中巩固语法

在小学英语语法教学中，把有联系的语法结构在综合归纳的基础上进行比较，指出各个结构在整体中的特征与作用，比较各自的共同点与差异点，从而在整体上、本质上鉴别各个结构。教师在教学中，应把语法和语言交际融为一体，综合讲解，比较鉴别，在功能、意义、结构、位置、特征、时间、关系、文体等八个方面进行比较，同时，在教学中启发回忆、加强记忆。为了使学生习得的信息以形象或概念的形式进入长时记忆而贮存，也为了使学生通过检索、复活贮存着的先前已习得的零散的信息，教师要为学生提供必要的为信息服务的有关线索，启发学生回忆先前所学的内容，加强学生的记忆。在这方面，上述的归纳、比较等能起到这个作用。

第五节 ▶ 小学英语课堂的交际教学探析

当今世界，科学技术发展迅猛，国际竞争日趋激烈。社会生活的信息化和经济活动的全球化使得外语，特别是英语，日益成为我国对外开放和与各国交往的重要工具。

英语作为一种语言，它自身的特点就决定了它不能被机械地教、机械地学。现代英语教学理论已经充分证明，语言虽然可以学得，但更主要的是习得。语言习得的研究发现，人们掌握语言的过程，总是能理解得比能表达的要多。为什么我们每个人都会讲母语？为什么一个中国的孩子到了说英语的国家很快就学会了英语？其实无非是他们有大量接触语言的机会。

英语教学强调语言的实践性，而学生是这一活动的主体。他们在语言实践中获得英语知识甚至是交际知识，并在交际活动中把英语知识和交际知识活化为语言交际技能，进而形成以交际能力为核心的英语语言应用素质。因此，在对话教学中就充分体现了英语的交际性和情境性。

一、交际性在对话教学中的体现

学习英语的目的在于用英语进行交际。学生只有通过大量的语言交际活动，才能掌握语言知识，形成初步运用英语进行交际的能力。因此，在英语教学过程中要贯彻交际性原则，实现教学过程交际化，尽量运用英语教英语，加强交际性的操练。

（一）课堂教学的交际性

1. 组织教学的交际性

在每节课开始的组织教学部分进行"自由谈话"。让学生离开座位，自己找朋友对话，可以是学生互问互答，也可以和教师随意交谈，对话内容不加以限制。通过五分钟轻松、自由的交谈，营造出英语的氛围，让学生感到语言交际的功能。这一活动的开展，有利于帮助个别学生克服不敢开口的心理障碍，从而激发起他们说英语的积极性。

2. 新授过程的交际化

在课堂交际过程中，教师的任务是创设情境，而真正的交际活动应当由学生完成。在学生进行对话前，教师先讲清活动任务，由浅入深。在组织练习时，可多组同时进行，教师从旁指导，然后再由一组或几组上台表演。（**注意：**在操练前教师不应做示范。）

如在上 Shopping 一课时，创设出一个购物环境，将一些饮料、水果、学习用品等实物放进"商店"中，让学生扮演营业员和顾客，让他们用所学的"Excuse me, can I help you?""Give me…, please."句型在小组间进行自编对话练习。有些对话内容是为朋友买礼物，有的是父母给孩子买生日礼物等。学生们积极参与活动，达到了用英语交际的目的。

学生在对话中，不仅增加了教材中没有的句型，还对商品有了自己的评价，符合他们的实际生活。因此，在课堂中创设情境，缩短了课堂与实际的差距，使学生掌握了用英语交际的能力。

（二）课外教学的交际性

在英语课中，让学生不断地用英语交际，是学生语言释放的重要途径，是进行交际的手段，而在课外也要让学生参与，多创造让他们用英语进行交际的机会。因此，可以让学生参加英语角等活动。在英语角中，在教师的指导下，各个班的学生通过用英语交流，提高英语交际能力。

二、情境性在课堂教学中的体现

创设情境是激发内需的一种重要方法，促使学生积极思考，激发起他们说的欲望，促其主动参与。

（一）教师创设情境，学生对话

教师应充分利用教材中的课文创设栩栩如生的情境，为学生提供使用英语进行交流的机会。如教师在教学"生日聚会"这课时，将教室稍加布置，再放一段生日歌，让学生进行对话。

（二）学生自创情境，自编对话

课堂上，让学生上台自己创设情境，自编对话，能调动学生学习英语的兴趣，培养语言交际能力，同时还能培养他们的创新能力。如教材中有一篇课文"A fox and the grapes"，课文是以第三人称形式表达的，因此只能以叙述性语气来读。学生们兴趣不大。教师可让学生学完课文后以第一人称形式表演，效果就大不一样，他们以2~3人一组进行操练，在操练过程中，课堂气氛活跃，每个学生都积极主动地用英语进行交际。因此，整堂课的效果很好。

开展两人小组、多人小组等多种形式的交际方式，对于对话教学来说是很有必要的。只有开展这些活动，才能使每一个学生充分地参与，才能体现出对话的交际性和情境性。

第六节 ▶ 小学英语课堂的口语教学探析

美国语言教育家克拉申在他的第二语言习得理论中指出，发展外语能力主要依靠两种途径：语言学习和语言习得。语言学习指有意识地学习外语的知识（包括语法、规则、语音、词汇知识），而语言习得类似儿童习得母语的过程，通常是在大量语言信息的刺激下，通过语言的自然交际获得的。克拉申认为，习得比学习更重要。只有经过语言习得这一环节，学习者才能真正摆脱母语的"羁绊"，自由地运用第二语言表达思想、进行交际。由此可见，在小学阶段，加强学生的口语训练，显得尤为重要。英语口语对小学生来说是一种抽象的记忆材料，小学生学习与记忆英语口语多靠机械模仿，反复跟读，这样记忆效果差，导致记忆过程缺乏兴趣，影响记忆的积极性。那么，应该如何在课堂教学中有意识地训练和培养小学生英语口语的记忆能力，发挥他们的主体性呢？

一、在趣味情境中学口语

小学生的注意和记忆指向往往受兴趣影响，因此，英语课堂教学必须增强口语训练的趣味性，在趣味学习与训练中增强记忆力。首先要增强口语趣味性，尽量设计有趣的呈现情境，激发学生急于学习、模仿的积极性，然后范读，引导学生仿读、跟读，使学生在想学、爱学的心理状态下学口语。

交际是语言的最基本功能。说的过程是一个理解和口头表达的交际过程。在教学过程中，可以组织学生进行课堂小表演，活化课文插图，进行情境教学，把学生带入仿真的生活环境之中，用英语表达自己的思想和感受，学生们在"真"实情境中，把课文里的英语真正地和生活结合起来。

例如，在人教版教材中的一篇课文，根据 Jack 和 golden goose 之间的故事，设计了一段对话，用来讲清当时人物之间的关系和内心想法。如果只简单地让学生跟着读，那么他们肯定会兴趣索然。于是，教师让学生自由选择伙伴，以他们的角度去设想当时人物的想法，只要符合故事的逻辑性即可。学生的兴趣就被大大激发了，他们的主体性得到了充分发挥，获得了较好的效果。

二、在多感官刺激中呈现英语口语

记忆是靠外界环境对大脑进行刺激并形成痕迹的，大脑神经受到的刺激越深，记忆的持久性就越强。根据这一特点，教师在课堂教学中应运用各种形式教授英语口语，引导学生同时使用多感官感知，使大脑同时接收来自眼睛、耳朵、肢体等器官感受到的刺激信号。在这种氛围下听说，学生积极性高，学习效果好。

例如，在教学口语"I have got..."时，教师可以边放录音边举实物，引导学生听读"I have got a pen/book/ruler."等，然后再播放录音、再举实物，用同样表情让学生听后跟读，最后关掉录音，又举实物，让学生操练句型，增强记忆。操练是巩固英语口语的重要形式，多形式的操练意在避免反复操练时的机械单调与枯燥，增强学生练习的兴趣与积极性。当课堂上教会学生掌握一种口语句型时，充分运用学生已学过的词汇进行反复操练，即进行"替换式"口语操练，让学生两两对话、组组对话，也可让学生按行、按组轮流进行对话，既避免了简单的重复，又巩固了旧知，学生也乐于主动地学。

三、坚持课前两分钟的自由谈

自由谈是一项行之有效的口语训练方式。在这项训练中，学生有充分的自主权。选择自己感兴趣的话题，并可以提前准备。学生自拟话题，可涉及校园生活、英语学习、个人轶事、班级活动、地区气候和小故事等话题，课前请一名学生讲两分钟英语。

此项措施不仅使学生敢于开口讲英语，而且使学生增长了见识，扩大了词汇量。在过程中，教师要起到引导、督促的作用，使自由谈达到预期的效果。

教师可针对不同学习程度的学生，提不同的要求。能力强的学生，可放手让他们自己去准备；中等程度的学生，可适当根据所学内容，予以拓展；能力尚欠缺的学生，个别予以辅导，使之能在原有基础上得以提高。

四、在有计划的"复现"中巩固英语口语

学生对新掌握的语言材料遗忘的主要原因，往往是缺少必要的多次"复现"，即重复再现。因此，要让学生有计划地经常复现语言材料，才能引导学生克服遗忘现象。

在课堂教学中，当新口语句型或单词等语言材料被学生接受并进行一定操练之后，要注意在后续的课堂教学中经常予以再现，让学生进行复习性操

练，提高其复现率，使之得到巩固和深刻记忆。当然，"复现"的方法可采取多种多样的方式，既可结合教材内容有机地自然"复现"，也可有计划地强制重现，做到每日重现（复习）一次，每周重现（复习）一次，甚至每月重现一次，或每单元重现一次。这样，学生就能牢固掌握已学过的英语口语。在此过程中，教师也可让学生在每节课前，轮流用以往所学过的句型向全班提问，生生互动，提高了效率。

俄国大文学家托尔斯泰说过，"我每天做两种操，一是早操，一是记忆力操，每天早上背书和外语单词，以检查和培养自己的记忆力"。每天的"记忆力操"实际上就是反复"复现"。唯有如此，学生的英语记忆力才会不断增强，英语教学的质量也会不断提高。

五、在听说中积极模仿

强化口语教学的关键在于引导学生开口讲英语，教师尽量启发学生说，不要怕出错，要保护学生的积极性，允许他们出错。事实证明，不怕犯错、勇于开口的学生进步最快。强化练习应从基础入手，强调刺激、反应、模仿、反复，建立条件反射机制。在教学过程中，进行问答练习。教师可以有意识地让学生掌握一般问句、特殊问句、选择问句、祈使问句、省略句和插入问句等句型并学会应用这些疑问句式。问答操练可采用"老师问，学生答""学生问，老师答"或"学生问，学生答"等方式。要避免"师问徒答"清一色的局面，提倡在学生之间互相操练。这样不仅可以抓紧时间，而且教师可以留心学生在练习过程中出现的错误，并给予纠正。神经语言学研究表明，不论是什么年龄开始学外语，都要经历与小孩牙牙学语相似的阶段，因此，模仿听说对口语学习十分重要。模仿练习可以采取听一句、模仿一句，边听边模仿，或者把自己的朗读录音和原版录音对照模仿等方法，内容上应把发音、语调、搭配、成语、惯用法、交际语法和句型作为重点。教师要鼓励学生尽量用磁带、广播里听到的、书报杂志读到的及电视里看到的标准口语进行模仿练习，这对纠正语音、语调、增强语感和培养英语思维能力效果非常明显。再者是复述练习。复述是高级模仿。复述主要是在原材料的基础上把大意说出来，可以让学生复述教材里的课文，听英语故事，然后复述或讲故事，要求学生抓住故事里的几个要素，即时间、地点、人物、事件、起因和经过，并注意提醒学生第一、第二、第三人称的用法，尤其是第三人称。大量事实证明，复述练习能使学生更好地掌握所述材料的语言精华，增强知识，提高口头表达能力。此外，还应强调学生进行朗读练习，培养动口能力。

第七节 ▶ 小学英语课堂的儿歌教学探析

英语儿歌，因其具有词句简单、内容生动、形式活泼、韵律优美等特点，深受孩子们的喜爱。在教学中，教师可以利用儿歌的独特形式和风格，以歌促学，寓教于乐，从而达到良好的教学效果。

一、英语儿歌的特点及意义

英语儿歌的主要特点是语言浅显、音韵和谐、富于动感。

（一）语言浅显

儿童是学习语言的关键期。儿童英语语句简单，语法结构单纯，语汇比较贫乏，而语言浅显的英语儿歌把正确的语法、语汇与儿童的口语结合起来，形成优美的、规范的儿童英语，适应了儿童语言发展的要求，易于被儿童理解和接受。英语儿歌中使用的词汇主要是：名词——动物、植物、食物、日常用品、交通工具等；动词——走、跑、跳、爬等基本动作；形容词——颜色、形状、大小等。这些词反映的事物及其属性比较具体，契合了儿童的思维特点，同时英语儿歌中简单句的大量使用，容易被儿童接受、掌握。

（二）音韵和谐

儿歌与音乐密切联系，儿歌中特有的悦耳和谐的音韵以及鲜明的节奏能使儿童产生愉悦感。儿歌在内容上并不一定存在多大意义，但其和谐的韵律、铿锵的节奏却能从听觉上给儿童带来一定的冲击。因此，儿歌的语言不仅要求浅显、口语化，而且须有严格的韵律、明快的节奏，常形成有规律的反复。例如，牛津英语 2A 中的儿歌："I love Shanghai, like Sam and May. I use the bin, every day! I love Shanghai, like Sam and May. I keep it clean, every day!" 语言根据情节的需要，多次反复，给小学生以深刻的印象，而反复所形成的节奏感、音韵感，则牢牢地抓住了小学生的注意力。

（三）富于动感

儿童主要是以具体形象性思维为主，但大多数儿童还是保留了直觉行动性思维的特点，从而决定了他们对英语儿歌动作性的要求。

在英语儿歌作品中，富于动感的语言能有效地唤起学生的注意，增强他们对内容的理解。如牛津英语 3A 中的儿歌："One, two, put on my shoes. Three, four, open the door. Five, six, count the chicks. Seven, eight, open the gate. Nine, ten, chicks with the hen!" 通过数字与动作的变化，组成了生活中各种有趣的动作，节奏明快、富有动感的语言使学生兴趣盎然。

二、儿歌教学的分年级要求及方法

（一）低年级

各种形式的英语儿歌需要通过有效的教学方法来加以实施。英语儿歌的教学，实质上是教师为小学生的英语学习创设条件和提供机会，让小学生参与各种丰富多彩的活动，在人物、环境、材料等交互作用的过程中学习英语，发展听说能力。

1. 调节情绪，营造氛围

在课前，教师常常组织学生演唱英语歌曲。若每节课前都是如此，时间一长，难免使学生感到单调而影响情绪。这时，教师可以调换方式，给学生播放节奏鲜明、朗朗上口的英语儿歌。如："One little boy, two little boys, three little, four little, five little boys. One little girl, two little girls, three little, four little, five little girls. Five little boys, five little girls, ten little children, standing in a line!"

由于节奏明快、气氛热烈，学生常会感到新鲜有趣，拍掌应和，随即跟着一起念唱起来，在轻松愉快的氛围中自然而然地进入了学习的最佳状态。

在小学低年级阶段，学生有意注意能力较差，不能长时间集中，而且容易疲劳，教师可在半节课后，用儿歌组织学生适当休息。如："Clap your hands. Touch your toes. Pull your ears. Pat your stomach. Wiggle your fingers, and take a nap!"学生边唱边拍手，一会儿拉拉耳朵，一会儿拍拍肚子，一会儿摆动手指，既放松肢体，又使大脑得到休息，也为下半节课的学习创设了轻松的氛围。

2. 全身投入，加深理解

全身反应法是由美国著名心理学家詹姆士·阿谢尔创立的，它是一种通过语言与行为的协调来教学语言的方法。

从发展心理学的角度出发，阿谢尔指出，针对儿童的语言大多是命令句，儿童一般先用身体反应，而后再学会用语言进行反应，强调理解先于开口，因此，"听—做动作"是全身反应最明显的特征。教学的语言多以祈使句为主，对儿童的言语输出不做严格的要求并以游戏的性质来进行教学，因此减少了儿童的学习负担，培养了他们愉快的学习情绪，提高了学习的效率。

动词，尤其是祈使句中的动词是语言的中心内容，语言使用和语言学习都要围绕它展开，所以英语儿歌中那些祈使句以及动词均可通过全身反应法来学习。例如，英语儿歌"Play with me"里写道："One, two, three, play with me. Four, five, six, pick up sticks. Seven, eight, nine, walk in a Line!"学生学起来津津有味。在游戏中，教师发布命令，学生做动作，或者学生发布命令，大家做动作，对于"play With me""pick up sticks""walk in a line"这些动词的含义自然而然地心领神会。

（二）中年级

1. 学习语音，增强语感

学生在英语学习过程中如能学一些英语儿歌，将有很多好处，除了能提高学习兴趣，巩固与扩大词汇外，还能帮助学生学习语音、语调，增强节奏感与语感。由于汉语和英语的差别很大，掌握节奏历来是我国学生英语学习中的一个难点，注意加强这方面的训练已逐渐成为我国英语教学界的共识。在教儿歌时，教师先给学生做示范，边念儿歌，边做动作，学生可以从教师节奏鲜明的朗读以及夸张的肢体语言上，感知正确的语音、语调，轻松地理解儿歌含义；当学生诵读的过程中，教师可以用跺脚或拍手的方式来帮助学生掌握重音，控制节奏。鉴于段与段之间的有机连接，学生很快就能从前几段的学习中掌握正确的语音、语调、语法和词汇，学以致用。

2. 听做结合，提高听能

利用同一首儿歌可以开展不同的活动，如找词、听歌修改图画、听歌排列图画、填词、歌词排列等，这些活动都可以进行听能训练，教师可以根据实际需要选择儿歌，以达到不同的训练目的。例如，教师可以把事先画有一大片森林和一扇门的图片发给每一个学生，然后播放儿歌 "In a Big, Big Wood"："In a big, big wood, there is a big, big castle. In a big, big castle, there is a big, big room. In a big, big room. there is a big, big chest. In a big, big chest, there is a big, big key. The big, big key opens a big, big door. And behind the big, big door, there is a..." 学生边听儿歌边画画，在森林中画上城堡，在城堡里画上房间，房间里有个箱子，箱子里有把钥匙。学生在听说儿歌的过程中将画补充完整，又在画画玩玩中提高自身的听力水平。

听儿歌做练习可以提高学生的兴趣，但也增加了难度。因此，选用的儿歌歌词要清楚，难易程度要恰当。

（三）高年级

1. 自编儿歌，巩固记忆

根据艾宾浩斯的遗忘规律，小学生一开始遗忘最快，随后遗忘趋于稳定。对他们所学的东西进行及时巩固，才能降低遗忘率。如果单纯地用同样的方法进行教学，学生会感到非常乏味，从而抑制他们的记忆。利用儿歌来刺激学生的大脑神经兴奋点，对巩固记忆有一定效果。如把一些单词编成歌谣："Plane, plane, I see a plane, in the sky. Ship, ship. I see a ship, on the sea. Car, car, I see a car, on the road!"

类似这样的儿歌，小学生读起来朗朗上口，如同游戏一般，在轻松愉快的念唱中记住了单词。

在句型教学中，也可以通过大量的儿歌式情境问答掌握句型。英语儿歌常常出现句的重复，不断重复可以使学生的瞬间记忆转化为长时记忆。例如，"Can you tell me, what this is? Can you tell me. what this is? It's a pen. It's a pen. It's a pen. Yes, it's a pen!"通过师生反复地有节奏地问答，学生把这一句型学得既扎实又轻松。

2. 发挥想象，提高能力

明快的节奏、优美的韵律、抑扬顿挫的语调，像哗哗流淌的泉水，调动了学生所有的感官。例如，在学习单词 kite 时，学生根据学过的儿歌编成不同的顺口溜。

1）Fly, fly, fly your kite, high in the sky. Up and down, round and round. Fly very high！

2）The kite is white. The kite is nice. The kite is big. The kite is high！

利用儿歌，学生们丰富了想象力，在唱不厌、念不乏的过程中，不知不觉地提高了英语思维的能力。

儿歌，简单生动，韵律优美，节奏鲜明。教师也可以利用多媒体，通过音响、图像等方式，向学生展示英语语音、语调的节奏美、韵律美，使学生多听多说。在教学中，如果恰当运用儿歌的简易性、趣味性，就能充分调动学生的积极性。让学生在欣赏中学习，在学习中体会，在体会中创造，是一种成功的、行之有效的教学方法，由此获得的知识和情感，将给学生未来的英语学习奠定基础。

第八节 ▶ 小学英语课堂的阅读教学探析

一、小学英语阅读教学的地位和作用

《英语课程标准》中明确指出，听、说、读、写是学习和运用语言必备的四项语言基本技能。当学生有了一定的听说能力后，及时培养他们的阅读书写能力，能有效促进学生自主学习能力的发展和提高。在学习英语的环境中，通常都是通过大量阅读各种英语书报杂志来丰富"语感"，以扩大英语词汇量，提高英语理解和表达能力。只有将所学的知识放到新的情境中，放到新的阅读活动中才能吸引学生，使学生保持持久的学习兴趣。因此，小学生英语阅读的教学就显得十分重要了。

阅读能力是英语语言能力中的一个重要组成部分，不仅是英语教学的目的之一，也是一种重要的英语学习手段。无论对于学生将来应试还是未来的生存发展，阅读都是一种非常必要的学习方式，也是学生获取信息的最重要的方式之一。小学是英语学习的起始阶段，因此在教学中，教师要注重培养学生的阅读能力，让学生养成终身阅读的习惯。

二、小学英语阅读教学的原则

（一）兴趣维持原则

兴趣培养是小学英语阅读教学的主要目的之一，一旦没了兴趣，学生的思维大门就会关闭，教师的教就很难取得良好的效果。因此，兴趣原则应贯穿阅读教学的始终。兴趣原则包括激发和维持两方面，兴趣激发容易做到，兴趣维持就困难得多。这一直是个难题，教学中也采用了许多办法，如阅读教学的分层处理、阅读问题的层次性和开放性处理、分层评价、方法策略个别辅导、实施情感影响等。总之，无论采取什么措施，教学中都应始终把维护学生（不仅仅是学习好的学生）的阅读积极性放在特别重要的位置。

（二）信息、语言并重原则

小学英语阅读，除了兴趣，还应包括信息获取和语言学习。三个目标虽不在一个层次上，但都很重要。阅读的最终目标固然是获取信息，但对中小学英语教学来说，阅读课中也不能忽视对语言知识的积累。没有语言素材做基础，阅读能力的训练和提高就成了无源之水，不可能走远。阅读能力只有通过阅读活动来训练；阅读能力的提高又离不开语言知识的积累和丰富。所以，阅读课并不是只讲阅读技巧，只讲获取信息，重要的词语、句式、惯用法等语言知识的学习也是阅读课教学的有机组成部分。必要的时候，完全可以把其中的语言片段单独拿出来理解消化。当然，在信息获取与语言积累得到平衡的同时，阅读课的重心最终应该落在对文本意义在具体语境中的理解上，而不要把阅读活动分解成支离破碎的字、词、句分析。

（三）多维互动原则

阅读不是单一的活动，它是一个融合了多种因素和多种智能活动的综合过程。因此，在阅读技能培养过程中，互动是非常重要的原则之一。互动主要包括下列四种。一是学生与文本的互动。比如通过标题、插图等线索对文本内容进行预测。二是师生互动。阅读过程中没有权威，师生之间是平等的交流。教师是学生阅读的帮助者和引导者，同时也是学习者。通过师生互动，教师能更细致地体察到学生的阅读困难所在，学生可以更高效地接受教师的技能指导。三是同伴互动。由于学生兴趣、个人经验、英语水平等有所不同，在阅读中所获取的信息和感受有可能存在差异。这些差异可以成为语言交际的条件，是语言学习和合作学习发生的良好时机。因此，对生生互动中生成的这些学习机会，教师要善于捕捉和利用。四是课程目标的综合互动。阅读课不单是培养阅读技能，诸如语言学习、综合技能发展、策略培养、文化感悟、智能提高和人格发展等诸多课程目标也都可以在阅读过程中加以渗透，有机整合。虽然不是每次阅读课都可以渗透所有目标，但根据每次阅读内容的特点，侧重某些目标是完全可以做到的。

（四）策略渗透原则

阅读虽然终究是学生自己的事，但在起步阶段离不开教师的引领。阅读教学过程就是学生自主能力越来越强，同时对教师依赖越来越少的过程。因此，阅读教学过程中要逐步发展学生的阅读技能，使其通过读学会读，这当中策略渗透必不可少。阅读策略有很多类别和层次。比如，眼动速度以及视域的训练、略读、查读等微技能，涉及语言基础的词汇意义反应时间、句符串解码时间、意群形成等，涉及理解力训练的文化语境理解、标题利用、插图利用等，涉及语篇知识的主题句、关键词、衔接词、图式形成和套用等。这些策略和技能训练，哪些适合小学生，可以要求到什么程度，都还需要在教学实践中探索，因为目前还没有较成熟的经验可以借鉴。策略渗透也是结合实际阅读材料不断积累的过程，材料不同，所需要的阅读策略也不同。策略渗透是阅读课教学设计中应该重点考虑的要素之一。

（五）层次性原则

这个原则主要是针对学生的个性差异和阅读水平来说的，在文本的难易程度、阅读速度和文本理解等几个方面都应该照顾到学生的不同层次。让能力强的学生感觉到挑战，可以要求他们阅读的速度和理解的深度，调动他们的积极性；基础不那么好的，可以慢点儿，问题简单点儿，让他们读有所得，每节课都有收获；更差的，只要能读懂一点就是收获，应该受到肯定和鼓励，使其不至于丧失信心。必要时，可以准备不同难度的材料来训练不同层次的学生。当然，也要积极想办法，帮基础差的学生把基础补一补，以便让他们及早赶上来。如果分组得当，给小组中的不同成员安排难易程度不等的阅读任务也可以起到同样的效果。

（六）适切性原则

这个原则针对的是教学法的选用和具体的教学设计过程。目前，小学英语课堂教学的方法和手段非常丰富，教师的选择余地也很大，应该在分析学生需求和当地教学实情的基础上，以"适切性"为基本原则进行选择。一节课的设计思路，粗略地分类可以有两种基本模式："总—分—总"和"分—总—分"。前者是在语篇整体呈现和阅读后分析解决具体问题，最后再总结的一种思路；后者是先根据需要，分解处理阅读任务和难点，再总体把握文章，最后强化一些具体目标的一种思路。后者更多地依赖读者对英语词汇、句子和语篇结构的解读，通过语言符号和语篇结构知识来建构意义，即由语言符号到意义的过程。这个分类是大略的，还可以有很多变化形式。对于阅读教学来说，两种方法原则上并没有高下之分。教学环节安排上，一般有读前、读中和读后几个阶段。读前阶段通常是热身，包括阅读动机激发和背景知识激活等，目的是让学生做好阅读准备。这个环节也可以提出一些引入文本主旨的问题，比如，根据标题、插图等线索对文章内容进行猜测。读中阶段就是学生自己阅读的过程。这个过程是学生不断形成假设、验证或否定假设的过程，对于语言积累非常有限的小学生来说，也是在新的语境中再认知所学词语，形成意义解码的过程。阅读过程根据需要可长可短，可以一遍也可以多遍，但要求层层递进，因此这也是最需要用心设计的环节。读后阶段除了检测学生对语篇的理解，还可以包括单独的技能强化训练和某些语言知识的积累。另外，在读后环节中引导学生评估和反思自己的阅读策略也很重要。

三、演绎小学英语阅读教学

（一）有效预习——提高阅读课堂教学效率的前提

学生阅读之前，教师应及时给学生提供有关课文内容的背景知识材料和预习练习，指导学生预习。背景知识材料有助于学生理解课文，也能拓宽学生的知识面，开阔其视野。预习练习能使学生明确预习目标，使预习有的放矢。课前预习还有助于培养学生的自学能力和自学习惯，为课堂教学的顺利进行做好心理和知识上的准备。

（二）有效参与——提供阅读实践活动的保障

课堂导读是指学生在教师的指导下，从篇章结构、主题思想、细节信息到文章寓意等多方面地理解课文。这一程序由以下三个环节组成。

1. 引入新课

引入新课就是把课文的主题呈现给学生，使学生的注意力集中到课文提供的语言情境中来，激发学生的阅读欲望。对于不同课文，教师应采用不同形式导入新课，常见导入新课的形式有提问、讲故事、设置悬念、介绍背景、观看影片、唱歌等。

2. 做出预测

预测就是预先推测或测定。预测是阅读的重要组成部分，教师可以引导学生根据故事的题目或图片去预测故事的主要内容、可能用到的词汇，教师也可以引导学生根据教师所给的主要词汇预测故事的主要内容和主要句子。在这个过程中，学生不但对自己已有的知识进行输出，而且还培养了学生的想象能力及自主学习、自主参与的能力。

3. 设计任务式英语阅读

教学必须在主体参与方面解决问题，增加学生参与阅读实践的机会和时间。英语阅读教学形式必须从以教师为中心的"讲解式"转向以学生为主体的"任务式"。以学生为主体的任务式活动，就是让学生作为阅读实践活动的主角，使阅读活动作为一种主动的、探索式的认知体验。在任务式活动中，教师应多层次、多形式设计阅读活动。

（三）有效练习——拓展阅读能力的空间

阅读课后，教师不但要让学生练习、巩固和扩展在阅读课中新学到的语言知识，还要发展其说和写的能力。课后练习有多种多样。要针对不同的阅读课而设计练习形式，有表演课文、缩写或改写课文、复述故事等。在关注课后练习的同时，为了培养学生良好的阅读习惯和阅读技能，教师还可以布置课后阅读，延伸课堂阅读。阅读后可以以手抄报或英语读书笔记的形式展出，给学生搭建一座展示自己英语学习风采和获得成功感的平台。

（四）阅读环境——营造阅读活动的氛围

阅读环境是学生可以在其中进行自由探索和自主阅读的场所。在此环境中，学生可以利用各种工具和信息资源来达到自己的学习目标，如文字材料、书籍、英汉双解词典、音像资料、多媒体课件以及网络上的信息等。教师按学生层次的不同因材施教，给予不同的指导。在这一过程中，学生不仅能得到教师的帮助与支持，而且学生之间也可以相互协作和支持。阅读应当被促进和支持，而不应受到严格的控制与支配。阅读环境则是一个支持和促进学习的场所。以学生为主体的阅读教学活动意味着给学生更多的主动与自由，充分发挥学生使用工具和利用资源的自觉性、选择性。

（五）师生角色——有效阅读的策略

在课堂活动中，教师请学生做"老师"，解释句子，分析文章结构和段落，综合文章的中心思想。让学生分析、综合教材，难度比较大，教师有必要对其不足之处进行修正、补充和评议，帮助学生正确理解课文。虽然学生未必能够对课文中的句、段做出令人满意的分析，但这一过程实践和锻炼了学生分析综合问题的能力。鼓励学生在学习过程中主动探索，积极交流，使原来由教师解决的问题在讨论中共同求解，主体意识得到进一步激发，主体地位得到进一步体现。学生在自导与互补中掌握了学习方法，提高了学习的能力。

（六）学生主体——多样的阅读模式

发挥学生主体性并不等于教师担子轻松了，相反，对教师的要求更高、更具挑战性。教师要创造一种积极的气氛让学生主动性得以充分调动、充分发挥，这是教师对课堂教学过程担负的协调作用所要求的。

小学英语阅读教学是一个新生事物，还需要教师不断去实践、去研究。小学英语教师要充分发挥阅读教学的作用，培养学生良好的阅读习惯，为学生的终身发展奠定基础。

第九节 ▶ 小学英语课堂的对话教学探析

对话教学是英语教学的一种形式，属于口语教学。其目的和作用就是加强听和说的训练，培养学生用自然的英语进行交流。对话教学在小学英语教学中占着极其重要的地位，可以说学生听、说、读、写各方面的能力在很大程度上都是在对话教学中培养的。因此，在对话教学中，教师要合理运用教学策略与方法，达到教学效果的最优化，从而促进学生的英语学习。

一、小学英语对话教学存在的问题

小学英语课堂对话教学存在以下四"重"四"轻"。

（一）重英汉对译，轻情境创设

表现为过多地强调对话中句子的汉语意思，无论对话的呈现和操练，基本都是英汉对译的形式，教师说句子，学生翻译，或者生生相互说句子翻译。这种英汉对译的形式既不利于学生英语思维习惯的形成，又因为没有语言情境，导致学生会说句子、明白句意，却不会交际运用。

（二）重机械操练，轻意义操练

表现为教师一味地领读、学生跟读，不能积极地给学生创设新的教学情境进行意义操练。

（三）重语言知识的讲解，轻语言知识的运用

主要表现为教师过多地讲解句子构成等语法知识，减少了学生听说练习

的机会。

（四）重机械重复性地运用语言，轻语言运用能力的培养

表现为教师完全以学生能读会说教材内对话内容为目的，拘泥于教材，不能引申拓展，导致学生对语言的运用完全是当堂所学的教材文本，既缺少与旧知的融会贯通，又缺少对新内容的创造性运用。

二、小学英语对话教学的策略

根据小学生学习英语的特点和英语课程标准的要求，对话教学应从学生的学习兴趣、生活经验和认知水平出发，注重培养学生的听、说能力，倡导体验、实践、参与、合作与交流的学习方式和任务型的教学途径。在教学中，教师可采取以下策略。

（一）创设情境，采用整体教学模式学习对话

众所周知，语言不是独立的，而是一个复杂的整体。语言只有在特定的情境中才有意义。在传统教学模式下，教师采用先讲单词，然后讲句型，最后再进入对话的学习。这种模式看起来是先把难点解决了，但是效果并不理想，学生并不理解课文内容，运用语言更是遥不可及。为什么学生学了很多年的英语，最后却什么也说不出来，可能原因就在这里。

对话教学关键是让学生在理解语篇的基础上学习语言，这样语言就有了生命，就成了活生生的语言。因此，教师在教学中应采用整体教学的模式，把词汇、语法放在具体的情境中学习。也就是说，教师的任何活动都是围绕对话的情境进行的。把对话在最开始就呈现给学生，然后通过提问、实物、动作等帮助学生理解，这样学生不仅理解了其含义，还学会了如何运用。

教师还要尽可能多地为学生创设真实的语言交际场景，为语言的运用搭建一个平台，如利用挂图加强口语训练。小学课本每课都配有一幅色彩鲜艳、画面生动的挂图，教师要充分利用这一有利条件，用描述图片的内容来训练学生的口语。教师应把重点放在训练学生语言的流畅性上而不是准确性上。学生运用所学语言进行交流，让他们敢于并乐于开口说英语，体验学习英语的成功感。

教师还可以通过多样的教学活动进行对话教学。根据小学生的心理特点和学习特点，有趣和新鲜的事物最能引起他们的注意，也能让他们记忆深刻、持久。因此，教师要给学生提供充分的语言材料，如让学生朗读简单的英语童谣、儿歌，做各种各样的游戏活动。小学生喜欢表演，喜欢引起别人的注意，对说英语的羞怯感较少，不怕犯错误，教师应该充分考虑小学生的这一特点，合理组织课堂教学活动，让他们在活动中学习语言。此外，英语作为一门语言，只有通过大量的练习才能掌握，教师要为学生提供说英语、讲英语的机会。

（二）采用听说领先、读写跟上的原则

语言学习的根本目的是说出一口流利的英语，听说是一种非常有效的学习工具，是所有其他能力发展的基础，也是学习的基础。通过听说，学生可以学习概念、扩充词汇、理解语言结构、培养语感。培养一定的听说能力是教学的最基本的要求，因此在教学中要求学生说出来的一定是他们先听到的或听懂的，要求他们读出来的一定是他们先会说的。

在教学中，教师可以让学生在听完对话后先说说听到的信息，然后再具体到课文的大意，最后再听一听细节。在学生跟录音读课文的环节中，先让学生不看文字重复听到的内容，然后再看文字朗读，这样在开始时会浪费一些时间，一句话可能要听几遍，甚至十几遍，学生才能说出来。如果长期坚持，学生的语感提高了，口语也有很大的进步。这样反复训练，学生在相应的场合就能达到脱口而出的效果。

（三）创造性地使用教材

由于对话的话题不同，难易程度也不同，教师可以根据学生的实际情况和已有知识创造性地使用教材。例如，可以把一个单元的对话教学内容进行整合，把一些抽象的对话或是较难理解的语言作为阅读材料，让学生在阅读中学习语言。总而言之，教师不必拘泥于一种教学模式，可以采取不同的形式，最终达到学习语言的最佳效果。

（四）注重在对话教学中培养学生的文化意识

语言和文化是密不可分的。英语作为一门语言，本身就应该涉及文化的

内容，没有文化教学的英语教学是不完整的。在英语教学中向学生介绍有关西方国家的文化知识，培养学生的跨文化意识也是英语课程标准的要求。

三、小学英语对话教学的步骤和方法

结合小学英语对话教学的教学模式，即热身活动、新知呈现、巩固联系、拓展应用、评价检测，简述小学英语教学的一般步骤和方法。

（一）热身活动

热身活动的形式包括听、说、玩、演、唱等活动。

听，可以听歌曲、对话、简短的英语故事；说，可以说对话、根据图片说一句话、讲小故事；玩，可以做游戏；演，可以表演对话或者小短剧；唱，指唱英文歌曲。

热身活动的目的是创设英语学习氛围，激发学生学习英语的兴趣，以旧带新，为新课学习做好铺垫，因此，选用的歌曲、做一做、咏唱等内容最好与新授内容有关。如对话中涉及颜色，在热身活动中可以唱唱有关颜色的歌曲；对话中讲到数字，在热身活动中可以复习一下学过的数字；在对话中出现许多动词，在热身活动中可以开展有关做一做活动。

（二）呈现新知

1. 情境呈现

有的教师为了节省时间，上对话课就是直接读句子或者写句子，然后翻译，再领读。学生跟读，学生都能读会了就完成任务了。这样枯燥灌输式的教学，或许节省了一点时间，但省去了学生思维、理解、体验的一个过程，学生处于机械记忆的状态，所以印象不深刻，忘记得自然也快，更谈不上灵活地运用语言了。这种做法非常不可取。

人类学家马林斯诺指出："如果没有语言情境，词就没有意义，也不能代表什么。因此，词语也只有在语境中才能产生意义。"同样，对话也是如此。对话是在一定的情境下的习惯性语言，脱离了情境，对话也就失去了意义。当然，在课堂教学中，教师不可能把生活中的真实情境带入课堂，但可以针对每单元对话中出现的新语言点，把握好重、难点，针对重、难

点句子创造接近学生真实生活的语言情境，来帮助学生理解、掌握对话内容，加深记忆。可以用真人、实物、动作演示、图画、电教手段、简笔画等创设情境。

经过呈现，学生已经初步感知、理解了语言，接下来就到了操练的阶段。操练对于句子的掌握具有重要的意义，因为感知和理解不能代替运用，而真正学会运用，必须有这种模拟的操练和练习。操练有不同的层次和阶段，依次为机械操练、意义操练。

2. 机械操练

机械操练首先应该是机械模仿，重点是模仿重复对话中的重点句，教师示范领读，学生跟读。这种模仿应该是大量的和多次重复的，可采用多种方法和形式，如个人说、小组说、半班说、行与行之间对话、男女生之间分角色对话，通过这样的操练，使学生对重点句子达到一定的熟练程度，既能把语音、语调读准读熟，又能把句型结构记熟。

3. 意义操练

意义操练的基本形式就是教师提供一些实物、卡片、图片、情境等，让学生在教师提供的真实情境下，运用新学到的句型进行交际。意义操练因为赋予了新的内容、新的词汇，学生的学习兴趣会比较高，所以意义操练提供的语言素材要贴近学生的生活。操练新句型要用旧词汇，但这个阶段的联系不是为了学习更多的词汇，而是让学生就新学的重点句子，利用许多学过的词、感兴趣的事进行句型结构的套用、替换，较机械操练更具真实性、趣味性和实用性。

例如，对功能句"What does she do? She is a..."进行操练。在机械操练的基础上，可以设计这样一个意义操练的游戏：请几位学生到台前，背对同学，拿出有职业特征的头饰戴在头上。全班学生分成两大组，左问右答。左边问："What does Li Fang do?"右边说："She is a nurse."教师当裁判，学生根据实际情况回答："Yes."或"No."如果右边答对了，则让该学生出来说："I'm a nurse."如果猜错了，则右边问，左边猜，通过这样的猜答游戏巩固对话。

（三）巩固练习

1. 听音正音

让学生跟着录音机或教学课件一句一句读对话，可以纠正学生的发音。在英语教学中，听音这一环节也很重要。学校的教学环境基本不具备与外国人接触交流的条件，听外国人讲英语唯一的途径就是听录音磁带或看教学课件，所以教师在教学中不要忽视这一环节，应让学生感受到地道纯正的英语。

2. 合作共建

让学生在小组内或者同桌之间合作交流，分角色读对话。

3. 表演展示

让学生分角色表演对话。

角色表演是为学生提供运用语言以达到巩固的极好机会。学生学会了没有，是否能说、问，是否能正确运用，只有在模拟的情境对话中才能看出来。学生在理解中还有什么偏差，表达中有什么错误，也只有在演练中才能暴露出来，从而及时改正，并在演练中不断得到巩固，达到熟练的程度。同时，角色表演也是激励学生表现自我、树立自信的一种方式，所以，教师要让学生大胆地进行表演，给每个学生展示自我的机会，并给予他们及时的表扬和鼓励，让每个人得到成功的体验。

（四）拓展应用

有的教师在设计课时，对话操练这一环节一般到学生能表演书本对话时，便认为完成了教学任务。其实不然，对话的拓展训练更是对话教学的重要组成部分，它是对对话知识运用的一种反映，是对话知识运用的提炼和升华。

一般在这一环节，教师会给学生安排一个任务，让学生根据要求运用所学的对话来完成任务，比如完成调查表，再比如准备一些图片让学生看图讨论对话等。

（五）评价检测

针对教学目标，设计一些诊断性练习。如使用学生活动手册，让学生做一些听力、完型填空、看图读对话、把对话补充完整等练习，也可以是教师根据对话的功能句型，自己设计诊断式练习。如教师针对"What is she do-ing?"设计了这样的完型填空练习：

One monk—— （carry） the water.

Two monks—— （carry） the water.

Three monks—— （sleep）.

这一诊断式练习的设计，可以说既有新意，又有德育渗透，囊括了整节课的语言结构。

在实际教学中，未必每节课一定要严格地按照这种程序进行，可以根据对话类型的不同有所侧重和取舍。

|第八章|
小学英语单元整体教学的实施

　　单元是小学英语课程的基本构成模式，教师采用以单元为整体的教学设计能够让知识变得更具连贯性和统一性，不仅可促进学生对旧知识的巩固，还能够让新知识的拓展更加集中。单元整体教学并不意味着纯粹按照教材内容进行教学，而是对整个单元内容进行研究、整合和重组，整体设计教学，解读单元主题，从而全面提高学生的英语知识综合应用能力。因此，小学英语教师在教学过程中须紧紧把握好单元主题，以此进行各个知识点的讲解和传授，实现教学设计整体规划与新知拓展。

第一节 ▶ 小学英语单元整体教学的含义

　　英语单元整体教学就是将英语学科的教学内容以单元为基本单位进行教学，每个单元都有一个自己的主题，然后围绕单元主题对教学内容进行整体规划，挖掘单元主线，拟定总教学目标，找准教学重难点，为单元中各课时、各板块做到整体教学创造条件。单元整体教学建立在"整体教学"的理论基础之上，源于"全语言教学"观，它强调语言是一个整体，它真实地存在于人们的认知活动和社会活动中，是促进人的发展的重要媒介。鉴于此，英语语言学习不应人为地把语音、词汇、语法以及听、说、读、写等技能割裂开来进行。语言运用是一个整体，教师要创设有意义的学习情境，赋予"语言"以意义，即根据语言所表达的内容去教授语言，在有意义的情境中，促进语言学习和语言运用能力的全面发展。

"全语言教学"观带给教学的重要启示是：语言教学要以学生为主体，要重视为学生设计动脑、动口、动手的教学活动和真实有趣的语言学习环境，使学生成为积极主动的学习者。

教学内容适宜以整体、综合的方式呈现，积极反映学生的生活经验，使学生在发展语言的同时学习不同领域的知识，体现其学习、生活和思维发展的价值。

课程标准理念下的教材，基本遵循这一理念，以单元形式呈现。教材以"话题—功能—结构—任务"为整体框架，以话题为纲，以交际功能和语言结构为主线，逐步引导学生运用英语完成有实际意义的语言任务。

新课程下的小学英语单元整体教学的内涵究竟是什么呢？新课程下的小学单元整体教学就是在通盘考虑《英语课程标准》对小学英语教学的目标要求、整体教材和局部教材的关系以及学情分析的基础上，针对一个单元，整体组织教学内容、整体设计教学方法、整体安排教学时间、整体设计形成性评价。

单元整体教学与评价有利于实现多样化教学方式的统一，整合时间资源，使有限的课时产生乘法的效益；有利于学生合理认知组块的建构，促进知识的记忆、保持和提取，以及学生初步的语言综合运用能力的发展；有利于提高教师处理教材的能力和课堂教学效益的提升。

从《英语课程标准》来看，新课标对小学英语教学提出了二级教学目标，从语言技能、语言知识、情感态度、学习策略和文化意识等五个方面规定了具体的教学目标。英语新课程背景下的教学目标更加多元化，这就要求教师应该从整体上来设计教学目标。

单元以话题为核心，以结构和功能为主线，给教师进行单元整体教学提供了基础。所以，单元是整体考虑教学目标、教学内容、教学方法、教学评价的重要单位。

第二节 ▶ 单元整体教学的基本原则

在进行小学英语单元整体教学设计时，应遵循下列原则。

一、基于课程标准原则

小学英语单元整体教学设计必须在新课程理念的指导和引领下，在新课程实践的现实下实施。它有两个基本要素，就是新课程的理念和新课程的实践。在单元整体教学的过程中，教师应该运用有效的教学方法培养学生语言综合运用能力；在学生学习过程中，教师应激发学生的学习兴趣，形成有效的学习策略，发展良好的个性，激发积极的情感等。新课程的实施需要教师从教材的"忠实执行者"转变为课程教学的"创新设计者"。在新课程背景下进行单元整体教学设计时，教师不应把教材作为唯一的教学资源，教师可以在课程标准的指导下，根据《义务教育英语课程标准》中罗列的内容线索，根据学生的实际情况搜集与单元教学主题相关的教学资源。例如，通过对单元教材中各个栏目进行改编、整合，使单元教学内容更符合学生的认知规律；通过补充不同教材中同一主题的内容，让学生有机会接触更多的语言知识，获得更多的语言实践机会；通过网络、报纸、电视等多渠道获取相关的单元教学资源，弥补教材资源的不足等。

二、整体性原则

小学英语单元整体教学设计并不是简单的单元教学方案的撰写，而是一个由教学方案制订、教学方案实施、教学方案评价和教学方案调整组成的有机整体，这个整体中的各个成分之间发生相互作用，从而构成了完整的过程。从系统论角度看，在准备阶段，各种资源为方案的制订提供了输入，方案的实施输出了结果，分析评价结果来确定方案是否需要调整，如果需要应该如何调整。因此，小学英语单元整体教学设计在实践过程中要从整体把握、整体优化、整体设计、整体推进四个方面展开。

（一）整体把握

所谓整体把握，就是对于单元教学目标的设定、单元教学内容的选择、单元教学资源的运用、单元教学方法的设计，都要有一个宏观的控制。要围绕单元主题，从整体的角度把握每一个知识点、每一个能力点，调动每一种教学资源，为单元教学目标的达成、为教学资源的充分利用、为教学过程的流畅打下良好的基础。

（二）整体优化

所谓整体优化，就是对于为达成单元教学目标所选取的各种教学资源进行科学化处理，使其更能被学生所接受。要关注单元主题下各教学资源的相互支持，也要考虑学生已有的知识技能，联系学生和社会生活实际进行整体优化。

（三）整体设计

所谓整体设计就是要统筹安排整个单元的教学内容，正确把握单元内容各课之间的联系，合理安排各课的教学内容，科学分解单元内的教学重点和难点，突出单元内各课时的特点，形成侧重点不同的各种课堂教学形式，促进学生语言学习的整体发展。

（四）整体推进

所谓整体推进，就是指在单元整体教学过程中，学生知识和技能的获得与语言能力的发展的过程应该是同步进行的。小学英语单元整体教学设计既要关注学生知识技能目标，也要关注学生语言能力的发展，同时还要兼顾情意目标的达成，从而促进学生的语言能力以及主体性和社会性的共同发展。

三、主体性原则

小学英语单元整体教学设计要始终体现学生的主体地位，充分发挥学生在英语教学中的主动性和积极性。因此，主体性原则可被视为小学英语单元整体教学设计的主导原则。所谓主体性原则是在进行小学单元整体教学设计时应该贯彻教学是建构学习主体的对象化活动的思想，把英语教学的内容看成构建学习主体的手段，使学生通过英语教学最终真正成为学习的主体。也就是说学生在教师启发诱导下进行自主认识活动和实践活动，学生在学习过程中始终处于主体地位并发挥主体地位，在教学活动中以学生为中心，让学生全面参与、积极思考、自主学习、亲自实践。

四、最优化原则

小学英语单元整体教学设计的最优化原则是指教师在进行单元整体教学

设计时，要对单元教学的各个环节统筹规划和安排，设计切合实际的最佳单元教学方案，实施最优的教学实践活动，以达到最好的教学效果。教学最优化的标准是指在一定条件下，以求最少的投入取得最大可能的教学效果。最优化原则主要是依据教学效果取决于教学的多种因素构成合力的规律而提出来的。贯彻最优化原则要做到：

（一）关注教学设计理念的科学性

小学英语单元整体教学设计必须以一般系统理论、传播理论、学习理论、教学理论的概念理论作为设计的理论基础和决策的科学依据，成功的教学设计、优化的教学效果才会有保证。

（二）确保教学设计方案的可行性

首先要看单元整体教学设计是否符合学生年龄特点、已有知识基础，其次是看单元教学方案的设计是否具有操作性，各类教学目标是否已经被分解成具体的、具有操作性的目标，各个教学环节是否都已做了具体明确的规定和合理的安排。

（三）注重教学设计实施的效率性

小学单元整体教学设计应该以充分发挥现有的教学条件，克服各种不利因素，调动和创设有利于发挥教学最优功能的各种因素，尽力争取使师生双方都能以比较经济的时间和精力，取得相对于该种条件下最好的教和学的效果。

五、情境性原则

小学英语单元整体教学设计强调情境性原则，主张创设与主题有关的尽可能真实的教学情境，结合小学生具体形象的思维特征和其已有的知识、经验，充分利用直观手段，创设与学生经历过的情境有相似之处且能引起疑难的具体生动的交际场景，激起学生用语言表达自己情感的欲望，从而引导他们从整体上理解和运用语言。因为，情境的真实性可以整合多种知识、技能，有助于学生用"真实"的方式应用所学的知识，这样便于他们意识到所学的知识、技能是与自己的实际生活相关的，具有意义的，这对维持学习动机是非常有用的。

在小学英语单元整体教学设计中要考虑到情境创设的可接受性、真实性和交际性。首先，情境的创设要考虑到学生是否能接受，教师要善于联系学生的心理活动来创设情境，帮助学生形成积极的学习态度。其次，教师要注重联系学生的生活，在日常生活中发现、挖掘学习的资源，善于利用学生的情感体验来设置相应的教学情境。学习情境越真实，学习主体建构的知识就越可靠。再次，情境创设是要为学生提供一种真实的语言环境，学生自然而然地产生用英语表达思想感情的需要，学生在实践中使用语言，学生的语言交际能力就会得到提高。

第三节 ▶ 单元整体教学的策略与方法

一、策略与方法

（一）依据教材和学情合理设定教学目标

教学目标设定的依据可考虑下列方面：本单元在教材中的地位如何？根据《英语课程标准》和学生的实际情况，本单元的基本教学目标是什么？弹性教学目标是什么？课时目标是什么？如何实现单元中课时目标的螺旋性上升？根据实际的课程设置，如何安排单元的教学时间？

（二）适当调整单元之间的顺序

由于新教材是按照"功能—结构—话题—任务"的思路进行编写，因此，教师在进行单元整体教学时，可以根据语言功能、语法项目、相关话题、任务活动等对教材进行一些处理。如果单元之间的语言功能、语法项目、相关话题或任务活动相似，可以考虑将这些单元调整到一起进行教学。另外，在教学中应经常结合学生的真实生活和学生的兴趣设置一些活动，教师也可以根据活动情境设置的需要来调整单元之间的顺序。

（三）适当调整单元内部的教学内容

每个单元有很多活动，但教师并不一定非要按照教材安排的活动顺序来教。教材一般将对话或课文整体放在每个单元的最前面，教师完全可以根据需要先教单词或句子，再整体导入对话，有时还可以根据学生的兴趣或地方文化背景来重新设计教材中的活动。如果教材中的活动过难或过易，可以用一些教材外的合适活动来替换；如果有的活动功能相似，则可以省略其中的部分活动。

（四）选择适宜的教学方法

英语新教材的编排结构一般为"功能—结构—话题—任务"，注重从整体上培养学生听、说、读、写英语的四种基本技能。在单元整体教学中，主要有对话课、阅读课、综合课等三种课型。针对不同的课型和教学的内容，教师需要选择适宜的教学方法。

在对话课中，教师可以结合学生已有的认知基础，通过听说法导入新授的单词和功能句型，再从整体上感知对话，把握相关话题，在活动和情境中练习和巩固本课时的重点单词和功能句型，设置接近真实生活的情境和任务，让学生运用本课所学的单词和功能句型谈论相关话题，从而实现语言知识到语用的过渡。

在阅读课中，主要让学生从整体上获取材料中的信息，培养一些简单的阅读方法。教师还可以将听和读、读和说、读和写等结合起来，同时在阅读教学中进一步实现单元教学目标的螺旋性上升。

在综合课中，则可以通过大量的听、说、读、写的活动或任务，评估学生在本单元教学中的学习情况，帮助教师及时调整教学策略。

（五）采取多样化的单元评价

单元评价是形成评价当中的一个重要内容，也是评价和提高教学效益的重要手段。单元评价的方法可以多种多样，如可以将学生的作业、课堂观察、学生的活动表现、学生的学习体会等纳入单元评价中。

二、案例分析

以上阐述了关于单元整体教学的一些具体的策略，下面以案例的形式进行具体的说明。

这个案例选自一套以三年级为起点的小学英语教材。课题是 They are workers。在进行本单元的学习前，学生在以前的学习中学过职业名称 doctor, nurse, policeman, fireman, teacher, postman, 学习了询问职业的句型结构 "What does your father do? What does your mother do?", 那么在这个单元中主要是进一步地学习和拓展职业词汇以及用 "What does he do? What does she do?" 来询问他人的职业及回答，并用英语描述各种职业的具体职责，并能由此拓展进行交流。

下面是本单元的教学目标：

本单元主要是谈论话题 "They are workers", 使学生学会表达职业的4个生词、重点句型 "A taxi driver drives a taxi。A baker bakes cakes..." 等；本单元围绕 "职业" 的话题展开多种教学活动，使学生能够用目标语言简单谈论他人的工作和职业；结合本单元的话题，渗透 "May Day" "My Family" "The Great People in 2005" 的情境，激发学生对劳动者的崇敬和热爱。

根据每周只有两节英语课的实际情况，确定本单元用三个课时教完。第一节课为对话课，第二节课为阅读课，第三节课为综合课。

首先，来看一下本单元第一课时 "对话课" 的教学目标。

（一）能听、说、认读表达职业的4个生词：a taxi driver, a baker, a cleaner, a cook；复习、巩固谈论职业的句型 "What does he/she'do? He's/She's…"；能听、说、认读表达职业的具体职责的重点句型 "A taxi driver drives a taxi. A baker bakes cakes…。

（二）能在恰当的情境下熟练运用询问他人的职业及回答的交际用语；能用目标语言简单描述各种职业的具体职责，并能由此拓展进行交流；能按节奏说唱 "Thanks to the bakers"。

（三）通过创设 "五一劳动节" 的情境，激发学生对劳动者的崇敬和热爱。

接下来，看本单元第二课时 "阅读课" 的教学目标。

（一）能拼读、认读关于 "职业" 的18张单词卡。

（二）能将 Listen and read 中的句子按意群连词成句。

（三）能在图片的帮助下，听懂、读懂 Listen and read 的课文，并完成阅读理解练习：回答问题、句子图片排序等。

（四）能以填空的形式完成仿写"My Family"，并向他人口头介绍家人的职业情况，激发学生对家人的尊敬和热爱。

小学英语阅读课是小学英语教学研究的薄弱环节。在实践中，我们总结了以下几条策略。

策略一，打好学生阅读的基础。

《英语课程标准》中关于二级目标"读"的描述有：能认读所学词语；能根据拼读规律，读出简单的单词；能读懂教材中简短的要求或指令；能借助图片，读懂简单的故事或短文；养成按意群阅读的习惯；能正确朗读所学故事或短文。

教师可将课文中的难点句子用划分意群的形式突破。如"He bakes cakes for so many people every day."，可将这句话分成 5 张句卡："He""bakes""cakes""for so many people""every day"，打乱顺序后，交给学生在小组内排序。小组成员可通过阅读感知主语、谓语、宾语，或通过查读的形式在文章中找到答案，最后再确定用什么标点合适，这样就能引导小学生逐步养成按意群阅读的习惯。

阅读课是在对话课或新授课的基础上进行的。为了进一步巩固对话课或新授课的学习成果，在阅读课正式开始前，适合安排识字的教学环节，这样有助于给阅读减压，扩大词汇量，加大信息量。如教师可在阅读课上做许多词卡，如"a cleaner""a cook""a hotel worker""an office worker""a driver""a teacher""a postman"等，为学生介绍他人职业时输出口语对话做铺垫。学生在朗读词卡后，还要求随意造句。如 doctor，学生的造句有"My father is a doctor. My mother is a doctor, too.""Is your aunt a doctor?""A doctor takes care of sick people.""I want to be a doctor."等。

策略二，要凸显阅读课型特点。

阅读课应该体现出与其他课型的不同之处。

（一）动静不同。对话课的外在形式表现为动为主、静为辅，而阅读课的外在形式多为静为主、动为辅。教师不要为追求表面形式的动、热闹而设计许多活动，冲淡阅读课的本色，因为很多思维的活动本身是在独立的阅读中完成的。

（二）培养目标不同。对话课培养目标一般是能识记单词、句子（输入），会口语表达观点（输出），课堂最后成效体现在学生能否流利地说。如果说对话课强调听、说，那么阅读课更强调读、写。读可以形式多样，百花齐放，如读与说结合，读与听结合，读与写结合。读的目标是扩大阅读量，增加信息量。无论粗略的阅读，还是精细的阅读，都为说和写服务。

（三）板书不同。对话课的板书一般是呈现关键人物对话的功能性句子。阅读课如果也如法炮制，就缺失了它的特点，可以采取"摘抄重点词"式的发散型板书，也可采取"呈现重点句式"的主题型板书。

策略三，阅读课中的注意点。

（一）活动设计要呈螺旋式上升状态。试教课上教师将听读（合上书，跟读磁带）放在前，整体阅读放在后。实践证明，这样使难度增加。正式上课时，教师先安排3分钟整体自由阅读，再听磁带，效果明显好多了。

（二）要对课文进行梳理反馈，并适当拓展。在整体感知课文内容后，教师要设计形式多样的练习，如是非题、选择配对题、句子图片排序等，帮助学生梳理课文脉络。根据学生掌握的情况，再设计拓展性训练，如课本剧表演、故事续编等，让不同层次的学生都有发展。同时，由操练型任务向实践型任务的过渡，有利于培养学生运用语言的能力。本次课最后环节，教师安排的是仿写"My Family"。学生以填空的形式完成短文，然后向他人介绍。这适合于学习程度中等或较高的学生，而后进生怎么办，教师没有考虑，这还需要进一步探索。

总的来说，在教学中运用单元整体教学法要注意以下四个方面。

1. 整体设计单元教学目标

目前学生所使用的小学英语新教材都是根据《英语课程标准》来编写的。教材是课程资源当中的核心资源，而单元是教材中的最重要的单位，这就要求教师必须在认真钻研《英语课程标准》和教材的基础上，充分考虑学生的实际情况，以单元为整体来确定单元教学目标，不能孤立地去看待教材中的某一个教学内容，而是要将局部教材和整体教材综合起来进行备课，将每个单元、每个课时乃至每个知识点的教学目标联系起来。

2. 整体组织教学内容，突出单元中每一课型的特点和作用

在单元整体教学目标设计的基础上，教师要根据单元教学目标对教材的内容、编排顺序、教学方法等进行适当的取舍和调整，从整体上把握教材并突出单元中每一课型的特点和作用，促进课堂教学效益的提高。

3. 整体设计教学方法

在单元整体教学与评价的实施中，要求教师将语言知识放在语篇和情境中整体呈现，并将听与说、听与读、读与说、说与写等各项技能有机结合，同时渗透对学生技能策略和自主学习策略的培养，激发和调动学生参与的积极性，关注学生主动思维和课堂互动的多样性，培养学生初步的语言综合运用能力，促进学生英语学习能力的发展。

4. 将评价和单元教学有效地融合

根据单元教学目标，教师整体设计单元评价的方案。通过形成性评价在单元整体教学中的运用，引导学生积极主动地学习，拓展课堂教学空间，弥补课堂教学时间的不足。

第四节 ▶ 单元整体教学目标的设计

单元教学目标是教师在学生现有水平的基础上为学生设置的最近发展区，而课时目标是在该区域内搭建的脚手架。课与课之间相互连接、互为支撑，为学生逐步认识、掌握学科内容架起逐级上升的"阶梯"。

从《英语课程标准》来看，新课标对小学英语教学提出了二级教学目标，从语言技能、语言知识、情感态度、学习策略和文化意识等五个方面规定了具体的教学目标，英语新课程背景下的教学目标更加多元化，这就要求教师从整体上来设计教学目标。

一、单元教学目标的设定

教师在设定单元教学目标时，需要考虑下面一些问题：本单元在模块中的地位和作用、单元目标和分课时目标之间的联系、目标实施的有效途径、目标的体系结构等。

在分课时备课时要注意以下几点：教学目标的具体化、重点和难点的定位、教学策略分析、教学过程的设计，其中包括教学方法的选择、媒体的使用和活动形式的设计等。

二、单元教学目标的叙写

依据《英语课程标准》，设计和叙写具体的小学英语教学目标有以下几点策略。

（一）行为目标表述方式

《英语课程标准》在描述课程目标时，使用了明确的行为动词，操作性强，如用"做动作、指图片、涂颜色、画图、做手工"等描述听的技能目标；用"模仿说、认读、朗读、看懂、书写、模仿范例写"和"玩、演、视听"等描述综合语言能力的目标。

教学目标制定的依据是《英语课程标准》，因此，也宜采用行为目标表述方式。行为目标取向主张以人的行为方式来陈述目标，强调目标的精确化、标准化、具体化，所以称之为"行为目标"。行为目标的叙写要尽量避免含糊不清和不切实际的语言表述。

（二）行为目标叙写的四个特点

行为目标的叙写有四个特点：行为主体是学生、行为状况动词多样化、行为条件情境化、行为标准表现程度具体化。

1. 要把每项目标描述成学生行为而不是教师行为，如"学生能……，大多数学生能……，少数学生能……"。

2. 行为状况动词要尽可能是可理解、可观察的，如"听懂、跟读、会说、会唱、表演、区别、认读、询问、回答、设计、解决"等。

3. 目标描述要反映行为发生通过的媒体、限定的时间、提供的信息，如

"通过图片、实物、简笔画，利用动作、模仿、面部表情，通过模仿、配对、涂色、连线、重排图片顺序、用符号完成表格、猜测游戏、角色表演……，通过男女生竞赛，通过模拟的购物活动，根据地图"等。

4. 行为标准表现程度具体化，如"能根据情境用'I can see...'造2~3个句子""能按字母顺序排列，做成自己的电话本""能用学过的食物名称，每组设计1份晚餐的菜单""能根据图片或提示来写出5个描写日常活动的句子"等。

第五节 ▶ 单元整体教学下的作业设计

单元作业是单元整体教学的延伸和拓展。单元作业设计是在单元整体教学基础上进行精心设计的作业形式，能引导学生通过完成系统的、针对性强的练习或活动，复习、使用课堂教学中所学知识与技能。

单元作业的设计需要教师从作业目标、作业内容、作业标准、作业类型等方面综合考虑，从而提高英语学科作业设计和实施的品质，加强作业的解释性，提高作业的目标针对性，实现作业的多样性。

一、小学英语单元整体作业设计应遵循的原则

（一）活动性原则

1. 以唱促学

英语歌曲以其动听的旋律、轻快的节奏和生动的内容深受学生的喜爱。例如，在教学身体各部分名称时，教师可以利用学生熟悉的"Mary had a little lamb"的曲调编成含有表示身体主要部位名称的歌曲，取名"Body Song"，让学生根据歌词指出相应的身体部位，学生边唱边指。

2. 以画促学

学生的直接思维发展以直观、形象的感性认识为主。教师可以让学生根据所学单词自行设计图画，如在教学dog, family, school等单词时，布置学生根据自己的喜好制作图文并茂的单词卡片，将英语作业与绘画的视觉相结合。

3. 以做促学

把做融合到作业中去，让学生在做中学、学中做，让他们感受到学和做是可以同时进行的。例如，在教学"What's the time?"这一句型时，可以让学生回家制作一个纸钟，并在纸钟上练习整点的表示方法。下节课时，学生基本上都可以把整点的时间表达正确。

（二）趣味性原则

1. 观察记录法

让学生主动从生活中学习英语。鼓励学生做个生活的有心人，用一些简单的句子把日常生活中观察到的现象记录下来。例如，牛津英语 5B M1U2 中，在教动物的生长过程时，教师可布置学生课后观察各种动物生长过程的作业，记录下所观察的这种动物在不同的阶段有什么不同的特点和习性。

2. 调查统计法

引导学生关注社会、参与社会实践。例如，学习使用句型"What does...do?"和"He is a.../She is a..."来对话时，教师可让学生课后做调查，并统计小组中学生父母的职业情况，做成表格形式，记录他们的 Name、Job 等，并在课堂中进行反馈展示。

3. 绘画涂鸦法

让作业成为充分展示学生才艺、张扬个性的舞台。学生通过在绘画作业中的丰富想象和色彩体验，把自己喜欢的东西画出来，会使记忆达到更好的效果。

4. 合作改编法

发挥学生合作互助的能力，增强学生的创新思维能力与语言表达能力。

（三）激励性原则

运用激励机制，满足学生的成就感。针对学生的作业，教师除了用常规的语言"Good! Very good!"或五角星、笑脸进行表扬外，还可以用实际行动进行激励。

1. "五 A 减半制"

"五 A 减半制"是为了激励学生把字写好而推行的，只要学生在连续的五次抄写作业中得"A"，就可以减半完成当天的抄写作业。如果中间断掉一次，就要重新得五次"A"。

2. "五优全免制"

在学生的书面练习中，只要能累积到五个"优"（90分以上），那么就凭这五个"优"，可以免去任意一天的作业，周练全对即可免当天的作业，月练全对可连续免3天的作业。

3. 实物奖励法

平时学生的家庭默写作业、课堂默写作业等，只要累计到一定数量的"A"或"Good"，那么一块巧克力、一颗糖或一个小物件就是他们的奖品。

教师设计作业的目的，是帮助学生巩固和消化知识，而不是变成学生的沉重负担。有效的作业设计能让学生及时有效地巩固所学知识，对培养学生的英语学习兴趣，帮助他们树立自信心，养成良好的学习习惯和形成有效的学习策略，发展自主学习的能力和合作精神有着重要的作用。教师应该把英语作业的布置从简单的抄写形式中走出来，把知识技能的训练、创新能力的培养和智能的开发与活动联系起来，让作业富有趣味性和吸引力，使作业真正成为帮助学生学好英语的得力助手。

总之，小学英语教学应围绕单元话题展开各项教学活动。单元整体把握教学法对现今的小学英语教学有着重要的启示作用。单元整体教学要求教师解读教材的视角要独特，整合教材的能力要提升，活化教材的思维要发散。教师在单元话题的引领下，不仅要明确板块功能，懂得借助恰当的教学手段完整地把握教学内容，制定切实目标，而且要善于"瞻前顾后"地设计任务以及"化零为整"地创设情境，设计好教学过程，从而提高单元整体教学的有效性，达到进一步优化整体教学，提升课堂教学实效的目的。

第九章
小学英语电化教学手段的运用

小学英语教学既要让学生掌握知识，发展智力，又要培养他们的听、说、读、写能力。这就要求教师在教学过程中充分利用各种教学手段给学生提供大量生动、形象的感性知识。实践证明，运用电教手段可以帮助教师在课堂上给学生提供大量的语言信息，并能在单位时间内提高信息活动强度，促使学生更好地掌握和运用学到的知识。

第一节 ▶ 小学英语课堂电化教学的优点

英语电化教学是指在英语教学过程中使用幻灯、电影、电视、录音、录像、广播、语言实验室、电子计算机等电器设备和手段辅助教学，意即多媒体教学。这些现代化电器设备和手段用之于教学活动，所以称为电化教学手段，国外称为视听教学手段。

电化教学在英语教学中有着如下的优越性：

一、能直观、形象、生动地展示语言交际的情景

语言功能的交际用语：问候、介绍、问路、打电话、购物等情景都可以用电教手段生动、逼真地记录和再现出来。静止、抽象的文字变成了图像鲜明、场景真实的有声语言。这样传授知识，效果大为提高，同时也能引起学生的学习兴趣，集中学生的注意力，知识的巩固程度也明显提高。国外研究表明，人们以语言的方式获得的知识能够记忆 5%，从视觉获得的知识能够记忆 25%，而同时运用视觉和听觉则可接受 65%，可见，使用视听手段是可

以大幅度提高教学效率的。

二、电化教学可以打破时间和空间限制，把教学的信息储存下来，从而可以适应个别学生的需要

学生在学习起点、基础、条件、能力、兴趣等方面有差异，所以接受和巩固知识的能力也是不同的，这就需要再学习。电化教学可以重现教学内容，而且学习速度、难度也可以依据本身实际情况进行选择。

三、电化教学可以改善教学教研的条件，便于合作与交流，从而能提高教师的教学水平

录音、录像、电影便于教研、教改信息和教学经验的交流；优秀的课堂教学范例、课外活动和有关英语的文艺表演、比赛均可以以录音或录像的形式保留，便于交流和学习。

四、运用电教手段，有利于开展微观教学

通过将教学课录像重放，可以找出教学中存在的问题，并加以改进提高。另外在教语音的时候可以将母音或教师领读的音与学生本人的音一并录下来，让学生自己找到差距，加以改正。

总之，要实现学校教学、管理的现代化和教学思想、教学内容的现代化，就必须大量采用和善于运用现代化教育手段。

第二节 ▶ 小学英语常规电化教学手段概览

我国目前依据各地的实际，常规的电化教学媒体有：幻灯机、录音机、电视机、录像机、语言实验室、投影仪、电子计算机等。电化教学媒体分为"硬件"和"软件"两类。硬件是指用于教学的机器设备，"软件"是指多种视听资料，即制作的幻灯片、录音带、录像带、唱片、计算机程序语言等。

一、幻灯机和投影器

幻灯机是利用透镜成像原理制成的能够放大静止画面的放大器。按其

光学原理分为两类：反射式幻灯机和透射式幻灯机。教学中用得较多的是透射式幻灯机，它包括四个部分，即光源部分、集光部分、成像部分和机体部分。

投影机是在幻灯机基础上发展起来的一种光学放大器。投影器与幻灯机相比，集光部分增加了一个新月镜，扩大了包容角，提高了光源利用率；成像部分加装了一个可以调节倾角的反射镜，用来改变放映光轴的方向。投影器的光源亮度大，光色好，白天不需要遮光也能获得清晰图像。投影器光镜采用新型的螺纹透镜，聚光性能好。投影器还可以直接书写，代替黑板。

投影器可以按下列步骤操作：

（一）按投影器"铭牌"所示的电压，接通电源。

（二）打开反射镜盖。

（三）先使强弱灯光选择开关置于弱光位置，再打开电源开关，使光源和散热风扇开始工作。

（四）调节反射镜的角度，使投影光束在银幕得到大小合适、高低恰当的均匀光斑。

（五）放上投影片，旋动调焦旋钮至图像清晰。

（六）拨动色带，调整拨盘，消除色散现象。

在教学中，教师可以根据实际需要，用绘制好的教学图片投影帮助示范，也可以将课前准备好的教学的要点、难点、重点或补充练习在投影片上显示，节省写黑板的时间，提高教学效率。

二、录音机

录音机用于记录、重放和传输声音。录在磁带上的声音磁迹可以长期保存，不需要时可以抹掉，重录新的内容。录音机在英语教学中起着重要作用，现在的英语教材一般都配有录音带，用于加强听说效果。它是目前各级各类学校广泛使用的电化教学媒体，其使用技巧有间歇放音、配画放音和当堂录放。

教学用的录音机大致有两种：一种是开盘式磁带录音机，另一种是盒式磁带录音机。后者小巧轻便，使用普遍。

三、电视机和录像机

电视机传形、传声，为大规模地传播知识和远距离教学提供了有利条件。教学上一般使用两种类型：一种是开路电视，用无线电波发射的方式传送教学节目，经各地微波中继站传播给用户收看。另一种是闭路电视，用电线传送有关的教学节目。闭路电视适用于课堂教学。

录像机在教学上一般与摄影机、电视机配套使用，它可以输送摄像机摄下的形象和声音，也可以直接录制电视、电影节目。在教学中，我们应掌握录像机与电视机、监视器的配接操作技术。

四、语言实验室

语言实验室是由多种电教媒体配接起来的，主要用于语言教学和训练的专门电化教室。它的主要作用在于：对学生进行对话、听力训练，提高听说的质量，从而提高教学效率，有助于分班、分组、对偶活动；有助于在教师指导下的因材施教，也有助于检测听、说能力。

语言实验室主要有以下 4 种：

（一）单听型。是语言实验室中最简易、最原始的一种，学生用耳机听录音教材，是一种仅有单向语音传输功能的语言实验室，较多地用来训练和检测听力。

（二）听说型。具有听音和对讲功能，一般还有隔音座位。这种实验室用于学生收听教师讲解的内容。录音教材，可以进行师生对话、分组讨论、监听辅导等多项训练活动。经济实用，使用广泛。

（三）听说对比型。除师生对话以外，还可以录制教师播送的录音教材和学生自己的口头练习，以进行对比，学生反复模仿，加以矫正提高。

（四）视听型。在视听对比型的基础上增加视觉媒体，如幻灯机、电视机屏幕、显示器和录（放）像机等。视听结合，教学生动逼真，是较先进的现代化实验室。

第三节 ▶ 电化教学手段在小学英语课堂中的运用

随着现代化教学改革的深入开展，在英语课堂教学中认真运用电教手段促进师生之间双边交流，已成为广大教师的共识。电教手段是实现教学现代化，全面提高教学质量和全面贯彻国家教育方针的重要手段。各种类型的课堂教学，观摩课、交流课、研究课、示范课、汇报课，乃至一般性质的公开课，都离不开电教手段的使用。那么，怎样才能恰当地运用电教手段辅助教学呢？

要回答这个问题，就要分析所上的课是否贯彻了以下的原则：

一、目标化原则。目标的设计应该包括两个方面，即教师要解决教什么和如何教的问题，学生要解决学什么和如何学的问题。如果一堂课体现了目标的客观具体性、可操作性和整体性，那么就可以认为课运用电教手段辅助英语教学的目标是明确的。

二、综合性原则。因为各种教学媒体都有各自的长处和不足，综合运用各种电教媒体可以各取所长，达到最佳的教学效果。在使用电教媒体的过程中，还要根据教材、学生和学校的实际，充分利用其他教学媒体（教科书、黑板、粉笔、模型、图片、教师的示范表演等）。

三、程序化原则。我们必须在新的工作方式和教学法的指导下，使各个教学环节和步骤形成严密逻辑性的序列，从而使课堂教学活动更加定量化和科学化，使教学过程成为一个程序化的高效能的教学信息输出、传递、接受、加工和反馈的过程。

四、效益原则。电教媒体的运用，使课堂教学变得更加轻松活泼、色彩丰富、灵活多变。但是片面追求先进性和新颖性，只图表面上的"现代化"，而不顾整体教学目标和实际效果，只会破坏正常的教学秩序，造成人、财、物和时间的浪费。有的教师为了追求形式上的变化，在一堂课的教学中接二连三地使用多种教学媒体，大量地传输教学信息而不顾学生的接受能力，这种做法同样十分有害；教师忙于媒体的操作，学生忙于抄抄写写，眼花缭乱，徒劳无功。所以在使用现代化电教媒体过程中必须做到：第一，文字教材和音像教材在内容上要密切衔接，相互补充，相得益彰；在操作顺序上要合乎逻辑，符合小学生的认识特点和认识水平。第二，对教学内容的传授要进行有序控制，中心突出，条理清楚，层次分明。

在英语课堂教学中使用电教手段只有贯彻上述基本原则才能取得良好的教学效果。

（一）在英语课堂中使用录音机、幻灯机和投影片

录音能提供标准的语音、语调，便于学生正确模仿，培养学生的听说能力；幻灯、投影能提供良好的语言直观情境，帮助学生进行英语的直接思维，培养语感，加深理解所学的语言知识。而让录音、幻灯片或投影片结合起来，就可以达到声形并茂、视听共举的效果。

1. 录音机的运用。

录音机能储存和反复重现教学中需要的各种真实、规范的声音。因此，教师可以从下列几方面运用录音机。

（1）听音模仿。对于新的语言材料，应先让学生听音，初步感知单词和句子的声音特点，进入直接思维的语言情境；然后通过间歇听音的办法让学生跟读模仿若干次。在模仿跟读的过程中，教师应帮助学生辨音，缩小学生跟音与录音之间的差距，并对学生错误的读音予以纠正。如教 26 个字母，教师将录音反复给学生听，之后让学生跟读模仿。经过反复听音、模仿之后，引导学生按读音将 26 个字母归类，即 A、H、J、K 中均含有〔eI〕音，B、C、D、E、G 都含有〔i:〕音，I、Y 中都含有〔aI〕音，U、Q、W 中均含有〔ju:〕音。

（2）听音复述。在巩固复习阶段，可以让学生将所学的音素、单词、句子或段落在听音后进行复述。这样既可以训练学生的听力，又可以进一步训练学生发音的准确性，巩固知识，加深记忆。

（3）听音判断。为了训练学生的听力，加深学生对所学知识的理解和运用，还可以做下列的听力练习：教动物单词时，可以将有关动物的声音预录下来到课堂上放出，让学生判断发这种声音是哪种动物，而发那种声音的又

是什么动物。吹风筒、洗衣机等等有特别声音的用具或情境也可用这种教法；录出课文中的对话情境，让学生判断对话的人物、场景或其他具体细节；录下与课文相关的对话情境，让学生判断人物、地点、对话主题等等，或者将对话复述出来。

（4）当场录放音。将学生的音素读音、单词读音或对话等当场录制下来，并当场播放。这样既丰富了教学内容，又提高了学生的兴趣；让学生自己同母带音相对照，找到差距，从而激发进一步学习的欲望。

（5）配合幻灯、投影进行教学。在学习新单词、新课文时可以边放录音边放投影或幻灯片，有序进行，让学生边听边看，听觉与视觉并用，从声像直观进行感知。如教 26 个字母时，可以边读音边放每个字母的形体及其书写笔顺的投影，再如，教对话可以让学生一边看有关对话情境的投影或幻灯片，一边听对话的录音。

2. 幻灯与投影的运用。

幻灯、投影提供直观图像，使学生得到情境启发。

（1）教字母。初学字母的小学生对 26 个字母形体的认识、判断和书写笔顺，有一定的困难，如果利用投影或幻灯将字母有规律地进行归类，如按形体归类、按读音归类、按书写归类等，都可以帮助学生克服感知上的困难。

（2）教音标。由于英语中的音素与汉语拼音有一定的差异，学生对有些音如〔ʃ〕与〔s〕、〔ʒ〕与〔j〕、〔ts〕与〔tʃ〕、〔r〕与〔1〕等难于判别。如果利用 48 个音标的发音口腔示意图动片，那么学生的困难也就迎刃而解了。学生从投影中可以清楚地看到各个音素发音时齿、唇、鼻、喉、声带的正确位置以及舌位的变化运动情况。

（3）学句型。投影也可以用来学习句型，帮助学生进行句型操练。如学习 "What's one and two?" 这个句型，就可以设计一张投影的复合片来教学。在底片上先画一个苹果或其他实物，然后在覆盖片上画两个苹果，教师一边说一边盖上覆盖片，就构成了 "three" 的直观情境了，其他数相加可依此类推。教师先反复问学生，然后再让学生看图提问。

（4）学对话。可以利用幻灯片或投影片引出对话内容，也可以设计与课文相关的情境图，让学生两个两个地看图对话，如果是小学高年级，也可以试着让学生写写对话。

（二）电视机在英语教学中的运用

英语电视录像教材凭借高度发展的现代声像艺术创设情景，再现形象，有利于改变注入式教学，进行启发式、形象化教学。它在提高教学效率、开发智力和学习潜力、促进教学改革、实现教学效果优化等方面，起着十分重要的作用。

录像把文字用鲜明的视觉、听觉形象表现出来，集形、声、色、光运动变化于一体，作为第二信号刺激学生的多种感觉，让学生能直观、清晰地感知交际中的语言。这比单纯通过英语文字来讲授更能激发学生的学习兴趣，能培养学生的多种能力。在现在的小学英语教材中，配有录像片的并不多，但随着形势的发展和教材的统一、系统化，录像教学肯定会成为小学英语教学中的有效手段；而且儿童英语录像片不断涌现，这些都可以成为小学英语教学的辅助教材。

那么如何运用电视录像进行教学呢？

1. 看像跟读。边看边跟读电视中人物所讲的标准话语，可以并用视觉和听觉功能，观其形，闻其声，仿其音，感知清晰，印象深刻，记忆牢固。如在教小学英语中的对话时，可以先让学生观看对话的录像，了解对话的情境，然后再放一遍，让学生按照对话情境跟读电视录像中人物的对话。在学生不看录像，将对话操练一番之后，又可以通过放录音让学生边听边回忆对话的情景，巩固对话。这样不但可以培养学生的英语直接思维，还可以慢慢减少用母语做媒介解说的程序，提高教学效率。

2. 息声看像判断。教师将课文中对话的某个人物的活动场景提取出来，关掉电视机的音量开关，让学生反复观看，并根据自己的生活经验、电视中的情景和对英美国家文化背景知识的认知，对电视中人物的说话进行判断、猜测。教师不断提问，学生边看边回答。如电视中有一个学生到商店去买一支钢笔，教师问："What is the shop assistant saying？""What is the boy saying?

让学生回答。放完图像之后，打开音量开关，把录像带倒回起始位置重放。让学生听其中的对话：

Shop Assistant：Can I help you?

Boy Student：I'd like to buy a pen.

……

3. 静像预测。在情节发展过程中，教师按下录像机的暂停键，要求学生充分发挥自己的想象力，预测以后情节的发展。由于每个学生都做出自己的想象，就会出现各种各样的推断，教师可以趁此机会要求学生进行讨论，尽量达成较集中的意见。如 Li Lei 和 Jim 在放风筝，Jim 的风筝被风吹到高高的树上并缠在树枝上了，而 Jim 不会爬树，教师问："What are they going to do?"

4. 描述电视情节。将一段有情节的录像片放给学生观看，放一至三遍，叫学生仔细观察并做适当记忆。看完后，要求学生描述所观看的电视内容。例如，一只狐狸在森林中走路，看见公鸡在树上打盹……叫醒公鸡……告诉它动物都是朋友……公鸡说有狗过来……狐狸逃跑。

让学生观看上述情节有三种方式。第一是全班看，抽人复述；第二是个别学生看，向全班复述，再让全班看；第三是部分同学看，讲述给另一部分听，再让全班看。这样可以训练学生的细心观察能力、记忆能力和用英语描述情节的能力。

5. 静止图像训练。在放像过程中，如果教师想对有关句型或内容加以强调，就可以按下放像机的暂停键，电视屏幕上便会出现一幅静止不动的图像。教师可根据图像教学生回答下列问题：

—How many people are there in the picture?

—Who are they?

—What are they?

—What are they doing? …

6. 扮演角色。让学生观看对话或有情节故事的录像。要求学生观看时要记住有关人物的动作、对话、神态等。然后要求学生模仿录像中的人物分角色进行表演。由于有样学样，学生表演自然会更容易、更真实、更自然。这种做法可以用于课堂教学，也可以用于第二课堂学习英语。

7. 复述。在看完电视后，要求学生将整个教学内容尽可能复述出来。可以口头上叫个别同学复述，如果是对话，可叫两个以上的同学按需要进行复述；当然也可以采取书面上的填充模式叫学生进行笔头复述。

（三）电子计算机在教学中的运用

电子计算机具有运行速度快、存贮量大、自动化程度高、通用性强等特点。它可以用来处理诸如字母、语言、声音、作图等内容。根据小学生的心理特征，依据教学内容，应用电脑的特殊功能，编制一些辅助教学程序、练习程序和测试程序，利用这些程序来指导学生学习课文或有关英语知识，将会改变英语教学的现状，对尽快实现教学现代化、提高教学质量会起着积极的作用。

英语的学习过程无非听、说、读、写、记、练习、交际对话等形式的运用。其中练习至为重要，而书面练习则包括单词拼写、句型操练、词形互变、语法填空、选择等。这些形式的练习都可以通过计算机自动出题学生作答，由计算机判断答案的正确与错误，帮助教师尽快了解学生对所学知识掌握的程度。

利用电子计算机进行英语的辅助教学，关键在于设计和编制英语的程序软件；设计的程序必须考虑小学生的认识特点、认识结构和认识水平，将内容分解若干学习单位；学习单位的步子可以根据学生的反应，由学生自行决定。如上列的训练程序就能适应各种水平的学生。

越到高年级，程序设计的内容安排可以越简练，由易到难，由浅入深。

利用电子计算机程序辅助教学有以下特点：

1. 学生得到彻底解放，增强了主动性和独立性；学习过程可以循序渐进，也可以根据学生各自的情况，由学生自己掌握进度和难度。

2. 可以因材施教，学习成绩好的可以在短时间内学习较多的内容；而学习成绩差的学生，也可以在计算机的帮助下进行多次反复，提高自己的水平。

由此观之，计算机辅助英语教学使我们的学生由集中教育过渡到个别教育，由被动教学转变为主动教学。时间分配灵活，测试考查轻松。大量实践证明，计算机辅助英语教学是行之有效、成果非凡的。由于条件的限制，这方面的教学软件还很有限。但其前景是广阔的计算机这一现代化教学手段不久将会普及到英语课堂教学之中去。

第十章
小学英语作业设计的优化策略

长期以来，教师给学生布置作业被认为是巩固和消化知识的有效形式之一。随着新课程标准和差异教学思想的深入，课堂教学方式已发生了深刻的变革，但英语作业的形式并未得到很大改观，那些拘于书本、读写、限于室内的作业形式，限制了学生的活动空间，不利于学生扩展知识视野和发展思维能力。课外作业是课堂教学的拓展和延伸，作为教学流程的一个重要环节，要改变其陈旧和乏味的模式。小学英语作业应变传统为开放，变被动为自主，变单一为多样。

第一节 ▶ 传统英语作业设计中的弊端

在当前的学校英语教学中，大部分教师给学生留作业常常是比较随意的，没有经过仔细的思考和设计。有的是因为教师没有有意识地去设计课后作业，还有很多教师习惯于把留作业作为一种日常习惯，不太在意作业的作用，对所留作业的目的、重点和功能没有给予特别的思考。这样一来，对于学生来说，完成作业往往成为一种负担，收获很小，为了应付差事而做。

传统的英语作业设计中，主要存在以下几个问题。

一、形式单一

传统的学校英语教学中，英语作业的模式无非是听、背、抄、练四类。听，主要是以听学校发的配套磁带为主，内容与课本或练习一致。背，主要是指背诵课文和单词，以课本上的四会部分为主，其中单词的检查一般仅仅在拼写层次。抄，就是指抄写课本上的四会词语，也有一些是课文中的重要句型。练，则是大量的题海战术。

所有的这些内容往往形成惯例，教师在上完一节课后，不是根据课文和学生学习的具体情况针对性地布置作业，而是千篇一律、缺乏思考，这样的作业很容易被学生看透，不用猜也知道这节课后的作业是什么，导致一些学生提前做好，甚至在课堂上完成这些作业，影响了课堂学习效果，反而达不到反馈和练习的目的。

二、目标单一

大部分的听、背、抄、练的作业，都是以记住知识点为目标，从而让学生在考试、测验中能运用所学知识。实践证明，这类作业所达到的实际效果和教师的初衷并不完全一致。原因在于大部分学生将作业的过程当成了完成教师布置的任务，只是盲目地仿抄，对自己所抄写的内容不能记住，甚至抄错了也不能察觉。这类传统的英语作业方法让学生注重抄写、背诵，忽视了学生获取知识、能力的培养，容易使学生的学习处于被动状态，导致学生对英语学习产生厌恶情绪，大大降低了学习英语和学生做作业的效果。

三、任务单一

教师布置给学生的家庭作业或课外作业是每位学生都必须完成的，无法体现学生做作业时的自主性和学习积极性。这类作业既没有考虑学习中学生的个体差异，也没有考虑学习内容上的差异。固定的抄写背诵作业对于学生来说缺乏趣味性，不同层次的学生更适合灵活多变、简单有效的个性化作业来巩固所学的英语知识。

第二节 ▶ 布置小学英语作业的原则

一、层次性原则

作业的设计要尽量面向各层次学生，从学生的实际出发，依据其最近发展区，设计不同层次的弹性作业，满足不同层次学生的需要。作业的内容也应该由浅入深、由易到难、由简到繁，让学生在获得知识的过程中犹如攀登一般拾级而上。学生经过适当的努力而获得成功，品尝到其中的乐趣，激发其完成作业的兴趣。

二、灵活性原则

避免呆板、单一的作业形式。因为作业类型、形式灵活多样，能让学生的多种感官动起来。有时不唯一的开放性答案，反而可以激发学生的发散思维、求异思维和创造性。

三、预见性原则

在布置作业前，要预见学生在完成作业的过程中可能会出现的问题，并给予学生适当的指导或提示，避免不必要的错误。

四、复现性原则

复习、重现和运用，才能更好地强化记忆的效果。在巩固新知识时，有机地融合旧知识，通过新、旧知识之间的联系，既可帮助学生巩固已学语言材料，又可加快学习新知识的速度，大大提高学习效果。

五、独立性原则

教师应鼓励学生独立思考，提供给他们独立解决问题的机会，通过自己的思考而解决学习难题的体验可以给学生带来更大的快乐。事实证明，这样的快乐往往会一直激励学生，提高学习的主动性，避免产生惰性心理，培养自学能力。

第三节 ▶ 多元化小学英语作业的探讨

一、设计口头作业

有效作业设计要突破以往"题海战术"的形式，杜绝"高耗低效"的现象，在帮助学生减轻作业负担的同时，强化对学生口语交际能力的训练。因此，口头作业设计是有效性作业设计的一种表现。通常情况下，口头作业以背诵或者朗读所学单词、句型为主，在布置这类作业时，教师一定要在课堂上将读音规律或者拼读方法完整地传授给学生，这样才能确保学生回家后可以正确地拼读教师布置的作业。此外，随着近些年现代教育技术载体的完善发展，教师在为学生布置口头作业时，还可以运用电脑或者手机录音等方式，提升作业设计效果。如可让学生将自己的发音录音与原音进行对比，从而让学生自行纠正自身发音错误，并不厌其烦地反复对录音做出修改，这样可以帮助学生潜移默化地积累语感，促使学生的口语交际表达能力得到更好的提升。

二、设计表演作业

小学生具有爱玩、爱动、爱模仿表演的天性特征，他们往往对情境对话十分喜爱，甚至忍不住模仿表演一下，为此，教师在为学生布置家庭英语作业时，将教材中的课文故事按课本剧编制，从而让学生自由选角、自由组合，共同完成对话表演。这样的作业设计对于学生而言，无疑是十分新颖有趣的，既可以锻炼学生的英语表达能力，又可以培养学生团结合作精神，是有效作业设计的一种体现。如在学习"My family"这节课中，教师在设计家庭作业时，为学生编制了一个关于"新家宴客"的表演剧目。在情景剧表演过程中，要求学生结合自身所扮演的角色注意表达语气，同时要凸显本节课中关于father，mother，brother，sister等家庭成员词汇短语的运用。这样的家庭作业设计方式，在寓教于乐的过程中，实现了课堂知识巩固延伸的目的。

三、设计亲子作业

亲子教育是学校教育的有力补充，同时也是健全学生人格的重要途径。因此，教师在为学生设计英语家庭作业时，还应该发挥家长的积极作用，通过设计亲子作业的方式，让家长参与到学生的作业完成过程中，这样的作业设计方式，一方面可以调动学生完成作业的热情，另一方面也为父母与孩子之间的沟通交流创造了机会。如在学习完"Hello"这节课后，教师在布置英语作业时，可以让学生回家用英语向父母问好、打招呼。教师还可为学生布置"小先生"式的家庭作业，即让学生当老师，让父母当学生，从而让学生将今天课上学习到的英语知识讲给家长听。通过这些不同形式的亲子作业，让学生体会英语学习的快乐。

四、设计调查作业

现今，英语知识已经广泛渗透到学生的日常生活中，为了帮助学生认识到英语的重要性，教师在布置家庭作业时，还可以为学生设计一些调查作业，这也是有效家庭作业设计的一种体现。如在讲授完"What does that sign mean?"这一句型后，教师可以为学生布置关于观察公共场所英文标志和英语交通指示标志的调查作业。在完成作业的过程中，教师可以让学生以小组为单位，将看见的英文指示标志记录下来，并尝试运用"What does that sign mean?"句型，调查了解这些标志的含义。这样的英语家庭作业，是十分新颖的，不仅帮助学生巩固强化了课上所学知识，也实现了英语知识的拓展拓宽，对学生的英语实践能力提升有很大的帮助。

五、设计体验作业

英语学习的目的就是在生活中运用英语。以往的英语家庭作业方式，显然并没有体现出这种实践运用性，只是一味地让学生死记硬背，得到的教学效果并不理想，也没有发挥出作业布置的真正作用和价值，因此在小学英语教学的有效性作业设计中，教师应该强化学生的口语交际，强化学生的英语运用体验，为学生设计更多的实践体验作业。如在学习完"Rules"这节课时，教师可以引导学生尝试自行设计"School Rules"或者"Class Rules"，将这些校规或者班规张贴在教室或走廊中，并对此进行相关的交流，以此严格约束自身行为习惯。这是典型的体验式家庭作业设计方式，能强化学生英语知识的实践、掌握与运用，为学生提供运用语言的空间，对学生的英语学习能力提升有诸多好处。

六、设计趣味性作业

作业的趣味性在激发学生学习兴趣中起着举足轻重的作用。为了激发学生的学习积极性，培养学生思维的灵活性、敏捷性，教师可以设计以下几种类型作业。

（一）写一写，画一画

此作业设计适合小学各年级学生，尤其适合中、低年级。例如，教师在完成三年级某单元的字母教学后，除了让学生完成字母抄写外，再让学生设计卡通字母，有的学生将字母 B 设计成眼镜模样，将字母 C 设计成月亮形状等。学习物品后，让学生画出物品的简笔画并配上英文，或者学完一篇文章后，让学生发挥想象画出相应的一幅或几幅画并尝试给同学讲解，把美术和英语结合起来。利用多种方式激励和强化学生的记忆，有助于提高学生学习兴趣，使学生更好地掌握知识。

（二）背一背，唱一唱

此作业设计适合中等和学习有困难的学生。在现行英语教材中，特别注重激趣的功能，编排了许多如 Let's chant, Let's sing 等教学内容。教师可以充分利用这些教学资源，鼓励学生在完成作业时将新单词和新句型编入其中。如在教学 "This is my nose." 后，选择学生熟悉的旋律 "Happy New Year"，将新学的词汇融入其中，先将歌词内容改编好，然后以歌唱的形式表现出来，这项活动主要面向有音乐爱好或特长的学生。教师先创作一段，接着可以引导学生以小组合作的形式继续创编，几分钟后，学生展示并朗读编写的歌词，再由他们尽情地唱出来。

What's this? It's my nose.

What's that? It's my mouse.

What's this? It's my ear.

What's that? It's my eyes.

（三）录一录，画一画

为提高学生的听说能力，培养学生一定的语感和语音、语调基础，教师可布置学生每天听英语磁带或收看 10~15 分钟英语电视节目。为了避免学生在机械的重复听读中产生厌倦感，教师可设计自制英语磁带的课外作业，让学生把自己朗读的课文、学唱的英语歌曲录下来，并坚持每周选一盒自制磁带在早自习或课内播放。教师可将这一作业作为期末口语评价等的依据。

七、设计创造性作业

通过组织有效的课堂练习活动，将学生的英语学习逐步从课堂引到课外；通过富有创造性、多样化的练习活动的设计，引导学生英语学习方式的进一步转化，给学生留有大量的空间，展示他们的个性。例如，学完牛津教材 Let's talk 的对话练习后，在课堂上引导学生用新学的语言结构先口头表达自己的想法，然后进一步落实到仿写。第一步，可以由教师仿写示范；第二步，可以组织学生在小组内进行仿写；第三步，可以请学生表演或展示。这样设计，旨在将所学的词汇与交际用语有机地结合在一起，优化语言学习的效果，促进英语有效教学的研究。

第四节 ▶ 小学英语作业的评价方法浅探

对英语作业形式进行精心设计后，还应该不断完善作业的评价方式，让评价更关注学生的发展过程，让学生在学习过程中体验成就和收获。

一、多元评价，共同参与

传统的作业评价往往是教师单一的评价，学生处于被动的地位。要改变评价的主体，让教师、家长和学生参与到作业的评价中来，变单一评价为多元评价。教师可以通过优秀作业展示、精彩解答分享等方式最大限度地让学生参与评价，在这过程中引导学生学会正确评价自己与他人作业完成的质量，吸收他人的长处，弥补自己的不足，更加客观公正地认识自己，更加积极主动地投入到学习中。

二、分层评价，赏识为主

苏霍姆林斯基说过："对于一个学生来说，五分是成就的标志，而对另一个学生来说，三分就是了不起的成就。"从科学评价的角度出发，对于不同层次的学生要有不同的评价标准。分层评价，让每一个层次的学生都能产生成就感，这样学生对待作业的态度就会由"要我做"变为"我要做"，由"我要做"变为"我想做"，由"我想做"变为"我乐做"。

三、激励评价，突出亮点

教师的语言如同钥匙，能打开学生心灵的窗户；教师的语言如同火炬，能照亮学生前进的方向。在作业评价中，教师往往习惯于用冰冷的"√"或"×"来评判学生的作业，这种评价形式关注的只是学习结果，而不关注学生的发展过程和心理体验。教师应该将以往的"勾叉式符号评价"转变为"勾叉式符号评价"和"文字式评语激励"相结合的形式。教师以学习伙伴、益友或知己的身份，用善于捕捉亮点的眼睛和平等的态度，根据学生作业的实际情况写下鼓励性的语言，这样可以让学生感悟到教师对自己的关注、赞赏与鼓励，从而受到激励。

四、积分评价，持续影响

"积分制"也可以迁移到英语作业的评价中。教师可以在学生作业本的扉页贴上统一设计的"作业积分登记表"，根据学生书写字迹、速度快慢、完成质量、订正效果等诸多因素，给学生相应积分。教师变单次评价为多次评价，让学生体验分数累计的喜悦与成就。当学生积分达到一定的额度后，就可以兑换一张"免做作业卡"。兑换完毕，相应积分扣除，它又成为激发学生为再得"免做作业卡"而努力的动力，持续调动学生的积极性。

总之，教师应不断思索、改革和完善小学英语作业的设计与评价，使学生在完成多元化作业过程中，体验学习的成功，享受学习的快乐，更好地提升英语学科的核心素养。

总而言之，英语教育应提供一个平台，让英语这门语言工具成为学生们可以享用的一件珍贵礼物，而不是作为一种艰苦的任务，成为学生的负担。丰富多彩的开放式课外作业、多样化的作业批改方式，使作业能真正发挥好课堂教育的延伸和补充作用，在教学条件允许的范围内，最大限度地体现自主、合作、探究的学习方式，让学生在英语的天空中自由翱翔。

| 第十一章 |
小学英语课堂教学评价的思考

评价是小学英语课堂教学中不可或缺的重要内容，它能对教学全过程和结果进行有效的监控。学习语言是一个艰辛的过程，要让学生学习的兴趣和积极性持久地保持下去，关键在于在英语课堂教学过程中如何实施评价。

第一节 ▶ 课堂教学评价的意义

课堂教学是英语教学的主阵地，将评价融入课堂教学，使它成为教师调控课堂的重要组成部分，不失为管理课堂的一个好方法。一方面，英语教学内容的更新、教学方法的改变、教学手段的现代化促进评价理论、评价手段、方法和内容的变化；另一方面，评价改革又为教学提供良好的导向作用，有助于推进英语教学的改革。对学生的评价是教学评价的重点。评价的理念、目的、内容、标准、方式和手段等无一不对教学产生深远影响，它对教学活动有着巨大的导向作用。得当的评价活动可以对学生的学业进步和人格形成产生积极的促进作用。概括地说，评价的意义主要体现在以下几个方面。

一、有利于学生学习和掌握英语

教学评价对学生的英语学习能发挥积极作用，首先，评价有助于激发学生学习英语的积极性。在评价中希望得到较为理想的成绩，这是所有学生共同的心理活动。学生从对自己的评价中可以获得心理上的一种满足感和成就感，从而有助于帮助学生建立起学好英语的信心和积极的学习态度。对于那些在评价中成绩不佳的学生来说，评价结果则能鞭策他们进一步努力学习。其次，学生可以从评价中进一步明确某一单元、某一阶段或某一册课本学习的目的、要求、重点和难点，能够发现自己的长处和不足，为他们提供反馈信息。

二、帮助教师改进和调整教学策略和方法

通过教学评价分析，教师可以知道学生存在的主要问题、努力的程度，了解自己的教学方法是否得当，是否能够适合学生的学习心理，教学重点是否突出，难点是否讲解清楚，教学内容的难度是否符合学生实际。此外，还可以通过评价来了解学生是否具有较为成功地学习语言的潜在能力。总之，评价有助于提高教师自身教学的效果，为进一步改进和调整教学方法提供依据。

三、促进学生之间的团结协作

在教学中采用对小组学习的整体评价，可以充分调动每个组员的主观能动性，使他们互相帮助、团结协作，共同解决活动中遇到的困难，为小组争得荣誉，从而培养学生的竞争与合作意识及集体荣誉感。

总之，通过教学评价，教师可及时获得反馈信息，进一步优化和改善教学方式、途径，从而不断提升教育教学水平。正确的教学评价能有效激发学生的学习动机、兴趣，有效调控学生的学习过程，让学生在学习中不断增强自信，体验成功的喜悦，获取进步的力量，分享合作的果实，发现学习英语的奥妙和乐趣。

第二节 ▶ 课堂教学评价的原则

课堂教学评价应该"建立促进学生全面发展的评价体系"。评价不仅要关注学生的学业成绩，而且要发现和发展学生多方面的潜能，了解学生发展中的需求，帮助学生认识自我、建立自信。课堂教学评价标准的确定是保证进行准确、全面、有效地进行评价的基础，也是使评价功能得以正常发挥的

前提条件。小学英语课堂教学评价标准的制定，应遵循以下原则。

一、导向性原则

课堂教学评价标准应有明确的导向性，通过评价使评价对象的思想和行为不断地向评价标准靠拢。课堂教学评价标准的导向性主要体现在两个方面：一是课堂教学评价标准应体现当前教育发展的趋势，应体现全面和谐发展的培养目标，即培养具有良好品格、实践能力和创新精神、较强适应社会能力的人；二是课堂教学评价标准应体现现代教学观，即以学生个性发展为本的发展观，在教学过程中重视活动和交往的观念，尊重学生个性独特性的差异观等。评价标准要引领评价对象的思想和行为，努力向构建"和谐高效、思维对话"型课堂靠拢，达到推动课堂教学改革、提高课堂教学质量的目的。

二、科学性原则

评价标准要准确反映课程标准的要求，体现学科教学改革的方向，遵循教学规律的基本要求。评价的科学性，直接关系到评价目标的实现和评价功能的发挥。因此，评价指标体系的确立和权重分配，必须建立在科学分析的基础上。数据处理的方法必须科学、合理，使评价结果可信、可靠。

三、全面性原则

既要对教学设计、教学准备、教学过程及教学反思等进行全程评价，也要对教师的教和学生的学，特别是学生的学进行全面评价；既要评价学生基础知识、基本技能掌握的情况，也要关注学生的能力目标和情感目标的达成状态。

四、可操作性原则

评价指标简单明了，在突出重点的基础上，尽量减少细目，以利于在实践中操作。课堂教学评价是评价人随着教学过程的展开，在有限的时间内，依据指标要素同步做出的价值判断。指标体系的确定，必须使评价可行，评分易操作。因此，指标体系中的要素多少，评分办法的粗细，必须从实际出发，便于评价人记忆、掌握与使用。

五、开放性原则

评价标准倡导课堂教学的开放性，既体现课堂教学的共性，又反映不同学科、不同类型课堂教学的特殊性，提倡创新，鼓励个性化教学。

六、方向性原则

评价指标体系是课堂教学的规范和质量的尺度，它要体现全面贯彻教育方针、全面提高学生素质、引导教师转变教学思想、改革教学内容和方法、优化教学过程、提高教学效率的方向。

第三节 ▶ 课堂教学评价的方式

小学英语课堂教学评价的形式和方法多种多样，教师应注意以下几点。

一、形成性评价与阶段性评价相结合

小学教育阶段最常用的评价形式是形成性评价和阶段性评价。

形成性评价是指通过观察活动记录、测验、问卷调查和咨询等形式对学生的学习进展进行的持续评价。它是伴随学习过程持续进行的评价。它的目的是向师生提供学习状态和进程的反馈信息，从而调节教与学的活动。形成性评价关注学习过程，试图通过改进学习过程来改善学习结果，它除了评价知识、技能等可以量化的方面以外，更适于评价兴趣、态度、策略、合作精神等不易量化的品质，评价结果多以等级加评语的形式来表达；它往往在一种开放的、宽松的、友好的、非正式的环境中进行，是一种低焦虑的评价方式。好的形成性评价任务会为学生所喜爱，乐此不疲。可以说，形成性评价既是一种评价手段，也是一种学习方式。小学英语教学评价的主要目的是激励学生的学习兴趣和积极性。形成性评价本着通过评价促进全体学生全面发展的指导思想，将学生作为有个性特征、有不同兴趣特点和需要的个体，承认他们在发展水平上的个体差异，对他们的知识、智力和情感因素等进行全方位的考察。形成性评价强调从发展的观点评价学生，因此，对小学生应以形成性评价为主。评价的形式要具有多样性和可选择性。采用学生平时教学活动中常见的方式进行，重视学生的态度、参与的积极性、努力的程度、交流的能力以及合作的精神等。通过观察学生的活动（讲故事、说歌谣、唱歌曲、表演对话或短剧等）与学生交流，以学生的自评、互评等生动活泼的方式进行。在评价学生的同时，教会学生自我评价，帮助学生形成切实有效的符合个性特点的学习方式，使他们成为学习的主人。教师可在教学中多采用表扬和鼓励性的语言或奖品对学生进行积极有效的评价，如对学生参与和完成课堂活动的情况多使用"Good! Very good! Creat! Wonderful! Clever! Well done! Excellent! Super!"等，并对表现好的学生用小红花作为奖品。在教学评价过程中，教师一定不要吝啬对学生的表扬和鼓励。

阶段性评价是指在一个学习阶段末对学生的表现与能力所做的评价。阶段性评价发生在一个学习阶段结束后，其目的是评估学生是否达到和在多大程度上达到了教学的目标，它关注的是学习的结果，它评价的是学习内容中易于量化的方面，如知识、技能等，成绩多以精确的百分制来表达。它往往在一种正式、严肃的氛围中进行，易使学生产生焦虑感，如期中、期末考试等。

总体来说，形成性评价的结果是比较宽松开放的，有利于激励学生，同时它也是阶段性评价的有益补充。教师在教学评价中要充分发挥教学评价手册的积极作用，注意形成性评价和阶段性评价的相互结合，客观而全面地对学生进行综合评价。例如，某同学期中考试成绩不理想，教师可根据形成性评价的结果，指出他的优点，以此树立他的信心，激励他赶上来。反之，某学生考试成绩优异，教师又可在形成性评价中找出他的不足之处，鼓励他继续努力，防止产生骄傲情绪。

二、个人评价与集体评价相结合

在英语课堂教学中，教师对学生个体的积极评价能激发学生学习的兴趣，获得成就感，增强自信心，发展学生的个性，为学生提供一个充分展示自我的平台。同时，建议性的评价还能帮助学生找到学习中的差距和不足，使他们明确努力的方向和目标。教师对小组学习的集体评价能调动每个学生的积极性，开发他们的思维能力，培养其合作与竞争精神。

另外，教师还应鼓励学生进行个人自我评价、同学之间互评、家长共同参与评价，以实现评价主体的多样化，促进小学生打好英语学习的基础。

第四节 ▶ 课堂教学评价的开展

评价是英语课程的重要组成部分。按照目的不同，学生评价可分为诊断性评价、形成性评价和终结性评价；按照评价主体不同，可分为自我评价和他人评价。这些评价主要针对某一阶段对学生学习进展与行为变化的评价。课堂作为英语教学的主要阵地，如何发挥学生的主体作用，进行自主、有效的课堂评价，增强学生学习英语的自信心，已成为影响当前英语教学质量的重要问题。那么，新课程下，如何进行小学英语课堂评价呢？

一、开展课堂教学评价的方法

（一）激励评价，激发兴趣

《英语课程标准》指出：小学英语教学评价的主要目的是激发学生的学习兴趣和积极性。在进行课堂评价时要保护学生的自尊心和自信心，体现尊重与爱护，关注个体的处境与需要。通过课堂评价，让学生了解自己课堂学习的状态，体验进步与成功，从而产生进步的动力。衡量课堂评价是否成功的一个重要指标是学生是否喜欢评价。如果学生害怕评价，丧失学习英语的积极性和兴趣，评价的教育功能也就难以真正发挥了。因此，进行课堂评价时，必须坚持激励性原则。

美国著名心理学家杰特的研究表明，自我评价是一个从外部评价到内部评价逐步过渡、逐步内化的过程。也就是说，人们往往通过别人对自己的态度和评价来认识自己，然后做出相应的自我评价。如果外部评价不恰当，就会产生由于缺乏正确的自我知觉而妄自尊大或妄自菲薄的后果。课堂上，学生的外部评价主要来自教师，因此，教师的评价十分关键。对学生的评价应遵循"激励性原则",用发展的眼光来评价学生,评价结果不会使学生丧失信心、厌恶学习。教师的期待与鼓励会影响学生的成绩和教师对学生的评价。小学生正处在身心发展的关键时期,他们的自我意识和独立意识不断增强,十分注重自己在别人心目中的地位。教师应善于发现学生的闪光点,多用激励性评价引导学生,使学生产生自豪感,从而激发其学习英语的兴趣。很多学生模仿发音时容易出现错误,这时教师进行评价,决不能草率地对学生说"No, you are wrong."来打击学生的学习积极性。其实,学生敢于发言,就已经开始走向成功了。教师应该坚持激励性原则,多鼓励学生,同时可以有礼貌地指出并加以纠正,如"Good, but...It's better to say...All right, but you mustn't forget. You must try to remember nex ttime. Good try, it's...l believe you can do it better."等。

(二)教师主导,言传身教

传统课堂评价往往单方面强调教师对学生的评价,而新课程下的课堂评价则要实现评价主体的多元化,不仅教师,学生个体、学生群体都要参与到评价中来,但教师对学生的评价仍然不容忽视。小学生要评价自己的学习和行为,需要有好的榜样。教师要给学生示范科学、合理的评价方法,评价时既要坚持激励性原则,又要做到客观、公正,教会学生对自己和他人的学习情况做出较为准确的评价。

新课程下,教师对学生进行课堂评价的方法主要有下列几种。

1. 口头激励性评价

平时,教师应坚持使用鼓励性的语言评价学生,如"Good!/Very good!/Great!/Well done!/Wonderful!/Good job!/Clever boy/girl!",这几个简单的句子,往往在教师不经意的流露中改变学生的听课情况。特别是一些对英语不太感兴趣的学生,一旦听到教师在课堂中用到这几个词,原来枯燥无味的内容在学生看来也会异彩纷呈。

英语学习是一个逐步积累、尝试体验的过程。学生在运用新语言回答问题时往往容易出错,这是很正常的。教师在评价时不必见错就纠,因为这样会打断学生思维的连贯性,也会挫伤学生回答问题的积极性。对于不全面或有错误的回答可以采取课堂讨论的形式，让其他学生补充、纠正，必要时教师予以启发帮助。如在教授"What's...?"句型时，由于该句上下无太多视觉性的联系，所以学生回答多会用"It's..."或"They're..."。面对各种答案，教师评价时可以先表明自己的观点"I don't think so. Please think it over."，或采取全班讨论的方式"Is he/she right? Who can help him/her?"，营造一种民主平等的氛围，避免因回答错误受到批评而产生负面效应。

2. 荣誉激励性评价

为了有效控制学生的注意力，激发学生的学习情感，也可用荣誉激励性评价方式，如画五角星、奖红花、粘贴纸、盖印章、赠送小礼品、发表扬信等多种方式。这种评价对后进生尤为适宜，他们能在评价中体验进步，重新认识自我，从而建立自信。

3. 体态语激励性评价

课堂上，教师还可通过身体语言对学生的英语学习进行评价。如学生在回答问题时积极大胆，发音准确，就可以点头微笑、拍拍学生的肩、摸摸学生的头，说"You're very clever."，对其他同学竖起大拇指，说"A clever boy. A clever girl."等。

4. 任务驱动激励性评价

教师交给学生一些任务，让他们运用所学的语言来完成。如在教Feelings时，教师让学生扮演小记者去采访同学的心情，然后向全班展示自己的调查结果，任务完成后，学生极有成就感。

（三）自主评价，促进发展

布鲁纳说："教师必须采取提供学习者最后能自行把矫正机能接过去的模式，否则，教学的结果势将造成学生跟着教师转的掌握方式。"也就是说，教师不仅要做好自己对学生的评价，更要帮助学生学会自我评价，使自己从讲台上的传授者转变为学生学习的促进者。学生是学习的主体，无疑也是评价的主体。在各类评价活动中，学生都应是积极的参与者和合作者。新课程要确立以人为本的评价模式，坚持发展、变化的过程评价，关注学生的主观能动性，激发学生积极主动的态度，促进学生自主的个性化、多元化发展。

小学英语课堂评价必须坚持学生的主体地位。

1. 自我评价

传统的教育评价，片面强调和追求学业成绩，忽视了学生的主体性和能动性，往往使学生的自评变得无足轻重。新课程下的课堂评价应改变过去学生一味被动接受评判的状况，发挥学生在评价中的主体作用。自我评价能够培养学生为自己的学习负责的能力，鼓励他们自己思考，使他们看到自己取得的成绩以及需要帮助的地方。在小学英语课堂上，运用较多的是教师引导下的学生自评。

学生课堂自评的方法主要有下列几种。

（1）口头及时评价。如在表演英语歌曲、说唱童谣时，教师就可以引导学生进行自评"What do you think of yourself?"，或者跟学生约定自评方法（A. 我很棒 B. 我相信我会更好 C. 我会加油的）。教师问学生"What do you want to give yourself?"，学生根据表现从 A、B、C 中自选一个等级进行评价。教师通过提问的方式引导和鼓励学生反思他们的学习经历，帮助他们确定新的学习目标。

（2）填写自评表，进行反思式自评。教师和学生共同制订"英语课堂学习自评表"，学生从学习态度、学习兴趣、学习策略等方面对自己的某一学习成果进行反思。通过自评获得个人反馈，并将每次的自评建档，全面了解自己在某一段时间所学知识和技能的情况，对自己的学习成绩形成一个正确的态度和评价，不断改进自己的学习方式，提高英语学习的效果。

（3）完善"英语学习档案袋"。档案袋具有明显个性特征和英语学科特点，主要收集学生设计创作的单词卡、句子卡、动手实践作业、检测报告单、口语录音带、表扬信等。如在学习有关动物的单词以后，学生自己搜集动物单词，把设计最好的动物单词卡片装入档案袋。课堂内用五分钟时间对学生档案袋中的东西进行交流和介绍，对搜集到的新知识，教师加以引导，及时表扬。这种评价只需教师在开始阶段进行引导，不久学生便能独立完成，进行自我评价。

2. 他人评价

课堂上的他人评价主要指教师对学生的评价和学生对学生的评价。前面已谈过教师的课堂评价，不再赘述。学生对学生的评价主要有以下形式。

（1）学生个体之间的语言评价。一个学生回答问题或者参加活动以后，分别请一些同学在口头上对其做出相应评价，如"What do you think of it? It's very good. I give A to Tom."。学生评价时使用的语言随着年级的增加可相应加大难度。低、中年级可只给出评价结果，高年级则不光有结果，还要给出自己的理由，如"It's wonderful because I think…I give B to Ann. I have three reasons…。

（2）同桌填写互评表。学生在教师的指导下自己设计互评表，利用下课前的两三分钟时间进行同桌互评。互评表可以包括学习态度、学习策略等方面。

（3）集体对个体的评价。把鼓励性语言运用到全班，使学生得到集体的肯定。如一些低、中年级学生在模仿儿歌的同时，创造出一些新的儿歌，可以用"Congratulations!"的形式和全班同学鼓掌以资鼓励。遇到学生取得重大进步时，教师可以引导学生"Give him/her a big hand./Clap for…"。这样，不仅活跃气氛，更可以让学生的行为与教师的期待形成一个不断深化的良性循环，这种良性循环无疑对教学是有利的。

二、开展课堂教学评价应注意的问题

新的课程呼唤新的评价。教师必须立足课堂，积极探索科学、有效的课堂评价方法，发挥学生在评价中的主体作用，促使学生在学习英语的过程中不断体验进步与成功，认识自我，建立自信，从而促进其综合语言运用能力的全面发展。在开展评价过程中，教师应该注意以下几个问题。

（一）提高评价人员自身素质，消除评价的误差

评价结果的客观与公正，一方面受评价指标体系的制约，另一方面受评课人的主观因素影响。这就要求评课人熟悉课程标准及教材，懂得教学规律，掌握评价的标准和方法，提高秉公办事的自觉性、责任感，消除评价中可能产生的晕轮效应误差、中央趋势误差、系统偏见误差、时间差效应误差等。

（二）掌握课堂教学的共性和个性，结合学科特点进行评价

17世纪教育家夸美纽斯提出的班级授课制的教学形式保留到今天，有它的规律和原则。评价指标是根据课堂教学共性确定的，各学科、各年级、各班级、各个人又有自身的特殊性，评价时应注意学科特点、学生心理特点，通过20项指标内容的解释予以体现，进行科学全面的评价。

（三）发展以人为本的评价思想

当代教学评价的发展注重人的主体性，而在近些年外语教学评价中这一思想并没有得到充分重视，人们习惯用一把尺子衡量所有的学生，强调客观性，忽视了评价为学生发展服务的观念。

从教育评价方法论分类看，教育评价可以有实证化的评价和人文化的评价。实证化评价强调准确、高效的定量评价，强调程序固定、操作划一，强调以客观数据做结论。这种评价注重结果，忽视过程，大规模外语标准化测试就是基于这种理论形成的，引入中国后影响极大。人文化评价强调以人为本的评价过程，强调评价过程中师生交流，强调评价为学生发展服务的功能。尽管这种评价也有主观性强、易受干扰和对师资水平要求高等局限性，但它却是当前外语教学评价中所缺少的一种理论和实践。

这种评价形式不同于以往的教学检查，它的主要特点是：

1. 学生在完成任务的过程中自主学习。不是学生平时被动测验成绩的累计，学生互评、师生合作评价是在学习过程中体现，不是形式主义的开会评议、打分。

2. 学生参与完成的学习任务有选择性，对于学习内容、学习方式有自主权。避免全班学生完成同样的学习任务，学习方式、学习过程拘泥于唯一的模式。

3. 学生的学习过程要体现主动学习，要反映学生的个性和创造性，要鼓励学生的学习成果有独创性。

当今外语教学中提倡的任务型项目评价方式受到普遍关注，就是因为它体现了以人为本的评价思想，体现了以学生发展为目标的评价。形成性评价尽管有多种形式，但其核心思想只有一个——为了学生的发展。因此，无论

学生进行哪种形式的评价，都要看其过程，都要看在整个评价过程中，学生的英语知识和技能有哪些提高，知识和技能在"做事情"中实际应用如何，在任务学习中反映出什么样的学习兴趣、态度和价值观，在学习过程中是否总结出适合自己的学习方法，调整了学习策略，是否积极参与，有无合作意识和创新精神。要根据不同的活动建立和调整不同的评价指标及其权重。形成性评价的结果，宜采用定性和定量相结合的评定方法，不宜过分强调量化。尽可能多地采用语言描述性的等级评定，如"Excellent！Very good！Good！Adequate！Need improvement."等。

评价改革除了树立全新的评价观念和科学、严谨的评价过程以外，还应与教育行政部门及时沟通，密切配合，使课题研究的评价思想和评价体系通过教育行政部门的支持和协同工作变为广大教师的教学行为和教学规范，从而使新的评价体系更有力地推动教学改革的发展。